世界のマフィア

新装版

ティエリ・クルタン 著／上瀬倫子 翻訳

越境犯罪組織の現況と見通し

Mafias du monde
Organisations criminelles transnationales.
Actualité et perspectives
4e édition revue et augmentée

緑風出版

Mafias du monde

Organisations criminelles transnationales

Actualité et perspectives

4e édition revue et augmentée, 2004

by THIERRY CRETIN

目次・世界のマフィア

【新装版】

越境犯罪組織の現況と見通し

Mafias du monde

Organisations criminelles transnationales

Actualité et perspectives

第一章・世界のマフィアと大型犯罪組織 25

第二章・マフィアの定義　293

資料

367

一九九七年初版の序文（第三版まで同じ）

私たちが知っているマフィアと言えば、センセーショナルにとり上げられたものか、脚色済みであることが多い。そんな中で、司法官(訳注1)として実地で犯罪対策にあたるティエリ・クルタン氏が、本格的な研究書と言える本を初めて出してくれた。しかも内容はいたって上質だ。

マスコミの世界にも沈黙の掟が効いているのだろうか。マフィアについては長い間、何も伝えられてこなかった。しかも困ったことに、「マフィア最期の日」などといった台詞が繰り返される始末だ。

だがマフィアは不死鳥のような存在である。『不死鳥のマフィア』――次にクルタン氏に本を書いてもらうとしたら、これはなかなかよいタイトルだと思うが、それについては氏にお任せするとして、ここでは、謎に包まれたマフィア組織の中でも、名がよく知られた米国マフィアについて、ちょっとばかり記したい。

一九二七年、「マフィア通」といわれた作家ハーバート・アズベリーは、禁酒法の敷かれていた最中、本の中で米国のギャングは死んだと書いた(原注1)。「さいわいにして、彼らはすでにこの街から姿を消し、もう十年近くも仕事熱心なジャーナリストのたくましい想像力のなかにしか存在しない。ところが、ジャーナリスト諸君にとっては、どうやらギャングはあの九度生まれ変わるという猫（訳注2）よりも、多くの命を持っているらしい。彼らの無鉄砲な行為ほど面白い記事になるものはないとばかり、希望を捨てぬ記者たちは、スラム街で、さもなければブロードウェイの明るい街灯の下で謎に満ちた殺人事件が起こるたびに、「ギャングを甦らせる」（富永和子訳『ギャング・オブ・ニューヨーク』ハヤカワ文庫）――だが米国マフィア五大ファミリーを中心に「コミッション（最高幹部会）（訳注3）」が作られたのは、なんとその四年後のことだ。

　それから六十年が経った今も、アズベリーのように事態を甘く考える者たちの安易な発言は後をたたない。

「このまま、マフィア闘争を続けようではないか。そうすればマフィアはあと五、六年でいなくなるだろう（一九八七年、マンハッタン連邦検事正だったルドルフ・ジュリアーニの発言。のちに彼はニューヨーク市長になった）」

「警察官たちとの戦いで打撃を受け、まとまりを失い、方針を誤った米国マフィアの各ファミリーは、ほぼ絶滅の途にあるようだ……」（一九九〇年十月二十二日の『ニューヨーク・タイムス』）

　だが一九九七年現在、マフィアが壊滅したなどと言う者はいない。闇社会で事を運ぶには（恐らく）彼らなりの苦労があるだろうが、それでもマフィアは依然、機能し続けている。

　おまけに最近は装いも現代的だ。インターネット上には、ニューヨークマフィアを公然と擁護する（質の高い）数々のサイトがある。こうしたサイトを覗けば、現状はよくわかる。

クルタン氏のこの書は、マフィアが今や、世界の至るところに存在していることを指し示してくれている。何も政治家だけではない。国をまたがり活動する犯罪組織と戦おうとする、あらゆる人々に、手にとって欲しい本である。

フランス下院マフィア対策委員会　元委員長
フランソワ・ドベール

（原注1）Herbert Asbury, *The gangs of New York, an informal history of the underworld*, New York, A. A. Knopf (éd.), 1927.

（訳注1）この司法官（magistrat）という言葉は、フランスにおいて、商人の中からその分野の知識を買われて任命された商事裁判所の裁判官などを除く、職業裁判官と検察官をまとめていう用語。フランスの司法官は通常、国立司法学院（ＥＮＭ）を卒業後、任命される。採用後も、裁判官から検察官になったり、その逆もあったりと、双方間での異動が見られる。
なお、本書では、原文では司法官（magistrat）とあっても、当時の具体的な肩書き（「予審判事」など）を示した方がわかりやすいと判断した場合は、そのようにしている。また、原文で検察官（procureur）とあっても、詳しくは予審判事（juge d'instruction）であることがわかっており、そう記した方がわかりやすいと判断した場

合は、実際の肩書きを優先している。

（訳注2）英語圏には、「猫に九生あり（A cat has nine lives.）」ということわざがある。猫は九つの魂を持ち、九度生まれ変わることができると信じられていた古代エジプトを起源とする表現のようだ。

（訳注3）米国マフィアの「コミッション」については第二章の訳注40を参照のこと。

第四版の序文

越境犯罪と、その「悠然とした」組織形態であるマフィアに興味のある者にとって、ふんだんな資料をもとに書かれたティエリ・クルタンのこの本は、基本的な手引書となっている。

二〇〇一年のテロは人々に大きなショックを与えた。だが、そのせいで組織犯罪の方はこれまでより目立たなくなってしまった。それだけに、マフィアを知る手がかりとなり、深い洞察や行動を促すこうした本が存在するのは貴重なことだ。

かつてトクビル（訳注1）は「民主主義には、反民主主義者がつきものである」と言った。そして今の私たちは、民主主義の最大の敵といえるテロリズムとの戦いに終始している。マスコミは目立つ出来事を取り上げるばかりで、社会の隠微な部分は、相変わらずなかなか見えてこない。

しかし実は、一般にあまり見えないそうした部分にこそ、マフィア暗躍の場があるのであり、そうした場でこそ、売春その他の目的で、毎年何百万人という人間（大部分は武器を持たない女性や子供たち）が人身売買に追い込まれ、何百トンという麻薬が世界中に運ばれ、貨物船いっぱいに武器が極秘で積みこまれているのだ。

「マフィアは終焉した」、「ヤクザは衰退した」、「黒社会《ヘイショーホエイ》は衰退した」――雑誌ではこうした記事が未だにまことしやかに書かれる。だがそこで使われる表現（「犯罪界最後の大物」など）を通して見えてくるマフィアの世界はまやかしであって、現実とは違う。

今日、マフィアは正真正銘の越境犯罪組織と化している。しかも、ビン・ラディンによるテロ事件が起こって以来、かなり自由に活動ができるようになっているのだ。

クルタン氏は、とくに欧州を拠点として活動するマフィアの現状に詳しく、判断力にも長けている。本当の意味で越境犯罪組織とはどんなものなのか、どのように機能するのかを知るためにも、他のありふれた犯罪グループや都市部のギャングとは違ってなぜ危険なのかを知るためにも、そしてマフィアとは何なのかを理解するためにも、どうかこの第四版（改訂最新版）をお読みになってほしい。

二〇〇三年九月

グザビエ・ロフェル(訳注2)

（訳注1）歴史家、政治家のアレクシス・ド・トクビル（一八〇五～五九年）のこと。主な著作に『アメリカの民主主義』。

（訳注2）犯罪学者グザビエ・ロフェルは、パリ第二大学の法学部ＤＲＭＣＣ（Département de recherche sur les menaces criminelles contemporaines─現代的犯罪の脅威について調査を行なう）で教鞭をとる。この本で、クルタンが参考にしている数値や事実も、彼の論説や書物からのものが少なくない。

はじめに

マフィアの実態は長い間、無知と人種差別主義によって歪められてきた。というのもこの無知と人種差別が、実際に起こっている事柄を合理的に評価するのを妨げるからである。

デイビッド・カプラン、アレック・デュブロ（原注1）
（松本道男訳『ヤクザ』第三書館）

マフィア論を著すなどと言えば、「何をいまさら」と言われそうだ。
確かに、マフィアについては世界の至るところで話されている。新聞の見出しにも溢れている。国際政治の場でもそうだ。二〇〇〇年十二月十五日、パレルモで越境犯罪組織に関する会議が開かれ、犯罪対策を円滑に行なうべく作成された国際条約に、国連加盟国が署名した。二〇〇三年八月半ばには、この条約に署名した国の数は一四七カ国、批准国は四七カ国となって、国際的規範の確立はすぐそこまでというところにきている（ちなみにフランスは二〇〇二年十二月二十九日に批准）。だがその一方で、マフィア犯罪の影響を大きく受ける中国、コロンビア、イタリア、日本、ロシア、米国は、会議当日、締結に至らなかった。

かつて二〇〇二年、パレルモでマフィア対策にあたる検事ピエロ・グラッソはこう言った。「マフィアが今日ほど暗躍している時代はない。確かに、暴力沙汰も、世論を震撼させるような出来事も、何も起こっていない。だが、油断は禁物だ。目立つことが何もない、というのは、コーサ・ノストラ（一八七頁以降参照）が滞りなく犯罪を行なっている印にすぎない。いわゆる『合法的』にマフィアが滞りなく事業を進めるのに、マフィア界の安泰は不可欠なのだ」――この言葉をしっかりと胸に留めたなら、先の国際条約が私たちの世界にいかに大切かわかるというものだが、実際にはそう上手くいっていないわけだ。

なるほど、グラッソのこの言葉は、現に起こっている事件をみれば納得がいく。

イタリア・シチリア島のエンナ県にペルガサという湖がある。二〇〇一年十二月、そのほとりのあるホテルに、警官がビデオカメラを仕掛けた。捜査中の詐欺師数名の犯罪を映像に収め、逮捕に結びつけようとしてのことだ。

だが、現われたのは意外にも、マフィアのドンで弁護士でもあるラッファエーレ・ベビラックア、それから、シチリア州議会の副議長で「左翼民主党」（旧共産党）党員ウラディミロ・クリサファリだった。二人はボディーガードに囲まれたまま、抱き合って挨拶を交わすと、共通の友人について「やつは今度、公共工事の入札に失敗しないかと気をもんでいる」とか、「どこそこの工事は、知り合いの何某のところに決まったらしい」などと話をはじめ、そのやりとりは終始、偶然そこで動いていたカメラに収められることになった。

二〇〇三年九月初め、イタリアのマフィア対策庁長官であるルイージ・ビーニャ検事が、麻薬密売取締りでコロンビア当局との関係を強化すべく、現地に赴くという一件もあった。この時、ビーニャは、「コロンビア革命軍(原注2)は、国際的な麻薬密売の強大組織に変化すべく、本来の理念を捨てた」とゲリラ活動を批判した。

九月一日、ボゴタの新聞『エル・ティエンポ』の記事(原注3)は、ビーニャのこの発言を裏付けていた。この記事によれば、「同国で最も肥沃な土地のうち四〇％が、麻薬密売に関わっているものと見られ」、名義はさておき、実際に革命軍の下にある土地は、四〇〇万ヘクタールを超える。

九月四日、同紙はさらに、コロンビア、エクアドル、英国の各当局が共同で行なった「カングレホ(蟹)作戦」で、一四人が逮捕され、六万五〇〇〇のエクスタシー錠剤(訳注1)が押収され、株、不動産、銀行口座など合わせて七〇〇万英国ポンド価値相当が、英国とコロンビア首都ボゴタの管轄下に置かれた事実を明らかにする記事も掲載した。各国の防諜機関は、こうした事実を受け、戦略的見地から職員を派遣して恒常的に任務にあたらせることになった(原注4)。

ひるがえって欧州では、二〇〇三年八月末、「チェコの闇社会にロシア系、中国系、アルバニア系の犯罪組織が関わっているらしい」との情報が流れ、同国警察の諜報部が気を揉《も》んだ(原注5)。

こうした事態を甘くみれば、深刻な事態を招くのは明らかだ。だが、二〇〇一年九月十一日、ニューヨークで起こった世界貿易センターのテロ事件が世界を震撼させてからというもの、本格的なマフイア対策は二の次になってしまった。残念なことである。

かつて一九九二年、フランス下院は「マフィア組織のフランス侵入を防ぐための対策」を考える一環として調査委員会を設けている。一九九三年一月二十七日には報告書(原注6)も提出された。

実は一九九二年という年は、マフィアをめぐり、様々な事件が起こった年だった。

五月、イタリアでシチリアマフィア対策の第一人者として名高かった予審判事ジョバンニ・ファルコーネ(訳注2)が、シチリアの地で自動車を爆破され、妻とともに殺された。ファルコーネは、マフィア対策の象徴的存在であっただけに、この事件は世に大きな打撃を与えた。

さらに七月、マフィアと戦っていた別の判事パオロ・ボルセッリーノ(訳注3)も死亡。「ベルリンの壁崩壊の翌日から、イタリアマフィアが、旧東ドイツ地域に何百万ドルと投資していたのでは」との疑惑がドイツ当局で生じたのも、この年だった。


マフィア組織は世界の大問題と化している——昨今のさまざまな現実をつきつけられて、私たちは急に胸をざわつかせている。

そもそも、マフィアには地理的に限られた「一定の活動範囲」があったはずだ。地中海の島々であろうがなかろうが、犯罪組織は、その土地ならではの地域性に合わせて栄えてきたはずだ。

だが、彼らはその枠を越え始めたらしい。地元で培った組織力をもとに、一つまたは複数の国家を手なずけ、本来の収入源にプラスして麻薬密売で富を得、強大な経済力を使えるまでに成長している。私たちが知っていることは、氷山の一角だろう。

にもかかわず、世間では、マフィアの謎めいた部分が強調されるばかりで、実態が暴露されることはない。「マフィア」という言葉にしても、秘密結社であるせいか、別世界のことと捉えられている。おまけに、「注意を惹こう」とするのはいいが、やたらと大げさなもの言いが目に付くのが現状だ。人々は、マフィアについてすでにかなりの固定観念を抱いている。だが、イメージとしてのマフィアは、イメージに終わることが多いし、実際のマフィアは想像以上に危険な存在だ。

この書では、そうした固定観念から抜け出すべく、犯罪学的、社会学的、経済学的観点からマフィアを捉えることをねらいとしている。

だが、それだけでは手抜かりであろう。マフィアは、フランス刑法でいう凶徒の結社（association de malfaiteurs）(訳注4)」の範疇に入る。だが、凶徒の結社の中でも、特別な存在だ。世には、銀行の「ピストル強盗」や売春組織、地元の麻薬密売ネットワークなど、非合法に大きな利益を追求するグループがある。だが、チンピラや犯罪者が集まっただけでは、マフィアとはいえない。マフィアという名で呼ばれるには、さらに厳密な条件をクリアしなければならない。

そこでこの書では、「一般の犯罪組織とマフィアとでは、どこがどう違うのか」をよりよく把握すべく、マフィアとは何かを描き出し、それから「凶徒の結社」の定義では説明しきれない、マフィアに特有のポイントを探り、さらに踏み込んで、「大型犯罪組織」のうち、どれがマフィアの名に値するかについて吟味している。

ということで、この書は、マフィアについての解説と分析の両方から成っている。具体的には、第一章で「マフィア」の名に値すると思しき世界の犯罪組織について解説し、第二章で、それらを比較すべく、情報に基づいた分析を行ない、最後の第三章では、彼らが社会に及ぼす影響について検討する、という形をとっている。

ただし、こうした分類が、それぞれの犯罪組織の危険度や重要度を示すためのものでない点は、お断りしておきたい。犯罪を入念に計画実行する組織というものが、いかなる形態であれ、民主主義の法秩序に根本的に大きく反しているのは明らかだ。単なる凶徒の結社であれ、従来型の大型犯罪組織であれ、犯罪組織は社会にとって危険な存在であり、国家が戦うべき対象となる。したがって、本書で示される分類は、さまざまな大型犯罪組織の実態を犯罪学の立場から多角的に理解するためのものというよりは、各組織の洗練度や、いかにうまく活動を行なっているかといった点を把握し、今後の対策に活かすためのものとお考えいただきたい。

いずれにせよ、私たちの今いる社会では、マフィアについて正確な把握がなされていない。それだけでもう十分、事は厄介になっているが、そんな中で私としては、マフィアの世界から神秘性を取り除き、実態を全面に押し出すよう心がけた。

とはいえ、分野によっては一〇〇％信頼できるとはいえない情報をやむをえず用いた部分もあり、厳密さという点で物足りなさを感じる読者もあるかと思う。そもそも、マフィアの世界から足を洗った者が、自分のいた世界について口を開き始めたのは、最近の話だ。彼らの活動状況など、会計帳簿には載っていない。商事裁判所の書記課に届けられる総会の登録状況を見てもわからない。ＰＲ活動は大の苦手、というより、できるだけ人には知られぬようにして活動するのがマフィア組織の本質でもある。
したがって、この本は、マフィア組織の実態を完全な形で伝える書にはなっていない。厳密さの欠ける情報はそういうものとして捉えていただきたい。そして、そうした情報をより合わせながら、「儀式を通して入会し、それによって不滅の存在と化したメンバーからなる組織であるとともに、第三世界の多くの国家より豊かな財力を持つ大企業であり、何十億ドルという資金を洗浄して、合法的な資金の流れを深刻に脅かす(原注7)」組織であるマフィアの全体像をつかもうと試みた書である――と捉えていただければ幸いである。

(原注1) David Kaplan et Alec Dubro, *Yakuza, la mafias japonaise*, Éd. Philippe picquier (1990).
(原注2) コロンビア革命軍は、もと共産党ゲリラで、一万七〇〇〇人のメンバーを有する。最高指導者は「ティロフィホ」(「狙った獲物は逃がさない」という意味) ことマヌエル・マルランダ。メタ州とカケタ州で紛争を起こした後、大統領になったばかりのパストラーナが、革命軍との和平対話を開始すべく、一九九八年十一月七日、四万二〇〇〇平方キロメートルの地域を中立地帯としたのをきっかけに、現在、この地域を牛耳る。
(原注3) メデジンの新聞『エル・コロンビア』二〇〇三年九月九日の記事。
(原注4) フランスの雑誌『クーリエ・アンテルナショナル』二〇〇三年八月二十八日〜九月三日号 (六六九号) に掲

載されたコロンビアの雑誌『セマナ』の記事（Bogota, nouvelle coqueluche des agents secrets）を参照のこと。

（原注5）新聞『ニュー・ヨーロッパ』（二〇〇三年八月三十一日〜九月六日号）に掲載された記事（Czechs report rising crime ; Intelligence agency warns of crime gangs with Chinese, Albanians links）を参照のこと。

（原注6）報告書三二五一号のこと。報告者は社会党議員ベルトラン・ガレ。なお、この委員会の長は、マイエンヌの議員フランソワ・ドベールだった。

（原注7）雑誌『カイエ・ド・エクスプレス』一九九五年十二月号（三六号）に掲載されたグザビエ・ロフェルの論説（Toutes les mafiass du monde）より。

（訳注1）エクスタシーとは、化学的に合成されるメチレンジオキシメタンフェタミン（ＭＤＭＡ）という合成麻薬の通称。

（訳注2）ジョバンニ・ファルコーネは、一九三九年、パレルモ生まれ。マフィア闘争を繰り広げた予審判事として象徴的な存在だ。ファルコーネが改心者たちから探り出したコーサ・ノストラの精神については、彼がマルセル・パドバーニというジャーナリストに語った『沈黙の掟』（文藝春秋）に詳しい。これは、本書で、G. Falcone, M. Padovani, *Cosa Nostra*, Éditions N° 1/Austral (1992). として挙げられた本の訳書である。

（訳注3）パオロ・ボルセリーノ判事はファルコーネの友人で、彼と同じくマフィア闘争にかかわった。

（訳注4）フランス刑法は、重罪または五年以上の軽罪の準備目的で結成された集団またはなされた謀議を「凶徒の結社」（association de malfaiteurs）と定めている。

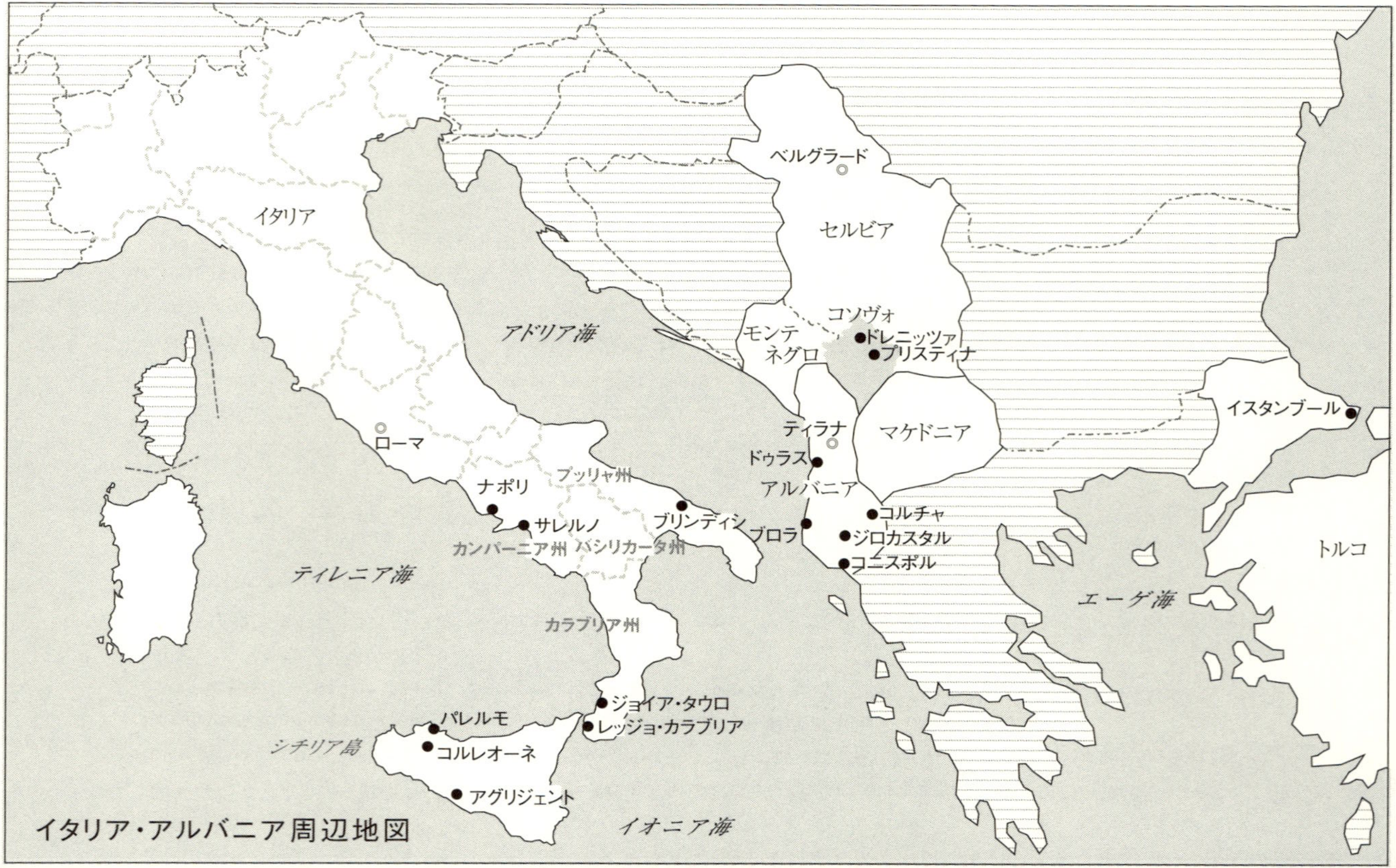

イタリア・アルバニア周辺地図

第一章・世界のマフィアと大型犯罪組織

Chapitre premier　Le tour du monde des mafias et de la grande criminalité organisée

世の中には、マフィア組織が確立された国、あるいはマフィア組織が発達しつつある国が存在する。犯罪の温床となっているそうした国の人々を、やみくもに「犯罪人と決めてかかる」のは過剰反応というもので、彼らに対しても失礼である。実際には、こうした国に素晴らしい人間はたくさんいる。それに、このような近視眼的な見方を持っていてはマフィアと戦うことはできない。

とはいえ、マフィア集団を理解したければ、まず、彼らが「肉食植物」の花のように育ち咲き乱れるのを許す社会のしくみを捉えることが重要だ。マフィアは「健康な細胞から突然生まれるガン細胞」ではない、とイタリア人ファルコーネは言った。シチリア島の社会環境とコーサ・ノストラの存在が無関係でない点を意識していればこその台詞だ。この言葉が当てはまるのは、何もイタリアだけではない。例えば日本の社会的、歴史的背景がヤクザを生んだように、犯罪（重大なものであれ、ささいなものであれ）が生まれる背景には、それを支える社会があるものである。

マフィア対策においては、組織犯罪について専門的知識を持つばかりでなく、社会学的、人類学的な知識を深めることも大切だ(原注1)──それがファルコーネの主張だった。

その求めに応じるべく、この章では、情報の許す限り、犯罪組織を生み出した世界各国の歴史や組織の最近の動向、組織と社会との関わりや財政状況について、紙面を割いている。

なお、各組織については、昨今、活発な動きを見せながら、組織としてはまだよく知られていないものを先に紹介し、それから、伝統的なマフィア組織としてすでに地位を確立しているものへ移行するという形を取っている。

アルバニア、コソボ、マケドニア

バルカン半島のうち、アルバニア北部、コソボ南部、マケドニア北西部を含む部分、つまりグザビエ・ロフェルとステファン・ケレが「バルカン版・黄金の三角地帯」と名付けた地帯(原注2)は、世界でも集中して組織犯罪が起こっている所だ。なかでも昨今、急成長を遂げているのがマフィア型組織で、犯罪組織の専門家たちは、この地域の動向を常に厳しく見守っている。

一九九九年八月、NATO(北大西洋条約機構)がユーゴスラビア連邦共和国を爆撃した。欧州連合軍最高司令官ウェスリー・クラークが、「軍事作戦の後、この地で多発している問題の一部に組織犯罪が絡んでいるのは間違いない」と述べたのは、その数週間後のことだ。

同月初めにはまた、本部ジュネーブのNGO、国際危機グループ(ICG)が『統治におけるギャップ——新生コソボにおける治安(The Policing Gap : Law and Order in the New Kosovo)』と題する報告書を発表し、「コソボはバルカン半島のシチリア的存在、それどころかひょっとするとロシア並みの脅威になるかもしれない」と語った。

その年の終わり、新聞『コハ・ディトーレ』は、「コソボには麻薬がどっと流れ込んでいる。地元マフィアのネットワークは強化されるばかりだ」と書き、この地域が「欧州のコロンビア」になりつつあるのを危惧した。

ベルギー政府は、現代の犯罪脅威を調査する部門（MCC）（原注3）を通し、「我が国をはじめ、欧州諸国では、一九九九年～二〇〇〇年あたりから、アルバニア系マフィアが拠点を置いて活動し始めている」とする警告文書を提出。同国連邦警察本部長フランソワ・ファルシーが二〇〇三年二月、公式に署名した。

シチリア、ロシア、果てはコロンビアに喩えられるとは、まことただならぬ事態である。だが、「それこそ、犯罪組織の説明にありがちな誇張表現ではないのか。戦争後に、略奪や密輸活動が起こるなど、ままあること。そうした活動に従事する者をマフィア呼ばわりしているだけではないのか」と疑われる向きもあろう。これについて、専門機関や専門家はどう考えているのだろうか。

犯罪組織闘争のプロ、イタリアのマフィア対策庁（DIA）はこう言う。「今日、アルバニア系マフィアの動きは活発化するばかりだ。（中略）現在、彼らは重大な犯罪行為に手を染めている。その犯罪レベルは、地中海沿岸諸国の他の犯罪集団の比ではなく、深刻さはトルコマフィアにも勝る」。

国情が不安定になると、いつのまにか現われて栄える一過性の盗賊グループと、アルバニア系マフィアを一緒くたに考えるべきではないようだ。アルバニア系米国人グス・ズド（原注4）はこう断言する。「バルカン諸国では、旧ユーゴスラビアの解体をはじめとする共産主義の終焉を機に、犯罪組織が勢力を強めるようになったが、その中でも、アルバニア系犯罪組織ほど栄えている組織はない」。

アルバニア系マフィアが徒花《あだばな》のごとき存在でない事実については、国際政治の世界も徐々に気付き、今や、かなり厳しい目が向けられている。二〇〇〇年三月十五日には、英国の外務大臣（当時）ロビン・クックが、「コソボの組織犯罪対策に、なんとしても着手せねば」と述べた。

が、遅きに失した感は否めない。そもそも、アルバニア系マフィアは、最近になって突如現われた存在ではない。この地にはマフィアが現われるだけの歴史と背景があり、すでに芽吹いていた組織が、昨今の政情を受けて、頭角を現わしたに過ぎないのだ。

歴史、社会背景、現況

アルバニア系犯罪組織は、昨今のように注目されるずいぶん前から、ひそやかにではあれ存在していた。それがこの十年、さまざまな情勢にさらされ、突然、くっきりと姿を現わすようになったと見るのが正しいだろう。

バルカン半島を取り巻く政情変化、アルバニア、コソボ、マケドニア各国におけるアルバニア系住民の分布状態、全体主義時代の終焉、土地古来の社会集団システム――こうした要素が様々交じり合って、昨今のアルバニア系マフィアの台頭と繁栄を許しているのである。

一九四六年、エンヴェル・ホッジャが樹立したアルバニア人民共和国では、アルバニア、コソボ、マケドニアの一部に散らばるアルバニア民族で大アルバニアを建国するという夢に支えられつつ、全体主義体制が敷かれてきた。

なるほど、バルカン半島には、アルバニア民族が、複数の国にまたがる形で住んでいる。

例えばチトー時代はユーゴスラビア連邦の下に置かれ、スロボダン・ミロシェビッチ時代はユーゴスラビア連邦の下に置かれ、と運命に翻弄され、現在はコソボと呼ばれる国に住むアルバニア系住民（地域人口の七七・五％）は一二二万五〇〇〇人(原注5)。マケドニアでも五〇万人、モンテネグロとセルビアでも、それぞれ約五万〜一〇万人がアルバニア系だ。

だが、アルバニア人民共和国は八五年に消滅。その後アルバニア共和国が誕生し、一九九〇年代には複数政党制の導入の他、私的財産の所有権や外国旅行の自由が認められるなど、民主化が進められた。一方で、隣国ユーゴスラビア連邦では、きわめて残虐な民族紛争が勃発し、国が解体、分裂していった。アルバニアの首都ティラナで総選挙が行なわれたのは、そんな中、一九九二年三月のことだ。結果、勝利したのは民主党(訳注1)だった。政権を握った同党首サリ・ベリシャは、軍隊、警察、防諜機関から旧体制下のホッジャ信奉者を一掃。人民共和国時代の国家保安部シグリミ(訳注2)では、そのせいで幹部たちがほとんど締め出しを食らい、路頭に迷うことになった。

だが、そもそも彼らは、諜報活動に携わったその道のベテランである。マフィア組織は、これ幸いと彼らを雇い直して能力を発揮させ、やがて本格的な司令塔を組織。元秘密警察の所有ファイルを使って、国の指導者の弾圧を避けたり、逆に、そのファイルに書かれた内容を楯に、指導者をゆすったりするようになった。国家の混乱を背景に、役人がマフィア組織に関わるようになったのは、それが初めだった。

隣りのコソボでも、アルバニア系のコソボ解放軍(訳注3)（ＫＬＡ）が台頭した。

かつてユーゴスラビア連邦六つの共和国のうち、セルビア共和国に属するコソボ州は、一九七四年の憲法改正以降、自治権を与えられコソボ自治州と呼ばれていた。だが、その自治権は、一九八九年三月、ユーゴ・セルビア当局のもとで縮小されてしまう。これに不満を唱えたのが一九九三年に誕生したKLAで、一九九六年、旧ユーゴの役人相手にテロ行為を繰り返し、その名を世に知れ渡らせた。とはいえこの解放軍、実際の活動は「解放」の名にそぐわぬ点が多かった。

コソボには、ドレニッツァ渓谷ドレニッツァを本拠にしつつ、スイスに独自の居住区を作って欧州全土で麻薬や武器を密売するアルバニア系マフィア組織がある。コソボ解放軍は、当初からこの一家と密接な関係にあるのではと噂され、今や、「KLAが民族解放を掲げているのはうわべだけで、本当は、マフィア活動をカモフラージュするための政治運動なのではないか」、「いや、ひたすら解放運動の資金ほしさに犯行を重ねているだけだ」などと、混乱を呼んでいる。

だが、本当のところは、「解放運動を掲げたKLAに対し、マフィアが資金を援助するようになり、それをきっかけに共生関係が育まれただけ」と見るのが穏当だ。

ジャーナリストのクリストフ・シクレ(訳注4)は、二〇〇〇年十月十七日の会議でこう述べている。「KLAはKLAであり、マフィア組織ではない。確かにKLAとマフィア組織の間には行き来があり、表裏一体の存在だ。だが、マフィア組織は、麻薬や売春婦、移民を運ぶ時に、武器や資金、志願兵も一緒に運ばせることができる。こうしたネットワークの使い方が、マフィアとKLAを混同してしまう背景にあるのではないか」。

コソボで働く米国官吏の一人はこう言う。「アルバニア系マフィアは、KLAの台頭に大きな役割を果たした。ＫＬＡは、資金と、密輸ルートを欲していた。国外に散らばるコソボ人たちとも連絡を取りたがっていた。そんな折、ＫＬＡの求めに応じられたのがマフィア組織だった。これはマフィア側でも都合がよかった。『我々は犯罪をやっているのではない、政治活動をやっているにすぎない』と言い逃れができるようになったからだ」。

ＫＬＡとマフィア組織のこうした関係は、一九九九年三月、ＮＡＴＯ（北大西洋条約機構）がユーゴ爆撃を開始した翌日から強化された。やがて、ユーゴスラビアの官吏たちはコソボを去ったが、国連職員がやってくるより先に、さまざまな特権を譲り受けたのがＫＬＡの面々だった（訳注5）。彼らが現在、コソボの経済を牛耳っているのは、こういう経緯からだ（訳注6）。

なお、シクレによると、ＫＬＡ（現在はＫＰＣに改名）とマフィアの協力ネットワークは、コソボを中心に張り巡らされているらしく、①コソボからマケドニア、ブルガリア、トルコ、中東、極東へと伸びる東方ネットワーク、②コソボからアルバニア、イタリア、スイス、ドイツ、ベルギー、フランス、スカンジナビア諸国へと伸びる西方ネットワーク、③コソボからアルバニア、クロアチア、オーストリア、ハンガリー、旧チェコスロバキアをカバーする北方ネットワークがあって、民主党のギャビト・ハリティがこの三つの中心に座している。

ハリティは以前シグリミで働いていた謎の人物で、ランブイエの和平会議や国連コソボ暫定行政ミッション（ＵＮＭＩＫ）に関わり、ＫＬＡに大きな役割を果たす一方、一九九九年の秋以降は、コソボで五〇カ所にわたるガソリンスタンドも牛耳っている（原注6）。

政党と犯罪界のこうしたかかわりは、マケドニアも事情は似たり寄ったりで、地方のアルバニア系政党といえば、地元のマフィア組織から生まれたものと見てよい、と専門家は捉えている。

近年の勃興著しいこうしたマフィア組織は、アルバニアの氏族文化の特徴を多分に有している。考えてみれば、北部を中心に山の多いアルバニアは、二十世紀になっても他国との関係を絶ち、同じ地中海に面しながら繁栄を謳歌した他の国々と違う運命を辿った。そうして世界から断絶された結果、昔ながらの暮らしが守られ、先祖代々の伝統に立脚した地中海特有の文化、名誉と復讐に燃える集団文化が温存されることになったのだ。

レカ・ドゥカジニ(原注7)が唱えたカヌン(kanun)という掟は、こうした伝統が規則のレベルに至ったもので、今でも街のキオスクで売られる新聞に書かれたり、テレビで流れたりと、アルバニア社会ではいたってお馴染みの存在である。

内容は、敬意、正直さ、忠誠、沈黙の掟と、これらの掟に抵触しなければ復讐が許される、それどころか場合によっては復讐が義務付けられるという約束事を示したもので、彼らの社会生活、家族生活において、各々が守るべき規範として重んじられている。

なかでも中心となるのは、「掟を守る」ということと、アルバニア語でベーサ(besa)といわれる「口づての誓い」に集約される「名誉を守る」ということの、二つの誓いである。ほとんど謎にみちた掟だが、それを守れなければ死ぬ以外なく、大目に見られても、血族による一生幽閉という制裁が待ち受ける。

まるで嘘のような話だが、アルバニアでは、この掟が人々の日常生活で幅を利かせている。同国の新聞『アルバニア』によると、一九九七年六月から一九九九年六月の間、氏族がこのカヌンの掟に従い復讐を実行して一八〇〇人が死亡、一五〇〇人が重傷を負ったということだ。(原注8)

西洋の個人主義に慣れた私たちには、集団（氏族や組織）でカヌンを守り抜こうとする生活様式が彼らの間でいかに重視されているのか、こうした事実に触れても、ピンとこない。だが、日本における親分子分の関係(原注9)と同じで、この掟は、アルバニアやアルバニア語圏の人々の日常生活においてしっかりと力を発揮し続けている。

しかもマフィア型組織にとっては、犯罪活動を足支えする概念だ。マフィアメンバーの家族は、沈黙の掟を「だし」に脅されることも多い。彼らの犯罪が極秘で進行し、動向を探ったり電話（方言が使われる）を盗聴したりが並大抵ではないのも、こうした掟が組織に都合よく働いているからである。

組織編制としくみ

アルバニア系犯罪組織は、このように、住民たちの暮らしの中から生まれたものである。だが、その規律と組織の構造は、マフィア型犯罪組織というに相応しい。

普通、マフィアといぶかしき一団があっても、組織だって活動をしていない場合はマフィアとは呼べない。例えばフランスでは最近、コルシカ島の犯罪組織とその動向がかなり話題になるが、彼らは「闇組織」とは言われても、マフィアと呼ばれることはない。

その点、アルバニア系犯罪組織は、マフィアらしい点が多い。

例えば、組織の仕組みがそうだ。頂点にはドンがいて、参謀役一人をつけた形ですべてを見下ろして命令を出し、揉《も》め事を調停する。中位ランクには副長たちがいて、各地域、各部門を巧みに取り仕切る——こうしたピラミッド型構造は、マフィア組織に典型的だ。しかもアルバニア系組織は柔軟機敏で、配下の者は上の者に忠実である。指揮する側もイニシアティブが取りやすい。

末端の組織は、血縁関係にあるか、同じ村の出身という地縁で結ばれた四人ないし一〇人で固められている。各組織では、一種類の犯罪（売春業、盗み、麻薬の密売、不法移民の斡旋《あっせん》など）のみ行なわれ、専門性が高められる。メンバーはリーダーにみっちり訓練され、軍事組織さながらの正確さで事が運ばれる。

活動を支える基準は、「定められた領域内」で「一つの犯罪タイプに活動を絞る」という二点だ。この二点に則っている限り、同じ領域で複数の集団がかちあう場合も、争うことなく受け入れ合う。もちろん、一つの不法移民斡旋《あっせん》活動をめぐり、末端組織が複数に分かれる場合はある。だが、そういう時は、彼らの動きをまとめて把握し調整する者が上について対処する。

彼らが完全にマフィアであると納得できるもう一つの理由は、末端組織への入会方法だ。組織への所属を希望する者は、まず、必ずどこかの下部組織に属することになる。入会を許されるには、まず、掟（カヌン）の遵守をはじめ厳しい条件を突破しなければならない。その結果、めでたく合格判定が下されれば、入会儀式で完了だ。イタリア系マフィアや中国系の洪門《ハンモン》組織、日本のヤクザについては後述するが、特有の儀式や秘教的側面は、マフィアの名に相応しい組織の入会式で例外なく見られる。

なお、カヌンを定めた張本人のドゥカジニは、興味深いことに、一四七二年、オスマン＝トルコ族に敗れた後、イタリア南部に逃れ、マフィアの中でもとりわけ秘教的性格の強いヌドランゲタ（二二七頁を参照）の台頭したカラブリア地方(訳注7)で後の人生を送ったということである。

活動分野

アルバニアの首都ティラナには、FBI、イタリア司法警察の出張所がある。マフィア組織の動向情報が集まってくるからだ。

果たしてティラナには、地元のアルバニア系マフィアばかりか、ロシアマフィアのドン、イタリアはプッリャ州のマフィアであるサクラ・コローナ・ウニータの首領、ブルガリア、ルーマニアの闇社会の面々がいる。支部を置くのは、至極当然といえよう。

そもそも、アルバニアは、北へ進めばスイス、ドイツ、オーストリアへ抜けることができ、アドリア海を越えて西へ進めばイタリアにもアクセスが可能で、東にはゴールデン・クレセント、いわゆる「黄金の三日月地帯」のヘロインが入手できるトルコがすぐそばにある。地理的にみてマフィア活動に都合がよい。

特に、中央アジアを起点に、トルコを通りバルカン半島を北上して、スイス、イタリア、またはオーストリアへと抜けるバルカンルートは、西欧への密売経路として長年利用されてきた。旧ユーゴ紛争以来の十年、不安定な状態に置かれてきたのは確かだが、それでも依然、主要ルートである。

さらにもう一つ、この地域のマフィア活動に際立つのが、昨今の情勢の影響だ。紛争や政情不安定の結果、解放軍には武器が必要となったが、武器を買うには金も要る。こうした要請に、巧みに応じていったのがアルバニア系犯罪集団だった。

もっとも、彼らが行なうのは、こうした武器や麻薬の密売だけではない。各種人身売買（不法移民、売春婦）から煙草の密売まで、扱うジャンルは多岐に分かれる。

まず、麻薬密売から見てみよう。

先にも述べたバルカンルートでは、常に大量の麻薬が運ばれている。米国の国家麻薬情報消費委員会（原注10）によれば、毎月、三〜一〇トンのモルヒネ・ベースがトルコに流れているらしい（一九九六年の報告書の数値）。

旧ユーゴで紛争が起こり、このルートが支障をきたした時期には、バルカン半島の東側、つまりブルガリア西部からバルカン半島、アドリア海岸のアルバニア語圏地域を伝ってイタリアへ通じるルートなども開拓されたが、南から北であれ、東から西であれ、アルバニア系住民のいる地域やアルバニア語圏が戦略的に使われるのがポイントだ。

アルバニア系民族の麻薬ビジネスは歴史が古い。彼らはこの道のベテランとして、長年、大規模な密売取引を数々手がけ、力を振るってきた。

一九八五年九月九日の『ウォール・ストリート・ジャーナル』の記事（原注11）には、アルバニア系民族が当時からバルカンルートの中心的存在となっていた事実が語られている。

現に一九七〇〜八〇年代、彼らは、イタリア系米国マフィアの手下として、すでに頭角を現わしていた。いわゆるピザ・コネクション事件（原注12）の時も、イタリア系マフィアの世話役的存在として、ボスの見張りや護送を請け負ったり、あるいは彼らに代わって殺しを行なったりしていた。

同じ地中海の文化を共有していること、名誉を重んじる体質であること、米国で親しい間柄にあったこと（ニューヨークには、約一〇万人のアルバニア系移民が住んでいる）――対等な協力関係とは言えないものの、イタリア系とアルバニア系の犯罪組織の間には、こうした点を通してある種の敬意が生まれ、信頼関係が育まれたのであろう。

そういえば、ニューヨークマフィアのガンビーノ一家の幹部フランク・ロ・カーショも、アルバニア南部出身のゼフ・ムスタファを自分の運転手のポストに就けていた。(原注13) 米国当局がこのピザ・コネクション事件を解決後、イタリアマフィアは事業から遠ざかったが、供給先だけが残された後、活動に手をつけるようになったのも、アルバニア系だった。

八〇年代末、旧ユーゴで民族紛争が起こると、彼らが「これはチャンス」と犯罪活動を活発化した。この時、トルコ系とアルバニア系組織の間では、ヘロイン密売の勢力圏を巡って争いもあったようだ。ヘロインがこの間、量的にどれほど動いたか、正確な数値を把握するのは難しいが、複数のアルバニア系マフィア組織が指揮して運ばれたのは数百キロと思われる。なお、ヘロインをめぐっては、この二十年、トルコマフィアと共同で密売活動を行なうケースが増えている。

彼らはやがて、ビジネスの才を発揮し、ヘロイン以外にも活動を広げて、南部アルバニアにマリファナ生産地域を設けるようになった。今や年間一三～一五トンのマリファナがアルバニアやコソボの集団によって生産されるが、アルバニア当局は、この地にまだ捜査のメスを入れられないままだ。

プッリャ州のサクラ・コローナ・ウニータなどは、兄弟格のこうしたアルバニア系マフィアと、麻薬取引と人身売買で取り決めを結んでいる。

ヘロイン、マリファナだけでなく、コカインも取引対象だ。

ティラナでは二〇〇一年二月の初め、フレデリック・ヅルダとアルベン・ベンバラというアルバニア人二人が、コカイン一五トンを欧州へ持ちこんだ件で逮捕された。(原注14) 調べによると、この二人はコロンビアに直接連絡をとってコカインを頼んでいたようで、商品はメデジン・カルテル（六五頁以降のコロンビアの項を参照のこと）の元からベネズエラ、スペイン、オランダをつたってアルバニアへ届けられ、それから欧州各地へ分配、という経路をたどっていた。

次に武器の密売に触れよう。

アルバニア系マフィア組織にとって、隣国ユーゴの麻痺は、この商売の絶好の機会となった。なかでもKLAは、出現以来、コソボのセルビア勢力と戦うべく、武器を必要としてきたが、マフィア組織はその頃すでに麻薬密売の世界を牛耳って財政面で潤い、活動の幅を広げていたため、KLAへの武器や資金の調達がスムーズに運んだ。

さらにその後、アルバニア国内では、マフィア組織の一部がマネーロンダリングに悪用していたねずみ講(訳注8)が破綻。一九九七年の一月から五月に反政府暴動が起きて略奪行為が勃発し、国は無政府状態となった。

当時さばかれた武器類は、拳銃が三万八〇〇〇、カラシニコフが二二万六〇〇〇、機関銃が二万五〇〇〇、対戦車用の携帯ロケット発射器が二四五〇、榴弾が三五〇万、起爆装置が二四〇〇万、爆薬三六〇〇トンである。これらがみな、マフィアの手を伝って提供されたのかどうかは不明だが、かかる量の武器を仕入れて取引を行なおうと思えば、それなりのしっかりした組織でなければ無理な話だ。武器が求められていた、ちょうどその時に、マフィアがその融通先としてうまく立ち回ったのは確かである。彼らの間で、需要と供給という市場の原理が見事に一致したわけだ。

密航の斡旋《あっせん》活動も行なう。

バルカン半島は、欧州連合圏への不法密航の玄関口だ。二〇〇〇年八月末、サラエボをめぐるシンポジウムが開かれた折、国際移住機構のスポークスマンであるジャン＝フィリップ・ショーズィは、「バルカン半島は、密航者が西欧へ潜入するうえで重要なポイントとなっている」と明言。モンテネグロの財務大臣も「現状で、およそ一〇万人の中国人が、モンテネグロ経由でイタリアに向かっているようだ」と語った(原注15)。

ちなみに、アルバニアとコソボに接するモンテネグロには、マフィアの密航を頼って、イラクやスリランカ、あるいは極東地域のクルド人、コソボ人も国を離れてやって来る。

だが密航費用は法外に高く、密航に成功しても本人か家族が数年に渡って支払いに追われ、下手をすると、密航を斡旋《あっせん》した犯罪集団のもとで不法に働かされたり、他者の密航を手伝わされたりすることになる。ちなみに、アドリア海を渡るだけで、一人あたり四五〇〜一〇五〇ユーロがかかるらしい。

アルバニア系マフィアは、こうした不法移民の密航斡旋《あっせん》で、黒社会《ヘイショーホエイ》組織やトルコの犯罪組織から渡航者を受け取り、イタリア・プッリャ州のサクラ・コローナ・ウニータに引き渡すことで、取り分をもらう。

かたや黒社会《ヘイシヨーホエイ》やトルコの犯罪集団、かたやサクラ・コローナ・ウニータと、まめに立ち働いて手際よく事を進めなければならないこうした活動には、組織にそれなりの能力が必要だ。その点、携帯電話を駆使して売春婦と頻繁に連絡を取り合う、後述の売春仲介者同様、あちこち移動して頻繁に居場所を変える彼らは、なかなか捕まりにくく、組織力も抜群だ。南西部の町ブロラ(訳注9)からボートに三〇人ばかりの密航者を乗せ、一時間半でオトラント海峡を越えるなど、御手のものである。

アルバニア系組織には、こうした形で、毎晩四〇〇人をイタリア側へ送る能力があると、欧州安全保障・協力機構の専門家は見ている。アルバニアからプッリャ州に渡った渡航者は、一九九九年一年で五万六〇〇〇人になると、イタリア警察は、はじき出している。また、現在入手できる情報によれば、モルドバやウクライナ、ブルガリア、ルーマニア出身の売春婦の密売では、コソボが中心的な役割を果たしているようだ(原注16)。

二〇〇〇年一月、フランス南東部の都市リヨンの売春婦六〇人が、フランス政府の検事と知事あてに抗議文を送るという異例の行動に出た(原注17)。コソボ紛争が起きた頃、「保護者」と称する売春仲介者が、五〇人ばかりの若いアルバニア系女性を連れてやってきた。そして、リヨンでそれまで街頭売春をしていた自分たちに向かって、「この区域から出ていかないとひどい目にあうぞ」と脅し、時には襲ったりして、商売の邪魔をしている。何とかして欲しい――そういう内容であった。

リヨンのこの一件が、アルバニア系売春組織と地場の売春婦たちの間でたまたま起こった事件であるなら、さして問題ではない。

だが、軽々しく考えるべきではなかろう。アルバニア系の売春ネットワークは、フランス全土にかなりの勢いで広がっている。売春婦たちはストラスブール、ニース、ボルドー、トゥールーズ、パリですでに活動を始めている。このうちパリには、二〇〇〇年上半期時点で、アルバニア・コソボ出身の売春婦が約三〇〇人おり、首都で初めて外国系街娼団体をつくっている。

こうした都市だけではない。売春の仲介者は、リスクを極力減らすべく、犯罪を行なうごろつきや売春婦たちと、携帯電話で頻繁に連絡を取って監視し、警察や裁判所の出方を見ながら、各地で活動を行なっている。

イタリアはどうだろうか。密航者がティラナからこの国へ送られる際の要衝は、何といってもプッリャ州だ。だが、拠点はミラノにもある。調査では、アルバニア系マフィア組織のもと、イタリアで活動する売春婦は、一九九九年時点で約三万人とされる。

ドイツには東欧出身の売春婦が約一万人いる。「エロスセンター」といわれる歓楽街には、これまで警察が何度も捜査のメスを入れている。

ベルギーでも一九九〇年以来、若いアルバニア系売春婦の存在が確認されており、ブリュッセルのアールスト街の飾り窓に立ったり、バーで働いたりしている。ここでもやはりみな、携帯電話を持たされ管理されており、彼女らが自らの意志で西欧にやってきたのではなく、何らかの犯罪ルートを通じて無理やり連れてこられているのは明らかだ。

ブリュッセルでベルギー王国検事代理を務めるエリック・ファン・デン・シプトは、「アルバニア系

の人身売買ネットワークは、我が国でもっとも憂慮される組織犯罪の一つである」と語る。（原注18）

こうした売春組織では、アルバニア系女性ばかりか、ロシア、ブルガリア、ウクライナ、チェチェン、カザフスタン、モルドバの女性も働かされているが、とにかく彼女たちの誰もが口をそろえていうのが、売春仲介者の残酷さだ。（原注19）

「結婚しよう」との口車に乗せられて自分の村を離れるか、あるいはもっと単純に難民キャンプからさらわれてプリスティナや国外で働かされるようになった彼女たちは、同じ村の出身であることが多い。

だが、こうして組織の手に渡るが最後、何度も虐待・強姦され、「言うことをきかねば地元の家族をひどい目に合わす」と脅され、服従せざるを得ない状況に追い込まれる場合が多い。持っていたパスポートを没収され、暴力を振るわれるのはもちろん、女性の切断された手足を見せられて、「使いものにならなくなった娘、抵抗ばかりした娘たちはこういうことになる」とすごまれることもある。

フランス人身売買抑止中央局（ＯＣＲＴＥＨ）の局長クリスチャン・アミアール警視正は、自らの体験をこう語る。「当初は私も、女性が売春目的で暴行される、強制収容所さながらの場所があるなど、まさかと思っていた。だが、他の警察関係者やさまざまな証言を聞くうちに、そうした場が本当にあることがわかっていった。（中略）アルバニア系組織は実に恐ろしいことをする。まるで中世だ（原注20）」。

売春仲介者は安全を期するため、頻繁に売春婦たちの居場所を変えようとする。結果、彼女らは、ある売春宿からまた別の宿へと、一五〇〇～三〇〇〇ユーロで何度も売られ、そのたびにますます仲介者の意のままになっていく。こうした移動は、学校で正規の教育を受けさせようとする警察や各種団体の目を逃れることもでき、仲介者にとって都合がよい。

他に盗みもある。

密輸とは別に、アルバニア系マフィアが、独自の第一級のノウハウで久しく本領を発揮してきたジャンルだ。といっても、彼らが行なう盗みは実にさまざまで、自動車泥棒を得意とする他、店のショー・ウインドーからの物品窃盗、街の通行人や観光客を狙ったスリ、押込み強盗など、何でもありである。しかも、こうして盗まれた物品についても、集積場所からロンダリング方法まで、終始ぬかりがない。

一九九八年六月、マドリードでは、約五〇人のコソボ人たちが、それまでの半年間に一〇〇〇件の盗みを行なったとして警察に逮捕された。ちなみにアルバニアでは、マフィア組織がダミー会社を作って米国の最新完備型の金庫を輸入し、世界に散らばるアルバニア系の泥棒を呼び寄せて、開け方について講習を行なっている。ノウハウを覚えた泥棒たちは、それぞれ、居住国に戻っておさらいしているわけだ。

そういえば、NATOが空爆を行なった翌日、コソボ内を走る自動車の八〇％には車のナンバープレートがなかったと言われる。事実、コソボには、欧州から盗まれてきた自動車が二〇万〜二五万台ある。

煙草の密売も忘れるわけにいくまい。

アルバニア系が牛耳っているとはいえないが、それでも、かなり荒稼ぎしており、大事な外貨収入源となっている。最近は、アルバニアやコソボの組織にモンテネグロの犯罪集団が加わり、共同で活動が行なわれているようだ。

イタリアで二〇〇〇年、時の財務大臣オッタビアーノ・デル・トゥルコが立ち上げた反マフィア委員会は、バルカン半島（モンテネグロ、アルバニア）とイタリア（プッリャ州）の間で煙草の密売が深刻化している事態を明らかにした。(原注21) その折、同大臣は、サクラ・コローナ・ウニータが同分野で「過去五十年で欧州最大の犯罪集団」を築き上げていると語ったが、事実、アルバニア系マフィアは、イタリアのマフィアから責任を委ねられる形でこの事業を先導し、その延長線上で、密輸やロンダリングに従事している。

一九九五年に行なわれた「アトランティード作戦」では、密売活動で得られた九〇〇〇万フランスフラン（約一三七〇万ユーロ相当）が複数企業で洗浄された件で、クレディト・エミリアーノ銀行の頭取が逮捕されている。イタリア・プッリャ州のブリンディシ県の他、アルバニアに複数の支店を持つ銀行だ。

こうした煙草の密売は、他の密売（密航者、麻薬などを運ぶ際）と一緒に行なわれる。各ビジネスを行なう組織同士の間では、紳士協定的な決まりが結ばれている。

国内外の拠点

アルバニア系犯罪組織は、他のマフィア同様、地元の末端組織と国外に散らばる同郷人を巧妙に使い分けながら、効果的に越境犯罪活動を行なう。主な組織はハサニ、ゼイリ、フテヤ、ケカ、メフメドビッチ、ツァコニである。

まずはアルバニアから見てみたいが、首都ティラナはさておき、この国の情勢は依然、混沌としており、活動状況は一様ではない。

国の北部のうち、「バルカン版・黄金の三角地帯」の二辺に囲まれた部分は、依然として当局の取締りが行なわれず、さまざまな犯罪集団がやりたい放題に犯罪を進める、正真正銘の無法地帯だ。

南西部の町ブロラ（住民一〇万人）とその近郊では、移民労働者がイタリアへ密売されている。この地域は、地元マフィアの首領、「ザニ」ことミュルテザ・ツァウシが、麻薬取引を行なっていることでも知られる。ツァウシは麻薬密売、それから地方で暴動を先導したかどで、一九九七年にギリシャで投獄された人物だ。

ブロラでは、密航者から麻薬、煙草に至るまで、あらゆる活動が行なわれる。イタリアとの間でうまく犯罪活動を行なって、あっという間にのし上がり、名を馳せる者が出るのも、この地であることが多い。

南部のコニスポル〜コルチャ間には、大麻の栽培地がある。ギリシャとの国境地帯は、母国の闇社会から逃げてきたギリシャ人らの秘密の溜まり場だ。また、ジロカスタル市は、煙草や大麻、女たちがギリシャへ密売される際の出発点である。

コソボでは、NATOが旧ユーゴ・ベルグラード空爆後、セルビア人がこの地を去って以来、国際機関の管轄下に置かれるようになっているが、ここでも、アルバニア系マフィアの台頭が目立つ。調査機関オブゼルバトゥール・ジオポリティック・デ・ドロッグ(訳注10)で調査部長を務めたミッシェル・クトゥジスはその状況を、「何もかもことごとく悪化した」と嘆き、コソボでは、「人々はこの十年、金が稼げるならどんな仕事も厭わない、見つかるならどんな仕事でも構わないという風潮に慣らされてきた。マフィア集団が暗躍するのもそのせいだ」と語る。(原注22)国際機関、国連軍にとって課題は多い。

アルバニア、コソボ、マケドニア以外ではどこに拠点があるのだろうか。

まずは、イタリアが挙がる。アルバニア系マフィアが国外で最初に拠点を置いたのは、この国だ。その理由は、まず地理的な近さだが、イタリア南部プッリャ州のサクラ・コローナ・ウニータや、カラブリア州のヌドランゲタと親しくしてきたからでもある。一九九七年、マフィア対策局(ローマ)のある司法官は、シチリアのコーサ・ノストラと彼らが密接な関係を結んでいる事実を確認している。(原注23)すべてのマフィアにとってなじみ深いアドリア海を挟み、アルバニア系マフィアとイタリアマフィアが懇意にしているのは、あらゆる点で明らかだ。

例えば一九九七年八月、アルバニア系マフィアのナイム・ジュベリは、ミラノの通りで撃たれて負傷。数日後に病院で息を引き取った。アルバニアでは、サクラ・コローナ・ウニータのムオロ一味のボス、ジュゼッペ・ムオロが、港町ドゥラスにあるアルバニア系マフィアの別荘にいた所を逮捕されている。アルバニア系コソボ人アギム・ガシ(原注24)は、ミラノに拠点を置きながら南欧諸国相手に麻薬を密売していたが、イタリア憲兵隊が、その後、下部組織に踏み込んで掃討作戦を行なった。

　アルバニア系マフィアとイタリアマフィアは、主に、売春対象の女性をはじめとする移民労働者の密売、麻薬、武器密売、それから密航者に欠かせない身分証明書類の偽造ビジネスで協力体制にある。

　スイスも見逃せない。この国には、アルバニアやコソボ出身者の大きな共同体があり、イタリア人社会に次ぐ規模を誇る。一九八一年以降、自国を逃れてそのまま政治難民と認定され、何の支障もなくこの国に居ついたアルバニア系を中心とする、一八万〜二〇万人からなる共同体だ。

　過去、他国に散ったアルバニア系の人々は、同じ氏族や同じ村の者同士で固まり、古来の社会システムを再構築してきたが、スイスでも、アルバニア、コソボ、マケドニアで組織犯罪を跋扈《ばっこ》させたと同じ社会基盤が再現されている。

　今や、同国のヘロイン、コカイン取引を牛耳るのはアルバニア系で、チューリッヒ、ローザンヌ、ベルンの通りでの麻薬取引は、彼らが取り仕切っている。現に、一九九九年一月一日〜七月三十日の間、チューリッヒ警察が押収した麻薬は、ヘロインが一〇五キログラム、コカインが五・七キログラムで、売人の七五%がアルバニア系だった。ローザンヌ市で、ベレール広場とショードロン広場を結ぶ通り（テロー通り）は、別名「ティラナ大通り」と言われる。

　彼らの犯罪に手を焼いている点は、ドイツも同じだ。一九九六年以降、連邦刑事庁はアルバニア系犯罪組織対象とする特別班を設けている。ドイツに住むアルバニア系民族の数は、トルコ人より少ない。だが、ヘロイン市場ではかなりの地位にある。

　欧州の中心に座し、欧州連合への入口であるオーストリアでも、組織は動いている。ヘロインの密輸では、トルコ系が生産と卸売りを牛耳り、アルバニア系がバルカンルートを伝ってそれを運搬、量販や転売を担当するという、お馴染の分業パターンが幅を利かせている。

フランスも活動の場だが、スイスに比べると規模は小さい。主要活動は売春だが、一九九八年にレンヌ、一九九九年にナンシーで行なわれた捜査では、麻薬と売春、両方を合わせた犯罪の摘発も行なわれた。

英国も例外ではない。しかもこの国では、アルバニア系ギャング団が難民に紛れ込んで動いているのが特徴だ。主要活動は、フランス同様、麻薬と売春で、ロンドンの麻薬市場ではトルコ系を席巻する勢いだ。

ノルウェー、スウェーデン、デンマークといったスカンジナビア諸国の場合はどうであろうか。各国の警察は、口をそろえ、「この地域のヘロイン市場の八〇%はアルバニア系が取り仕切って」おり、「一九九六年に押収された麻薬の六〇%は、コソボあるいはマケドニアのアルバニア系組織を経由して入ってきたものである」と語る。

ギリシャも、アルバニア系組織の暗躍の場だ。一九九九年八月、犯罪学者ネストラス・クラキスは、「アテネ都市圏の麻薬市場は、一〇か一一のアルバニア系・ロシア系の犯罪組織で牛耳られている。ピレウスには、密航者からなる共同体ができている」と、新聞『エスノス』に書いている。現に、一九九七年に押収された大麻の八五%、ヘロインの六五%、コカインの二三%は、アルバニア系絡みだった。

その他の西欧諸国、例えばベルギー、スペインなどでは、売春、あるいは美術品窃盗などの盗み行為にアルバニア系マフィア集団が関わることが多い。とはいっても、彼らの活動は、何かと目につくこうした犯罪だけではない。自分たちが力を発揮でき、儲けになるならば、犯行のチャンスをみすみす逃すようなことはないのが、アルバニア、コソボ出身の犯罪者である。

一九九九年七月、コペンハーゲンで逮捕されたあるアルバニア人は、三キロのヘロインに加え、一キロの貴金属（以前に盗んで隠匿していたものか、ロンダリングの結果か、いずれかだろう）を所持していた。

最近になって欧州連合に加盟した国の中では、スカンジナビア諸国への中継点となるポーランドや、ドイツへ一歩手前のチェコが、密輸やロンダリングの舞台と化している。スロバキアは、彼らからヘロインと売春の開拓市場と目されている。ハンガリーには大規模なファミリーが七ないし八つあり、「国内で大きな力を振るっている」と、同国警察の本部長は述べる。

この十年、アルバニアでは政情が悪化し、多数が祖国を逃れて移民と化した。アルバニア系犯罪組織は、それと歩調を合わせるようにして、着実にネットワークを広げ、国際展開を進めてきた。この点は、くれぐれも留意する必要がある。

コソボやアルバニアからやってきた難民が例外なく犯罪と関わっている、と言いたいわけではない。ただ、マフィアが、国外に散らばるアルバニア人を活動の「てこ」とし、アルバニア民族の伝統である秘境的かつ威嚇的な集団文化をもとに犯罪を進めているのは確かだ。欧州を目指して国を離れた難民の一部がマフィアビジネスを助けている、あるいはマフィアの支配下にあるのは間違いない。

中南米

二〇〇〇年九月初め、メキシコのアカプルコで、国際麻薬対策に取り組む四四カ国の警察関係者が一同に会し、メキシコとコロンビアの麻薬カルテルの動向について話し合った。(原注25)

会議は三日続いた後、「昨今の麻薬カルテル界では、中小規模の組織が密かに利益を上げるというのが新たな傾向となっている。今後は、こうした規模の組織対策に力を注ぐべきである」と締めくくって終了した。最近は小粒の組織が力を増している——みながその点で一致した。

これまでやりたい放題を繰り返してきた巨大カルテルは、影をひそめている。その代わり、台頭しているのは、規模は中型で組織力に優れ、統制のとれた集団だ。コカイン取引で能率よく仕事を進めやすいこうした組織が、欧州地域に根を張り、今や次なる市場、東南アジアや太平洋地域を狙っている。

確かに、メキシコのカルテルは、かつての勢いを失っている。ボスの死に直面している組織もある。だが、右に挙げたような傾向は変わっていない。コロンビアのカルテルにしても、依然健在で、秘密裏に手際よく事を運び続けている。

メキシコ

「メキシコはここ五年でコロンビア化した。国そのものが大型犯罪シンジケートと化している」――一九九六年四月二十三日、米国麻薬取締局の局長トマス・コンスタンティン（当時）はコロンビアの現況をすでにこんなふうに捉えていた。(原注26) この読みが間違いでなかったことは、その後、つぎつぎと起こる事件で裏付けられた。

例えば一九九七年、当局機関の一部で腐敗が進んでいる実態が暴露された。それから、国家麻薬対策本部のトップに立っていたヘスス・グティエーレス・レボージョ将軍(訳注11)が逮捕された。

二〇〇〇年九月には、なんと、連邦道路警察の元所長（一九八六〜八八年）エンリケ・ハラリに対し、司法当局が協力を要請したが拒否され、彼を自宅に軟禁するという一件も起きた。

もし、これが受け入れられていれば収穫は大きかったであろう。ハラリは、アマド・カリージョ・フエンテス率いるフアレス・カルテルの便宜を図るべく、職権を濫用して陸上密売を助け、五万〜五〇万ユーロ（三三万八〇〇〇〜三二八万フランスフラン）を受け取ったといわれるからだ。

彼は過去にも「麻薬密売組織と関わった」として、他の警察幹部一〇人とともに内部告発され、一九八九年に一度、職を辞している。連邦道路警察のチワワ州担当責任者ルイス・アントニオ・イバーニェスは、「内部高官の数名が麻薬密売に関与している」と暴露し、一九九九年に殺されている。この二件におけるハラリの疑惑は、疑惑といえども限りなくクロに近い。

ハラリが関わったと見られるファアレス・カルテルのカリージョ・フエンテスは、整形手術中に死亡した。だが、このカルテルが、政府の上層部だけでなく警察や税関、入国管理局など、国家機関の末端レベルからトップまで、内部に深く食い込んでいたことは、さまざまな点で明らかだった。当局すら、行政機関が麻薬カルテルに毒されていると公に認めたほどだ。

二〇〇〇年の大統領選挙戦では、ビセンテ・フォックス(訳注12)が「トップ層の政治家や軍人の中には、コカイン密売に何らかの形で関わる、貪欲な『鮫』同然の者がいる」と非難して、抜本的な腐敗対策の必要性を強調、公約の一つとした。

しかし、二〇〇三年四月に行なわれた「トランスパレンシア作戦」では、麻薬密売グループの活動を助けた罪で、四一人の警官がエテペク(訳注13)の町やメキシコ峡谷で逮捕されるなど(原注27)、戦いは困難を極めている。

取引されるコカイン、ヘロイン、マリファナ、合成麻薬の量も、一向に減る様子がない。

二〇〇〇年六月、チアパス州では、低温輸送用トラック内部に隠されていた九五八袋のコカイン、合計一トンが押収されている。一九九四年～二〇〇〇年六月の間、メキシコ当局が押収したコカインは一四二・三トン、マリファナは五五一三トンだ。

それもこれも、地図を一瞥すれば合点が行く。メキシコは、三〇〇〇キロメートルに及ぶ国境線を隔てて、米国と隣り合わせている。南米諸国で生産された麻薬を米国に運ぶのに理想的な場所にあるのだ。密輸入者には夢の国。当局にとっては悪夢。そのことは、数値が何より如実に物語る。

参考数値

ここ数年、米国の麻薬市場は、年間四九〇億ドル（ユーロ同額相当）の規模となっている。一九九六年五月五日、米国麻薬取締局が発表した数値によると、同国の麻薬使用者はコカインが九〇〇万人、ヘロインが一〇〇万人、マリファナが二〇〇〇万人だ。

米国で消費される麻薬のうち、年間二〇〇〜四〇〇トンのコカイン、四〇〇〇トンのマリファナ、六トンのヘロインが、メキシコをつたって供給されている。（原注28）これは米国で消費されるコカインの約七〇％、大麻の五〇％にあたる。

もっとも、最近のメキシコは、米国西海岸向けにヘロインを製造するようにもなっている。国の北部には今や大麻の栽培地があり、年間五〇〇〇トンのマリファナが生産されている。マリファナの葉の色にちなんで「エメラルドゾーン」と呼ばれる地域だ。

いずれにせよ、メキシコを経由して他国に運ばれる麻薬は、年間およそ一五〇億ドル（約一五〇億ユーロ）、同国の国内総生産の約五％にあたる。麻薬による利益がメキシコに与えている影響は大きい。（原注29）

その影響の大きさは、一九九五年九月〜九六年四月、米国の麻薬対策機関が主導で行なった「ゾロII作戦」の結果でも明らかだ。

これは、メキシコの四大カルテルの一つ、アレヤノ・フェリックス兄弟率いるティファナ・カルテルの密輸活動に対する掃討作戦で、結果、コロンビア人（カリのマウリシオ・グティエーレス）、メキシコ人（エルナン・アギレラ）に加え、警官一人、ニューヨーク州兵一人を含む一三六人が逮捕され、五五九八キログラムのコカインと一トンのマリファナ、さらに、一七〇〇万ドル（約一七〇〇万ユーロ）相当の銀と運搬車が押収された。コカインとマリファナは、カリフォルニア、アリゾナ、テキサス各州経由でワシントンの街頭密売人に届けられる予定の商品だった。

巨大麻薬カルテル

メキシコでは、他の交通手段にもまして、陸上の「麻薬ルート」が重視される。車を使えば、麻薬をメキシコから米国の税関まで運ぶのに、他の車に紛れて当局の目を逃れることができる。トラック運輸会社を味方につけることも可能だ。

そうした陸上輸送の主要手段、「トラック」が通過を余儀なくされるのが、検問所である。

メキシコには、三〇〇〇キロメートルに伸びる米国境線に沿って、ティファナ〜サンディエゴ、ノガレス〜ノガレス、シウダードファアレス〜エルパソ、ピエドラス・ネグラス〜イーグルパス、レイノサ〜マックアレン、マタモロス〜ブロウンズビル（原注30）といった検問所がある。

麻薬カルテルは、こうした検問所の近くにそれぞれ本部を持ち、その地名を呼び名にしている組織が多い。そのうち、「カルテル連合」と呼ばれる大型組織四つを、挙げておこう。

ファアレス・カルテル

チワワ州を拠点とするカルテル。

一九九七年七月、首領アマド・カリージョ・フエンテスが、整形手術の際に死亡。アマドはコロンビアのカリ・カルテルと関係が深く、中古の飛行機で麻薬を運んだことから「空の帝王」と呼ばれた。

アマド亡き後、カルテルの勢力は衰えたが、これは、米国向けコカインとマリファナの運搬を取り仕切っていた弟のビセンテ・カリージョ・フエンテスが原因と、米国当局は見ている。

ビセンテは、一九九七年以来、密売事情に通じていた者を、口封じのため、つぎつぎ殺していたのではと考えられていたが、案の定、一九九九年十一月〜十二月、シウダードファアレス南部にある同カルテル総本山の敷地から一〇〇体の死体が掘り起こされ、米国政府は二〇〇〇年九月、ビセンテを殺害容疑で起訴した（原注31）。

メキシコ当局に協力したFBI捜査官の当初の情報では、少なくとも一〇〇人の死体があったようだ。ライバルの密売組織のメンバーで、警察協力者と疑われた者が、敷地を訪ねた折に殺されて埋められたらしく、死体数は二〇〇体以上、という米国連邦警察関係者の情報もある（原注32）。

いずれにせよ、鑑定は遅々として進んでいないようだ。まことにぞっとする事件だが、アマド・カリージョ・フエンテス亡き後、トップの座をめぐり、カルテル内部で抗争が起こっていた可能性が高い。

ソノラ・カルテル（州名ソノラより）

米国麻薬取締局の捜査官を殺害した（原注33）容疑で、ラファエル・カーロ・キンテーロ（原注34）が投獄されて以来、弟のミゲルが取り仕切っている。ミゲルはツーソンとデンバーで起訴されている。

米国、とくに南部（アリゾナ州）へのマリファナ輸出が主な活動。

ティファナ・カルテル

メキシコ最北西バハ・カリフォルニア州を拠点とするカルテル。

かつてはベンハミン・アレヤノ・フェリックスと彼の兄弟がメキシコ・シティーを中心に活動。凶悪な組織として知られた。一九九三年、ファン・ヘスス・ポサダス・オカンポ枢機卿が、密売組織と政府の関係を法王に伝えようとしてグアダラハラで暗殺された際(原注35)、よく話題にのぼったのが、この兄弟の名だった。

一九九六年二月十六日のメキシコ系新聞『ラ・オピニオン』は、兄弟がグアダラハラの麻薬カルテル、アメックアと共謀して米国にアンフェタミン(訳注14)を密売していたと報じている。メキシコ全域に散らばる工場でアメックア一家が麻薬を製造できた間は、ベンハミン、ラモン、ハビエルの各兄弟がつつがなくビジネスを行なえていたということのようだ。

二〇〇〇年三月、メキシコ警察は、一味の資金管理にあたっていたヘスス・ラブラ・アビレス(原注36)、通称「エル・チューイ」を逮捕。それがきっかけで、五月、ティファナ・カルテルの重鎮イスマエル・イグエラ・ゲレーロ、通称「エル・マエル」も捕まった(原注37)。米国で消費されるコカインの約一五％がティファナ・カルテル絡みであることから、この逮捕は大きなニュースになった。

さらに数週間後の七月、彼ら二人の弁護士エウヘニオ・サフラが、自宅前、車中で銃殺された(原注38)。この事件は、その前の弁護士ヘスス・ラブラ・アビレスが、ゲレーロ逮捕の数日前に殺されていただけに、騒ぎを呼んだ。

いずれにせよ、このカルテルに関わって殺された人間は三〇〇人を下らないと言われる。

ちなみに、指名手配者リストに載り、ＦＢＩが血眼になって探していたラモン・アレヤノ・フェリックスは、二〇〇二年二月十日、メキシコ警察とのカーチェース中、事故に遭って死亡。一カ月後、「インテリ」と言われたベンハミンが、プエブラの邸宅で警察の質問を受け収監された。

ベンハミンは刑務所でこんな台詞を吐いている。「ＦＢＩも米国政府も、これで自分たちを征したなどと思うのは大間違い。俺は刑務所にいるが、事態は何も変わってはいない。米国が麻薬を欲しがる限り、マーケットは栄え続ける[原注39]」――何も変わっていないとは大胆な発言である。だが、彼の他の兄弟たち[原注40]が逮捕もされず健在なのは確かだ。

ガルフ・カルテル

本拠地マタモロス（タマウリパス州）の名をとってマタモロス・カルテルとも言われる。「陸上経由のコカインの約三分の一はこの組織が運んでいる」と言われるほど大きな組織だ。

とはいえ、これまで、ボスのファン・ガルシア・アブレゴ、通称「エル・ムニエコ[原注41]」が一九九六年一月十四日にＦＢＩに逮捕され、その他メンバーも大量に拘束され、最近は組織力がとみに低下している。

アブレゴは、米国連邦警察（ＦＢＩ）の指名手配リストに載った麻薬密売人一〇人のうちの一人で、モンテレーで逮捕され、ヒューストンでの起訴を受けて米国に引き渡された[原注42]。

彼の後を引き継いだウーゴ・バルドメロ・メディナ・ガルサは、トラックを使って米国に麻薬を運び、通称「トレーラーの帝王」(原注43)と呼ばれた。四十三歳の時、警察が大々的な掃討作戦を開始した際に、交通事故に遭って逮捕され、マネーロンダリング、禁止武器の携帯、麻薬密売の煽動の容疑で、首都メキシコ・シティーにて起訴された。

いずれにしても、当局は否定するものの、「麻薬密売組織と政府の癒着」がかなり疑われるのが、メキシコの特徴である。

腐敗と暴力(原注44)

腐敗は、メキシコ社会のあらゆるレベルに及んでいる。なかでも、真っ先に挙げられるのは、政府機関に属し、カルテルの活動を助けている役人たちであろう。

例えば二〇〇〇年三月、連邦検察庁長官ホルヘ・マドラーソの右腕ファン・マヌエル・イザバル・ビリカーナが、自動車の中から死体で発見され、疑惑を呼んだ(原注45)。ビリカーナの口には銃弾が打ちこまれ、自殺も考えられたが、その後、彼の名義で所有されていた銀行の金庫三つから一六二万五〇〇〇米国ドル(約一七〇万ユーロ)が発見され、米国(カリフォルニア)にも銀行口座があることが発覚。不可解な事態にさらに追い討ちをかけるように、ビリカーナが検察庁がらみで架空の労働契約を八〇件結んでいた事実がわかって事態はさらに錯綜し、同庁の信頼は失墜した。

数日後の三月二十三日には、メキシコ・シティーの検察でかつて犯罪組織対策に関わっていた元役人クォウテモック・エレナ・スアステグイが、同市のホテルのホールにいたところを狙われ、銃撃戦となった。

ちょうど、保健衛生法違反を取り締まる特別検察局の局長マリアノ・ヘランが、「次はスアステグイが、麻薬カルテルに深く関与した疑いで出頭を命じられる予定」と、地元の新聞『クロニカ』に語ってほどなくのことだった。

「このカルテルが、アマド・カリージョ・フエンテスのファレス・カルテルを指しているのは明らか」と、米国麻薬取締局長ウィリアム・E・レッドウィズは語る（原注46）。なお、スアステグイは、この時、ボディーガードが速やかに危険を察知したおかげで弾を逃れ、命を助かっている。

政界も例外ではない。

カルロス・サリナス（原注47）（弟のラウルは、一九九四年九月二十八日の政治家殺人事件（原注48）に関わったとして収監された）の後を継いで一九九四年にメキシコ大統領になったエルネスト・セディージョ（訳注15）は、一九九六年三月七日、マフィアさながらの犯罪が大きな国内問題となっている点を重く捉え、組織犯罪対策として治安国家評議会を立ち上げた。その後、二十三日、彼は「政府役人の一部が麻薬の密売人の便宜を図っている可能性がある」とも語っている。

だが、セディージョのこの挑戦は、たいへん深刻な問題を暴露することになった。

サリナス大統領時代（一九八八年~九四年）、国家権力が麻薬組織と関係していた点を裏付ける証拠が、次々出てきたのである。

当時、国家権力と制度的革命党は、[原注49]選挙戦資金を調達する必要に迫られていた。国の経済も麻薬マネーに大きく支えられざるを得ない状態にあった。このため、政界では、麻薬組織にはなるべくタッチしない、「不干渉」の姿勢がとられるようになり、それが後の犯罪を引き起こしていったのだった。もちろん、国家企業を民営化し、株式市場における株価の「急騰」を引きおこしたメキシコ型の新自由主義が、麻薬カルテルを潤わせ、恩恵をもたらした側面も否めない。

いずれにせよ、さまざまな要素が絡み合い、メキシコは、カルテルがロンダリングを行なうのに完璧な場と化している。それだけ、カルテルが買収活動と暴力を通して、これまで政府機関や政界に非常にうまく取り入ってきたということであろう。この十年、カルテルが得た利益は三〇〇億ドル、メキシコの国内総生産の一〇％にあたると連邦検察庁は語る。[原注50]

メキシコでは、腐敗とはまったく違う意味でも、これまで、公務員が多数殺された。ホルヘ・カルピソ・マクレガー[訳注16]は、検事総長時代、「自分と自分の班は、裏切り者に取り巻かれている」と繰り返し言っていたが、事実、数カ月の間に、メキシコの警官、司法官が次々暗殺され、この言葉がはっきり裏付けられた。

＊一九九六年二月二十三日

ティファァナ司法警察のトップ、セルジオ・アルマンド・シウバ・モレノが殺害された。

＊一九九六年二月二十八日
ティファナ検察局の司法官レベッカ・アクーニャ・ソーサが殺害された。

＊一九九六年四月十七日
ティファナの検事ホセ・アルトゥーロ・オチョア・パラシオスが殺害された。

＊一九九六年五月
元メキシコ連邦検事セルジオ・モレノ・ペレス（一九九五年一月～一九九六年一月の間、バハ・カリフォルニア州検察局長）と、息子オスマニ・モレノ・バルガスが、拷問の末に殺害された。

＊二〇〇〇年三月
ティファナの警察署長アルフレド・デ・ラ・トレ・マルケスが、自動車の中で一〇〇回にわたる弾丸を受けて殺害された（原注51）。

公務員だけではない。たびたび見聞されるように、麻薬密売について報道を続けるジャーナリストらも命を狙われてきた（原注52）。

＊一九九八年、国境の町ティファナで出版されている雑誌『セタ』の編集者ヘスス・ブランコル

ネラスが、ＡＫ47〈原注53〉で襲撃された。幸運にも命を取りとめ、それ以来、一〇人のボディーガードに囲まれて生活している。

＊一九九七年、サンルイ・リオ・コロラドで、地方新聞の局長ベンハミン・フローレス・ゴンザレスが殺害された。

＊週刊誌『シエテ・ディアス・エン・メヒカリ』（バハ・カリフォルニア州）の出版者セルジオ・アロは、死の脅迫を何度も受けている。フローレス・ゴンザレス殺害の疑いが持たれるハイメ・ゴンザレスの保釈について、批判記事を書いて以来のことだ。

＊二〇〇〇年四月初め、記者パブロ・ピネーダ（新聞『ラ・オピニオン』所属）の死体が、米国との国境で発見された。頭には銃弾が撃ち込まれ、その後、遺棄されていた。ピネーダは国境の町マタモロスを中心に仕事を行なっていた。

＊二〇〇〇年四月末、ラジオ・ネットで政治報道を担当するホセ・ラミレズ・プエンテが殺された。シウダードフアレスに放置された車から発見された彼の死体には、刃物で三五カ所がずたずたに斬られた痕《あと》があった。トランクの中には八キロのマリファナが置かれていた。

メキシコ人ジャーナリストのセルジオ・サルミエントは、こうした事件について、「麻薬組織のトップたちが、今や、メキシコ政府と真っ向から対決できる力をつけたのは明らか」と断言する。

また政治評論家ホルヘ・チャバトは、先に述べたティファナの警察署長アルフレド・デ・ラ・トレ・マルケス殺害事件、それから二〇〇〇年四月にＡＫ47で二五回銃弾を受けて殺されたオアハカの警察署長ハビエ・オルランド・グスマンの事件について、「一九九〇年代半ばからメキシコのカルテルが勢力を増してきたのは新たな傾向だ。昨今、暴力事件が頻繁に起こっているが、おそらくすぐにはやむまい」と分析する。

コロンビア、ボリビア、ペルーに次いで「麻薬民主主義」[原注54]国家となったメキシコ[原注55]のこれから先を思うと、暗澹とした気持ちになる。

サパティスタ民族解放軍のマルコス副司令官[訳注17]の活動を遮るべく、ここ数年、断たれていたチアパスルートは再開され（一九九六年の第1・四半期時点）、その周辺は今や、南米大陸からグアテマラに運ばれてきた麻薬を保管する格好の場となっている。そのうえカルテルは、黒社会《ヘイショーホエイ》と手を結んで大量の移民を運ぶなど、活動を麻薬以外に広げている。

メキシコの犯罪組織は、これからまた栄えそうな勢いだ。

コロンビア

コロンビアはコカインの生産、取引ともに栄える国である。

中でもここ数年、コロンビアといえば、麻薬カルテル、腐敗、ゲリラ、コカインといった言葉にぶちあたることが多いのが特徴といえよう。

一九九九年五月、同国の警察は、三〇〇人の戦闘員とヘリコプター一〇台を動員して急襲作戦を行なった。そして踏み入ったジャングルの茂みに、きわめて高度なコカイン加工の秘密工場を発見した。(原注56)「凄い工場だ。私もこれまで仕事を通し、秘密工場を多数見てきたが、これは想像を絶する規模だ」――麻薬撲滅に取り組み、作戦に慣れた警察本部長ロソ・ホセ・セラーノ(原注57)(当時)がそう語ったほどだ。

熱帯雨林の中に隠れたこの工場の凄さは、それだけではなかった。

周囲には、大きな敷地が点在し、一二〇棟のベッドが収容できる四階建ての建物があった。住民五〇〇〇人の暮らしを支える発電所があり、化学製品を総合施設に送りこむための配管網があった。一五〇トンの前駆物質、商品の質をチェックする装置までそろっていた。そのユニット全体で、毎月、八トンのコカイン製造が可能な規模だ。だが最大の衝撃は、かつてのカリ・カルテル、(原注58)メデジン・カルテルのメンバーと、(原注59)極右の準軍事組織が手を組んで活動したと思しき跡が見られた点だった。

セラーノ氏は一九九七年一月末にも、ボゴタから二五〇キロメートル離れた場所で、これと似たコカイン密造所を破壊している。滑走路付きの、その工場を所有していたのは、ボゴタ平原を中心に活動を展開する当時無名のカルテルで、コロンビア革命軍(訳注18)の共産党ゲリラと結託して麻薬を造っていた。

さらに半年後、ラ・オルミガ村近辺でも、同規模の密造所が見つかり破壊された。この工場もコロンビア革命軍との関わりが明らかだった。

政界も平穏とは言い難い。

例えば、エルネスト・サンペール(訳注19)が、大統領選挙中(一九九四年)にカリ・カルテルの麻薬ドルを運動資金にした容疑が、一九九五年になってから明らかになった(原注60)。

カリ・カルテルは、コロンビアで三番目に大きな都市カリに拠点を持つ。一九八〇年代には、メデジン・カルテルの後を追って暗躍、その後、メデジンが解体すると、代わりに麻薬界を牛耳った組織だ。

さらに一九九八年六月二十一日、アンドレス・パストラーナが大統領に就任後、このカリ・カルテルは、さまざまなゲリラ(コロンビア革命軍や民族解放軍(原注61))や準軍事組織と手を組んで、麻薬の密売を行なった。密売組織から資金援助を受けたゲリラは、数十年にわたる内戦で国を荒廃させた。

そうした戦いに終止符を打つべく、パストラーナ大統領が米国と協力する形で、後に述べる「プラン・コロンビア」に着手することになった——というのが昨今のコロンビアの状況である。

現在のコロンビアの組織犯罪には、もう一つ特徴がある。それまで力を振るってきた巨大カルテルが影を潜め、その代わり、カルテリトと呼ばれる組織が幅を利かせている点だ。

「カルテリト(cartelito)」とは、かつてのカルテルを牛耳っていた世代の過ちを避けるようにして台頭した小型組織を言う。メデジンやカリのカルテル幹部が死亡したり投獄されたりするようになって以来、麻薬産業界は、カルテルより規模が小さく身軽で柔軟性のある、こうしたカルテリトが主流になった、と専門家は見ている。

こうした新手の麻薬集団が重視するのは、利益を損なうリスクを最小限に抑えることだ。従って、事業の規模は、前代のカルテル組織に比べ小さい。活動は、農民が造ったコカ・ペーストを、準軍事組織くずれやゲリラくずれに圧力をかけさせて集め、それを加工し、運搬を行なって、メキシコのカルテルのもとへ届けるというケースが多い。また、カルテルのように麻薬の製造から分配まですべてを取り仕切るのではなく、取引ごとに同盟を結びながらビジネスを進めるのが特徴だ。

それまで優位にあったコロンビア勢の代わりに、昨今、メキシコのカルテルが勢力を増している背景には、こうした麻薬組織界の変化が絡んでいる。

だがそれはともかく、ここからは、かつて暗躍したカルテルと新手の組織のしくみを調べ、彼らがコロンビア犯罪史においてどんな役割を果たしてきたのかを探ることにしたい。

組織編制としくみ

かつてのカルテル、厳密には一九九五年以前のカルテルは、①麻薬の原料となる植物の栽培、②実際の麻薬製造、③物流、運搬、配分、④財政管理やロンダリング・投資——のそれぞれで部門を設け、麻薬密売に関わる一切を取り仕切っていた。

カリ・カルテルでは、さらに、財務、軍事、法務、物流といった機能を大企業さながらに区切り、何もかも組織化するという徹底振りだった。

だがこうした機構は、ある部門の誰かが逮捕されれば、数珠つなぎで、それ以外の部門の者たちも捕われる危険をはらむ。それだけに、カルテルでは、内部から裏切り者が出ることが非常に恐れられ、そうならぬよう相当の配慮を施し、上層部をしっかり守るしくみになっていた。

各部局や下部組織を一定の地域でまとめたり、帳簿をしっかり付けたりしたのは、その一策だ。もちろん人事評価もあり、規則に背いた者に対しては、容赦なくただちに報復が加えられた。あるＦＢＩ捜査官によると、密告者のなかには仲間の前で喉をかき切られたりした者もいたらしい。これは、かなり見せしめ効果があったようだ。

首領たちの役目はといえば、活動計画を立て、コカイン精製に必要な原料の入手を交渉し、製品の卸値を決め、蓄積された利益を管理する、という点だった。これは、コングロマリットを指揮する持株会社(訳注20)と同じだ。また、役人の買収も大事な仕事で、買収した役人を犯罪ネットワークに引き入れては、密売をスムーズに行なっていた。コロンビアが「麻薬民主主義国家」といわれた所以である。

これに対し、新世代のカルテリトの首領たちは、やはり麻薬の密売に関わるものの、カルテルに比べ、環境への臨機応変な対応力が目立つ。カルテル世代を反面教師としているからであろう。組織は規模が小さく、四〇人の男女で構成されていたらよい方だ。

かつてカルテルの人間といえば、相手を従わせ、何とか言うことをきかせようと、これみよがしな態度に出たり、脅しや暴力に訴えたりが多かった。だが、そうした行為が仇となり、しまいには殺されたり投獄されたりすることも少なくなかった。それにひきかえカルテリトは、暴力に訴えることより、ビジネスをスムーズに運ぶ点を重視する。

もっとも、カルテリトの構成員が暴力に訴えることがまったくないわけではない。メデジン・カルテル同様、彼らも内部に殺し屋グループは抱えてはいないが、必要とあれば刺客に仕事を頼みもする。だが、いずれにせよ、彼らにとっては、麻薬で利益を得るという目的を達するべく、活動をつつがなく潤滑に行なうことが一番の関心事だ。メンバー評価にしても、実際に他人を買収したり、他人を上手く動かしたり、他人を丸め込んだりできる力があるかどうかが、重視される。

見た目にしても、カルテリトはかつてのカルテルと違う。カルテルの人間は何かと派手な装いが目立ったが、カルテリトのメンバーは普段から地味な服装だ。宝石類もまとわないし、豪華車も乗り回さない。一般社会に紛れ込み、なるべく目立たぬようにしている。

教育レベルをとっても大学出が多く、先端テクノロジーの知識も豊富だ。

二〇人ないし四〇人で組織を構成するというカルテリトのアプローチは、小企業の経営手法と何ら変わらない。麻薬ビジネスにしても、違法活動というよりは、合法産業同然に捉えて日々の活動を行なう。ロンダリングに極めて大きな関心を抱き、大きな利益が見込める分野への投資も積極的だ。

一九九九年十月十三日、コロンビアの警察隊は、FBI、CIA、米国麻薬取締局と合同で、「千年紀作戦」を行なった。

かつてパブロ・エスコバールの右腕として鳴らし、その後、刑務所行きになったが模範的態度で刑期を八年に短縮され、一九九六年以来再び活躍していた大物ファビオ・オチョアをはじめ、三一人の密売人が、この作戦で逮捕された。

だが、何より驚きだったのは、毎月三〇トンのコカインを米国や欧州に送り出していた組織のリーダーが、無名のアレハンドロ・ベルナルだったことである。これは、「カルテリトが、麻薬界でカルテルと勢力を二分するようになっていた」証拠として、衝撃を呼んだ。

参考数値

コカインの栽培地と生産高は、どちらも増加している。

CIAは、衛星写真の様子から、一九九九年のコカイン生産量はおよそ五二〇トン、予想値の三倍になったとしている。

十年のスパンで見ると、一九九〇年は六五トンだったのが、約十年後の一九九九年には五五〇トン弱（同じCIAの情報によると五二〇〜五五〇トンの間）まで上昇したことになる。

ちなみに二〇〇一年、コカの耕作面積は、一六万三二九〇ヘクタールから一四万四八〇〇ヘクタールと、前年に比べて一一％減った。とはいえ、これは、一九八〇年には五〇〇〇ヘクタールにすぎなかったのが、年間一八％ずつ上昇し、二〇〇一年に一四万五〇〇〇ヘクタールに及ぶ、という流れの中での一時的な減少と、コロンビアの国家代替作物奨励計画の責任者マリア・イネス・レストレポは語る。(原注62)

CIAは、二〇〇二年現在、コカ耕作面積は一七万ヘクタールに達すると推測している。これは年に約六〇〇トンの塩酸コカインが製造できる量だ。

こうした数値を見ると、カルテリトがカルテル世代よりも効果的にビジネスを進めているのがよくわかる。しかも、彼らはケシの栽培やヘロイン市場にも手を染めている。

ケシの栽培地は一九九四年以降、年間一二％ずつ上昇、一九九九年時点でのコロンビアのヘロイン輸出額は三億ドルだ。これはコロンビアの国内総生産の約〇・三％にあたる額で、投資利益率は五〇％におよぶと、米国麻薬取締局は捉えている。

少し前まで、二大カルテルのメデジンとカリには、グループが二〇〇〇あり、幹部が約一〇〇〇人、下部メンバーが二万五〇〇〇人いると言われてきた。

だが、最近では、「縦組織でないためカルテルといえない小組織も八〇ほどあり、そのうち二〇が力を強めている」と、コロンビア国家警察のある役人は言う。(原注63) 直近の調査では、二〇〜四〇人構成のカルテリトは、七〇〜一〇〇存在するといわれる。

製造されたコカインの第一の密売先は、米国である。

同国の国務省によると、一九九〇年代初めには、毎年六五トンのコロンビア産コカインがアメリカ大陸全土に流れたとのことだ。九〇年代後半の状況について、コロンビア国家警察と米国麻薬取締局、ＣＩＡが共同で行なった調査によると、輸出先のトップは北米で、(原注64) 欧州市場も伸びているようだ。

歴史、社会背景

昨今のように、「コロンビアといえばコカイン」と言われる以前のこと。この国では、ラ・グアヒーラ半島を中心に、当地の言葉で言う「マリンバ」、つまりマリファナが北米向けに栽培されていた。

大麻の密売人たちは、顧客と関わるうちにコカインの需要を知り、そちらの事業にも参入するようになった。だが、ボリビア、ペルーといった近隣諸国とは違い、当時のコロンビアでは、コカの葉はほとんど栽培されず、栽培されても質があまりよくなかった。(原注65)

そこで密売人たちは、マリファナ取引を続けつつ、コカを大量に栽培する国から葉を密輸する仲買人の仕事を手がけ、やがてコカイン製造者となっていったのだった。

とはいっても、コカイン製造のすべての過程に、(原注66)彼らが関わっているわけではない。コカの葉をそのまま輸入しようとすればかなりかさばる。そこで、現地で栽培収穫後、コカ・ペーストに加工されたものをペルーやボリビアから輸入し、それを精製してコカイン製品に仕上げているのである。

一国を越えた形で行なわれる、こうしたコカインビジネスの基盤が確立されたのは、数年のうち、あっという間のことだった。「コカを作ればコロンビアの密売人が買ってくれる。収入が増やせる。」――これはアクセスの悪い山間部ではかなり魅力的な話だ。ペルーやボリビアの農民たちは、やがて、他の作物よりもコカをこぞって作るようになった。初めはコカの栽培に乗り気でなかった者も、密売人に脅されるなどして、栽培に手をつけるようになった。

こうしてコカの葉の生産は増加し、需要も伸びていった。

やがて一九七〇年代後半から、コカ事業で絶え間なく利益をあげ、その世界を牛耳るようになったコロンビア人の間から大物リーダーが台頭。「一九八一年四月十八日、オチョア家で会合が開かれ、メデジン・カルテルなる組織が結成された」と、米国機関が把握するに至る。

ここで、当時力を誇ったカルテルのリーダーたちを振り返っておこう。

パブロ・エスコバール・ガビリア

通称「博士」。一九四九年十二月、メデジン近くで生まれ、エンビガード地区で育つ。職工長の父と教師の母の間に生まれたエスコバールは、早くから自動車窃盗などの犯罪に手を染め投獄を繰り返した。一九七六年にはコカイン密売で服役したが、当時からすでに影響力があり、裁判の阻止に成功したりした。エスコバールは、一九九三年十二月に警察に殺された。

ゴンサロ・ロドリゲス・ガチャ

通称「メキシコ野郎」。一九四七年五月、コロンビア中部パチョ村の生まれ。凶悪かつ残忍なことで知られる。

エメラルドの密売王の手先となったのを機に犯罪の道に入るが、その後、コカイン密売に手をつけ、あっという間にパブロ・エスコバールと手を結ぶ。一九九〇年代初頭、警察の銃弾に倒れた。

カルロス・レーデル・リバス

エスコバールから「ほらふき」と称された人物。一九四九年九月七日、ドイツ人の技術者とコロンビア人の母の間に生まれる。

その生まれと、どっぷり米国式に漬かったライフスタイルから、コロンビアのカルテル界では、最も奇抜で最もコロンビア人らしくない密売人と評され、配下の「白人（グリンゴ）嫌い」の間できらわれた。自身、コカイン常用者で、その点も他のコロンビア人には意外だったようだ。

麻薬帝国を築くことを夢みていたレーデルは、ヒトラーとジョン・レノンを崇拝。精神的に錯乱したところがあり、「気違い野郎」の異名を持っていた。一九八七年二月、コロンビアから米国に身柄を引き渡され、現在、計百三十五年の刑で服役中。

ホルヘ・ルイス・オチョア・バスケス

通称「ずんぐり」(原注67)。ドン・ファビオ・オチョアの息子の一人で、一九四九年生まれ。ファン、ダビド、ファビオといった兄弟姉妹がいる。

ドン・ファビオ・オチョアはメデジン・カルテル一味の家長で、正真正銘の権威と捉えられている。彼自身、一九八八年に行なわれたジャーナリストとのインタビューで、その点を認めている(原注68)。

エスコバールは、かつてこのドン・ファビオを、コロンビアの至宝と呼んだ。とはいえ、コカインの密売に手を染めたのは、ホルヘのおじファビオ・レストレポ・オチョアであって、ドン・ファビオではない。このおじは一九七八年に暗殺されたが、これは、彼をライバル視していたホルヘへの仕業と見られる。

このように、カルテルが台頭したのは比較的最近のことだが、そこには、間違いなく、シカリオとラ・ビオレンシアという二つの社会現象が影響を及ぼしている。

シカリオ

メデジン郊外の貧しい地区コムネスには、二区域に一〇〇万人の住民が住み、四五％が最貧レベルにある。そこから生まれたのがシカリオと呼ばれる悪党集団だ。

シカリオは、二十代のリーダー二、三名が、八〜十五歳の少年一五人ほどを率いた犯罪グループで、日常的に犯罪を行なう。麻薬カルテルの一部ではないが、カルテルからその能力を買われ、必要なときにはいつも利用されてきた。(原注69) パブロ・エスコバールの時代には、シカリオの中で「有能」かつ「手荒」な才能を見込まれた若者たちが、手先としてカルテル入りを果たしていた。(原注70) 今でも組織の若者がカルテルに入ることはあるが、場合によりけりだ。通常はカルテルの依頼を下請けすることが多い。

この組織の少年たちは、一匹の動物を手で握りつぶす、あるいは日頃の仲間の一人を殺すという、難しいテストをクリアして、「一人前」と認められる。

ラ・ビオレンシア

過去百年の間に、コロンビアでは一八の内戦が起こった。

そのうち最近のものは、ラ・ビオレンシア（La Violencia）である。その名の通り、一九四八〜五八年の間に約三〇万人の死者を出した、きわめて暴力的な戦いで、コロンビア人が行なった暴力の最たる例といえる。当時は、妊娠中の女性の腹が切り裂かれ、胎児が玄関に、ぴょうで打たれたりするという凄惨な光景も見られたようだ。

ちなみに、麻薬犯罪人引き渡し協定をきっかけに起こった「コカイン戦争」では、ラ・ビオレンシア時代の三分の一にあたる一〇万人が死んだ。こうした暴力の発露は、共産党ゲリラに対する最近の政府の強行姿勢にも、如実に現われている。

コロンビアは相変わらず、世界一、殺人の多い国である。

その後、コロンビア犯罪史に、きわめて大きな影響を及ぼす出来事が生じた。一九七九年、コロンビアと米国、両政府の間で、麻薬犯罪人引き渡し協定が締結されたのである。この協定は、「米国の刑法に反する行為を犯したと疑われるコロンビア国籍の人間を、米国に引き渡すことができる」という旨を謳ったものだった。

これは密売人たちを動揺させた。というのも彼らは、米国での裁判を何より恐れていたからである。かの地では暴力や買収という犯罪に対し、容赦ない裁きが下される。

協定が締結された後も、メデジン・カルテルは、協定の失効を求めて当局と交渉を進めた。前述のレーデルやエスコバールなどは、政治力を有して何とかこの協定を失効させたいとの思いから、政界進出を図ったほどである。

だが、動きはそれだけにとどまらなかった。追い込まれた彼らは、「同じ捕まるなら、米国よりコロンビアでの方がまし」との思いにとらわれるようになり、一連の暴力事件を引き起こして、コロンビア政府を威嚇していった。一九八二年〜九四年の間のことである。

さらにこの時期には、警官や司法官、公務員、議員らの買収も進められた。警察など、一九八〇年代初期には、関係者の約八〇％が腐敗していたと言われる。

もちろんこれは公式数値ではない。だが、例えば一九八九〜九〇年、政府がかつてない大規模な掃討作戦を進めた際に、「カルテルの所有地に秘密裏に踏み込んだはずが、中はもぬけのからだった」ということばかりが起こった。これは、警察内部に誰か、カルテル側に情報を漏らしている人間がいるとしか考えられない。

司法界ではさらに、「プラタ・オ・プロモ（銀か鉛玉か、どちらを受け取るか）」にどう対処するか、という問題にも直面した。このプラタ・オ・プロモとは、「カルテルに金で買収されないならば、死が待ち受けるのみ」という意味の決まり文句である。

裁判官の事務室は、今でも、シェルター施設さながらの防備がほどこされている。判決は、誰がしゃべっているのかわからないよう、機械で音声を変えて下される。法の裁きを公正に下そうとして命を落とした者はこれまでおよそ五〇人、職を辞す者も出ている。

その一方で一九八五年、パナマでは、唖然とさせられる一件も起きた。当時のコロンビア大統領と検事総長が、カルテルの首領と取引を行ない、対外債務九〇〇億フラン（一三七億ユーロ相当）の一部をカルテルに肩代わりしてもらう条件で、カルテルメンバーの恩赦を行なったのだ。カルテルが国を買収し、無罪を勝ち取ったわけである。

この頃のコロンビアのカルテルは、手口が「きわめて暴力的」なことで知られた。例えば一九九〇年の第１・四半期には、その期間だけで九三〇〇人がカルテル絡みで死亡している。（原注71）

もちろん、数値そのものも目を見張るものがあるが、それだけでなく、標的となった人物や殺しの手口も無視できない。

一九八八年一月二十五日には、コロンビア国家検事総長カルロス・マウロ・オジョスが暗殺された。その他にも、飛行機の爆弾テロ（一〇七人死亡）、自動車爆弾によるテロ行為が発生し、兵士、ジャーナリスト、警官、裁判官、政治家（大統領候補のルイス・カルロス・ガラン、法務省のロドリゴ・ララ・ボニージャ）が殺されている。(原注72)

その後、司法界は後退姿勢を見せ、一九九一年にはコロンビア最高裁が失効を宣言。カルテルは協定失効を勝ち取った。

エスコバールは、一九九二年七月に当局から自由の身になり、自分で「自分の」監獄(原注73)を建ててそこで過ごすなどと、まさに一時は、服役の仕方まで仕切る勢いだった。

もっとも、司法当局が、豪華さの劣る監獄にまもなく移動命令を出し、彼の優雅な監獄生活は終わりを告げた。

現況

メデジン・カルテルが何かと取り沙汰され、エスコバール、レーデル、ガチャ、オチョアといった田舎の「成り上がり」者が口の端にのぼる間に、ひそやかに力をつけていったのがカリ・カルテルだった。

この組織の幹部は、メデジンのライバルたちより、活動はずっと地味だった。だが、実はそうした地味さこそ、首領ロドリゲス・オレフエラ「兄弟」やホセ・サンタクルス・ロンドーニョが目指した点だった。

かつて、メデジンのリーダーたちは、コロンビア当局に真っ向から対峙し、重厚なヒエラルヒーに支えられた「コンビナート」づくりを進めた。

これとは対照的に身軽さが自慢のカリ・カルテルは、生産者がそれぞれ自営で決定権を持ちつつ、生産物をしっかり消費者のもとに届けるという、酪農界の協同組合に似たタイプのシステムで柔軟なカルテルを作り出し、利益は追求しても、当局との直接対決は避け、表には出ない仲買人の立場を貫いた。

とはいえ、当局はそんなカリ・カルテル潜入にも成功し、一九九五年六月九日、首領と思しきジルベルト・ロドリゲス・オレフエラ、(原注74)七月四日にはホセ・サンタクルス・ロンドーニョを逮捕した。七月八日にはファニョル・アルサバレタ・アルサユスがコロンビア大統領府治安局に自首。八月六日にはジルベルトの弟ミゲル・ロドリゲス・オレフエラもこれに続く。

こうしてメデジン・カルテルではエスコバールとガチャが死亡し、カリ・カルテルではオレフエラ兄弟とその他幹部が逮捕されたわけだが、だからといって、コカの栽培や製造、輸出活動が途絶えたわけではない。これは二〇〇〇年八月、米国、コロンビア、ベネズエラ、英国、イタリア、ギリシャなど一二カ国が合同で行なったいわゆる「ボワヤージュ作戦(原注75)」にも明らかだ。

それにしても、最近のコロンビアの麻薬犯罪界は、かなり込み入った状況にある。

まず、巨大カルテル解体後、麻薬ビジネスに大きな穴が開き、そこへメキシコのカルテルが入って勢力を広げた。

コロンビアでは、当局が軍を使い、内陸のコカの栽培地を除草剤で枯らすという強硬策に出るようになり、マネーロンダリングに対する取締りも強化されて、組織の活動が難しくなった。

結果、「こうした圧力にさらされては、以前のヒエラルヒーや縦組織は、もはや障害でしかない」ということで、犯罪組織は小型化し、少数の人間による小さな集団が、当局の目をかいくぐりながら犯罪のやりとりを行なうようになった。こうした集団のメンバーたちは、まさに、コロンビア麻薬業界の第二世代と言えるだろう。

このような組織は現在、一六二ほど確認されている（四〇〇〇人あまりが活動）。「そのうち四〇が、明らかにゲリラと思われる団体に財政援助を行なっている」とはコロンビア警察当局の弁だ。（原注76）

そこにきて、コロンビアのゲリラの麻薬界参入と、近隣諸国におけるコカ政策の変化という現象が加わった。

かつて、コロンビアのカルテルは、ペルーやボリビアからコカ・ペーストを輸入し、自国でコカインを精製して外国に密売していた。だがペルーでもボリビアでも、最近は耕作面積が五〇％減り、コカインを確実に製造するべく、新たなコカの葉の仕入れ先を探さねばならなくなった。

小規模集団がコロンビア国内でコカを栽培するようになったのはそれからのことで、いまやコロンビアには、バレ、コルドバ、キンディオ、リサラルダ、アンティオキア、マグダレーナ、グアヒーラ、トリマ・イ・カルダスなど、各地にコカ栽培地が存在する。その面積は、全体で四〇〇万ヘクタール、国内耕作地のおよそ四八％にあたる。(原注77)

ゲリラが、森の中でコカの栽培と加工過程を監視し、カルテリトが取引先を探すという分業関係ができあがったのは、こういう経緯があってのことだ。

しかも、関わっているのはゲリラだけではないというのだから、ややこしい。当初、左翼ゲリラと戦うべく創設された「コロンビア自警軍連合(原注78)」という準軍事組織も、ゲリラ同様、今や一部の地域を牛耳って恐喝や麻薬の密売を行なっており、状況はますます混迷を極めている。

二〇〇〇年五月、カタツンボ地域で行なわれた、いわゆる「モチヨン作戦(原注79)」では、コカを枯らすため除草剤を撒いていた飛行機が、地上からの狙撃対象になった。

だが、現地の農民たちがこんな攻撃を行なうはずはない。果たして、飛行機が通った地域は、一応は民族解放軍(訳注21)が支配する場所といわれるものの、コロンビア革命軍とコロンビア自警軍連合も関心を持つ地域らしい。飛行機を狙ったのも、武器を持つこの三組織のいずれかのしわざと見られる。

現地の諜報部員によると、コロンビア革命軍と民族解放軍は、コカインの取引活動を行なうべく、三五〇の準軍事組織と一二〇〇人のメンバーを揃えているということだ。これは、「理念の実現」という政治活動の枠をはるかに超えている。彼らは今や、政治活動そのものにほとんど関係のない、単なる金儲けに携わっているのである。

こうして、「能率さと機動性を活かした小型組織カルテリトが主流化し、ゲリラや準軍事組織を資金的に援助することで結託し、麻薬密売をはじめ、身代金誘拐や恐喝などの犯罪活動に従事している」

というのが、コロンビアの犯罪組織の現状である。

いずれにせよ、コロンビアの麻薬密売人たちは、環境に即して身を変え、したたかに生き延びている。もう壊滅したなどと思うのは、まったくの間違いだ。

一九九七年五月、コロンビア警察は倉庫の中から、世界の船や飛行機とコンタクトできる先端技術を備えた電気通信機器を発見した。

さらに最近の二〇〇〇年九月には、ボゴタから四〇キロメートル離れた小村ファカタティバで、全長三〇メートルに及ぶ潜水艦（運送能力二〇〇トン）の組み立て用倉庫が発見された（原注80）。

このファカタティバは海抜二二八六メートルのところにある山村で、沿岸地区からはほど遠い。狙いははっきりしないが、複数のカルテリトが協力して、建設に必要な一〇〇〇万ドル（約一〇〇〇万ユーロ）を集め、潜水艦を作っていたというのが、まず考えられる線だ。

コロンビアの沿岸地帯は、二九〇〇キロメートルにわたる。コカインを、秘密裏にパナマ、コスタリカ、ニカラグアに運ぶのに潜水艦は都合がよい。そこまで運べれば、商品はメキシコ、そして米国へ渡ることができる。

ちなみに、現状への取組みはどのようになっているのだろうか。

米国は、コロンビア当局と共に、本格的な麻薬撲滅を目指す総合政策「プラン・コロンビア」（経済・社会発展、コカ栽培地の根絶、反麻薬対策、政府機関の強化、政府とゲリラの和平交渉）に着手している。

このプラン、名目上は麻薬密売組織の撲滅が最終目標だ。しかし、先述のように、コロンビアの麻薬界は昨今、麻薬組織ばかりか、ゲリラ、準軍事組織と、さまざまな組織が入り乱れている。プランを進めようと思えば、密造所の番人として、コカインマネーを受け取っているゲリラとの対峙は避けられない。

一九九八年以来、政府はコロンビア革命軍と交渉を進めてきたが、革命軍の収入源の一部を断ったところで、彼らの勢いが弱まるだろうか。極めて疑問である。

米国は、プランの全予算七五億ドルのうち一三億分を援助し、「麻薬と戦う特設部隊の補助と訓練用に」と、ブラックホーク一八機とヒューイ四二機のヘリコプターを投じている。だが欧州連合は、軍が力を増強すれば事態がかえって悪くなるのではと敬遠し、援助に参加していない。

麻薬業界では、状況がころころ変わる。昨今暗躍するカルテル組織といえば、メキシコの方が目立つのも確かだ。とはいえ、コロンビアの犯罪組織が活動を継続している点は胸に留めておかねばならない。

現に、ペルーの戦闘機が誤って民間機を撃墜してから二年が経った二〇〇三年八月現在も、米国、コロンビアの両当局は、コカインを運ぶ小型飛行機の通信を傍受すべく、上空を監視し続けている。(原注81) アジア産より安価な良質ヘロインも製造が続いている。米国で消費されるヘロインは、こうしたコロンビア産が六〇％前後を占める。(原注82)

二〇〇三年の七月と八月、コロンビア、エクアドル両国の当局と本国の犯罪対策局が合同で行なった「カングレホ作戦」では、各種麻薬と、約六〇億ユーロ相当の米国証券が英国域内で押収された。

犯罪組織は、総勢一〇〇人からなる運搬ネットワークをバックに、コロンビア産の麻薬を機械の部品中に隠して、エクアドルのグアヤキル港経由で運んでいた。

世界の拠点

コロンビア麻薬組織にとって、第一の密売先は米国である。

中でもニューヨーク、フィラデルフィア、ロサンゼルス、サンディエゴとの結びつきは深い。こうした都市の麻薬組織は、非常に用心深く、警察の摘発や逮捕がきわめて難しくなっている。彼らは、替え玉を使って犯罪を行なう術に長け、自ら身元を知らせるような真似は決してしない。この点については、病的なほど慎重だ。

もう一つの主要密売先はベネズエラである。

シチリアのコーサ・ノストラとカリ・カルテルが協力関係にあった時代には、ここを経由してパレルモ、ミラノ、ローマ、ロンドンに製品が送られた。ベネズエラはまた、コロンビアの麻薬密売人の逃亡先でもある。(原注83)一九九七年四月十七日、カルテルの首領フスト・パストル・ペラファンが逮捕されたのも、ベネズエラだった。

かつてカリ・カルテルのメンバーはドイツ、英国、スイス、ルクセンブルグ、(原注84)ベルギーで名を揚げ、その後、旧ソ連とも関係を結んだ。

南米大陸では、長きに渡って、ブラジルが欧州向け製品を運ぶ要所となってきた。

この国はコカインの消費国として知られるが、欧州へ麻薬を運びこむ際の出発点でもある。コロンビアは一六四五キロメートルの国境線を隔て、ブラジルと隣り合わせている。

近年、ブラジルの主要都市リオデジャネイロやサンパウロでは、現地の犯罪集団が、カルテリトの仕事を下請けするようになり、武装化して公共の建物を機銃掃射したり、群れをなしてバスに放火したり、強盗事件を起こしたりと暴れ、ブラジル政府を悩ませている。二〇〇三年三月には、麻薬密売がらみで予審にあたっていた司法官二人が暗殺される事件も起きた（原注85）。

コロンビアから送られてきた製品を、欧州側で受け取る立場にあるのは、スペインである。コミュニケーションをスムーズに運ぶためにも、スペイン語圏にならざるをえないということであろう。

二〇〇一年八月、スペイン警察はシト・ミニャンコ（原注86）とコロンビア人三人をマドリード近郊の別荘で逮捕した。現場には、司令部さながらの立派な部屋があり、ミニャンコはそこで、太平洋の真ん中を通過中のコカイン密輸船と通信していた。この船からは、のちに五トンのコカインが押収された（原注87）。

二〇〇二年以降、カタロニア地方の港には、コカインを積んだ船がコロンビアから到着している。マドリード周辺には「マドリード・カルテル」と言ってもよい組織があり、ビジネスを確実に行なうべく、コロンビア人が物流（精製工場、法務など）を担当、欧州側の管制塔的存在となっている（原注88）。

ボゴタの新聞『エル・ティエンポ』によると、コロンビアのカルテルには、二〇〇一年現在も、カルロス・ルイス・サンタマリアというスペイン連絡係がいるとのことだ（原注89）。

外国では投資活動も行なわれる。経済学者リカルド・ロシャによれば、カルテリトの首領たちは昨今、米国、メキシコ、パナマ、エクアドル、アンティール諸島（タックス・ヘブン）、アルゼンチン、ベネズエラ、スイスなどで一〇〇億ドル（ユーロ同額相当）の資金をもとに投資を行なっているとのことだ。

ロシアとCIS諸国

「来たる一九八八年、ロシアでは今年と同じ件数の犯罪、約二六〇万件が発生すると見込まれる。気持ちを慰めようにも言葉がないというのが、今の私の心境だ」――一九九七年十一月初め、ロシア連邦内相アナトーリィ・クリコフは、『ル・フィガロ』紙に対し、自省の乏しい予算を嘆いてこう漏らした。

この談話を載せた九七年十一月十八日の同紙は、「ロシアにある銀行三〇〇〇行のうち、六〇％がマフィア系ではないか」とも報じている。（原注90）

暗澹たる気分にさせられる数値だ。しかも、このような見解を示すのは『ル・フィガロ』紙だけではない。米国の戦略国際問題研究所（CSIS）も、ロシアでは「犯罪組織の寡頭政治」が支配しつつあるとし、それを裏づける材料として、東南アジア産の麻薬の密売にロシア系犯罪集団が複数関わっている点を指摘する。現在、このように自国以外で動くロシア系組織は、米国に二六あって一七の都市に散らばる他、ドイツで四七、イタリアで六〇が確認されている。ロシア経済の三分の二はこうした

マフィアに牛耳られ、企業や銀行の利益の一〇～三〇%は彼らの懐に入っていると考えられる。(原注91)

かつて私たちはソ連のことを「クレプトクラシー（泥棒国家）」と呼んだ。(原注92) だが、共産主義政体が崩壊した今も、体質はまったく変わっていないらしい。現に、専門家たちは、「ロシア系犯罪事情はまったくひどいものだ」と口をそろえて言う。もちろん分析の際には入手した情報が信頼に足るものなのか、よくよく注意する必要があるが、いずれにせよ、これが今の受け止め方である。

一九九〇年代初頭、ロシアでは共産党による全体主義と厳格な計画経済が崩壊し、突然、移行期なしにコントロールのない自由経済へと突入、未曾有の大混乱に陥った。人々は、それまでと打ってかわって、様々な活動、あらゆる自由を享受できる状態を、まるで神聖な原理のようにありがたがった。だが、その後も物資の窮乏状態は続き、背に腹はかえられぬということで、自分のものであろうがなかろうがおかまいなしに、さまざまな物が売られるようになった。それに対し、新しい国家は然るべき権威を示すことができなかった。そうなると、人々の間では、悪いことをしても処罰されないのが当たり前になる。

こうして、様々な要因が合わさった結果、ロシアでは現在、密売や闇市が栄え、人知をつくしたあらゆる犯罪が咲き乱れている。金が儲かるなら何でもやるという拝金主義が蔓延し、そうした世相を背景に大型犯罪組織が生まれている。彼らが将来、欧州や東欧にどんな影響を及ぼすのか、懸念されて当然といえよう。(原注93)

もっとも、ステファン・ケレとグザビエ・ロフェルが言うように、(原注94) 一九九〇年代初頭の混乱後、犯罪率が急ピッチで上昇したこの十年を思えば、現状はまだましなほうだろう。「犯罪集団は身を寄せ合い、プロ化し、活動の場を国外に広げる」段階に入ったわけだ。

ちなみに、各種情報をもとにすると、今日の旧ソ連の犯罪界は、おおむね五つの領域からなる。

(1)「ボール・フ・ザコーネ(vory v zakone「泥棒道を極めた泥棒」あるいは「掟の泥棒」)」(原注95)
——ロシア犯罪界の正統派ドン

(2)「アフトリチュート(avtoritety)」(訳注22)
——企業家精神の旺盛な新興ドン

(3) 凶悪な民族系集団

(4) 一つの犯罪種類のみ、あるいは特定の地域内でのみ活動する犯罪集団

(5) 買収された役人

今のロシア系犯罪組織が、共産主義体制の崩壊によって突然発生した、偶然の産物と考えるのは間違いである。彼らはそれなりの歴史に支えられている。だがそれを分析する前に、まずは、現在暗躍するグループを、ひと通り見ておこう。

ロシアの大型犯罪組織の概要

ロシアには現在、チェチェン、グルジア、アゼルバイジャン、ダゲスタン各民族からなる犯罪集団、

それからカザン、リューベレツ（モスクワ郊外）、エカテリンブルク（原注96）（ウラル）のギャング団のように、特定地域でのみ動いている犯罪集団がある。ここではそうした組織は省き、世界で活動を展開する六つのマフィア集団を取りあげる。なお、六組織のうち五つは欧州、一つは米国を活動の拠点としている。

ブランドウエイン（とナイフェルト）

本部はベルギーのアンベール。ロシアではサンクト・ペテルブルグ、モスクワ、オデッサ、クラスノダール（原注97）、ロシア以外ではビリニュス（リトアニア）、ベルリン、ニューヨーク、トロントの各都市やイスラエルに拠点を持つ。トップには、「マイク」ことラフマイル・ブランドウエイン、「ビビーネ」ことボリス・ナイフェルトの二人が座す。「M&Sインターナショナル」という企業をつくってマネーロンダリングなどを行なっていたベラルーシ出身のナイフェルトは、最近まで米国で服役していた。

主な活動分野は、麻薬や偽造品の密売、資金洗浄である。

一九九六年の春、フランドル系ウォッカ輸出グループのクレムリヨーフカがヨルダンのF1レースのファクトリーチームに一〇%出資した事実が、ベルギーの新聞（原注98）で報道された。このグループの経営者イエジ・バンク（自称リッカルド・マリアン・ファンチーニ）は、M&Sインターナショナルの経営者ナイフェルトに協力していた可能性が高い（ちなみに、ナイフェルトは盗みの容疑で米国から逮捕状が出ていた）。モスクワの企業経営者で、ファンチーニと同じ盗みの件で逮捕状が出たヤーコフ・チイプマンという男も、M&Sインターナショナルと手を組んでいたようで、ブランドウエイン、イエジの三人で共謀して、東南アジアでヘロイン密売あるいは資金洗浄に関わった疑いが持たれている。

タイワンチク

本部はドイツのケルン。ドンはボール・フ・ザコーネの称号をもつアリムジャン・トフタフノフ、通称「タイワンチク（台湾野郎）」。旧ソ連の犯罪組織複数の欧州代表を務め、別のボール・フ・ザコーネ、オタリ・クワントリシビリとも手を組んでいたといわれる。なお、このクワントリシビリは、一九九四年に政界進出を目指した後、暗殺されている。

トフタフノフはケルンに住居を持ちつつ、一九九二年にはフランスにも住むようになり、一九九五年六月に一度、イスラエルに身柄を引き渡された。一九九九年一月にフランスに舞い戻っていたことが仏当局の内偵でわかったが、二〇〇二年八月一日、イタリアの財務警察に逮捕された。

逮捕時の容疑は、「二〇〇二年のソルトレークシティー冬季五輪のフィギュアスケート・ペア競技で、審査員に不正採点を持ちかけた」というもので、トフタフノフは、この件で米国の裁判所から身柄引渡しを求められていた。なお、電話の逆探知により、ロシアのエレナ・ベレズナヤ&アントン・シハルリドゼ組、フランスのマリナ・アニッシナ&グエンダル・ペイゼラ組を優勝させようと、トフタフノフが「交渉」にあたっていた事実が明らかにされている。（原注99）

マズトキンスク

ドンは、アナトリ・ロクスマン（通称「アントン」）、アレクサンドル・ジナロビチ・ペトロフ（通称「悪知恵のレニア」）の二人。組織名から察せられる通り、ポーランドを中心に、西欧、米国、カナダと、あらゆる場所に拠点を持ち、麻薬の密売、武装強盗、恐喝、自動車や美術品窃盗と隠匿、身代金誘拐、輸出入申告のごまかし、偽造品、資金洗浄などを行なう。

ペトロフは一九八九～九二年、ロシアの刑務所で服役中、ヤポンチクからボール・フ・ザコーネの称号を授けられた（訳注23）。一九九五年には南仏コートダジュールのビルヌーブ・ルーベ村に滞在していたことが分かっているものの（原注100）、その後はロシアか米国か、あるいはそれ以外か、現在の居場所はわかっていない。ちなみにこの年、ウクライナ女性と結婚し、それを機に同国のパスポートを保有している。フランス司法省は、書類上の苗字がスォーロフである事実を掴んでいる。

ロクスマンの方は、一九九四年一月、オーストリア実業家に対する恐喝容疑で逮捕されたが、無罪放免となり、その後、行方をくらましている。

マギレビチ

本部はハンガリーのブダペスト。ウィーン、プラハ、モスクワ、ウクライナ、イスラエル、英国、米国に拠点がある。

ロシア系マフィアの中でもしっかりした組織として知られ、二五〇人のメンバーは、持ち場で各役割に徹し、手際よく動いている。活動分野は売春、ロンダリング、武器の密輸入、麻薬や貴金属類、核物質の密売で、イタリアのカモッラと手を結んでいる。

ドンはウクライナ出身、「セワ」ことサムヨン・マギレビチ。ロシアマフィアの資金一五〇億ドルが洗浄されたニューヨーク銀行事件(訳注24)で、一九九九年から二〇〇〇年にかけて話題になった人物だ(原注101)。ベネックス、ベックス、トリフィネックスという三つの金融投資企業が関与した事件だが、この一件を担当した米国の捜査官は、ベネックスが、マギレビチの所有するYBMマグネックスと金融取引を行なった事実を掴んだ他、不正インボイスをペンシルバニアで発見。「事件にはマフィアが関わっていた」と断言する。

マギレビチはロシアの犯罪組織の中で特に力のあるドンで、FBIはインターネット(原注102)で手配書を流している。

ソーンツェボ

マギレビチ、ヤポンチクの仕事を請け負っていると思しき組織。組織名はモスクワ郊外の地名から来ているが、実際の拠点は、ビクトル・アベリン、セルゲイ・ミハイロフの二人のドンが住むオーストリアのウィーン。

一九九五年五月三十一日、ブタペストのレストラン「ウ・ホルブ」にロシアとウクライナ、両国の犯罪集団が集まった際、ハンガリー当局が現場に現れ、アベリンが逮捕された。マギレビチは後日、「このレストランでは仲間の誕生日が祝われる予定で、自分も出席するはずだった。だが、飛行機の到着が遅れ、たまたま助かった」と語っている。一方のセルゲイ・「ミハシ」・ミハイロフは一九九六年にスイスで逮捕され、マフィア結社所属の容疑で拘束された。一九九八年、ジュネーブで裁判が行なわれたが、結局、証拠不十分で釈放され、意気揚揚とモスクワへ戻っていった。

ヤポンチク

ドンはバチェスラフ・キリロビッチ・イワンコフ、通称「ヤポンチク」（「日本野郎」）。米国の司法当局から「世界のボール・フ・ザコーネのうち最強」と捉えられ、ロシア系犯罪組織の中で最も有名な人物で、一九九五年六月に逮捕された。以前にも、米国のロシア系コミュニティーで移民労働者二人からおよそ三五億ドル（二六億七〇〇〇万ユーロ）を巻き上げた嫌疑で、ロシアで逮捕され投獄されているが、この時は、政界のバックアップ（原注103）があったらしく、一九九一年に釈放されている。

本部はニューヨークで、特にブライトンビーチ（リトル・オデッサ）からブルックリンを中心に動いている。他には、カナダ（モントリール、トロント）、西欧、ロシアも活動領域だ。

イワンコフは一九七〇年代に誕生したオルガニザツィア（訳注25）を引き継いだ人物である。他のロシアマフィアたち（ブランドウエイン、マズトキンスク、タイワンチク）と協力体制にあり、ロシア系大型犯罪組織のいわゆる「まとめ役」的なドンとして、トップに立つ。さまざまな人物とのコネに恵まれる他、財界をめぐる陰謀にも長け、資金洗浄もうまい。世界の他の犯罪集団とのつながりも強い。

歴史、現況

現在、ロシアとCIS諸国では、犯罪組織が跋扈《ばっこ》している。だが、彼らは偶然の産物ではない。ロシアでは昔から泥棒たちが独自の世界を構築してきた。その一方で政界では、レーニン時代、スターリン時代と、一党独裁制が長らく幅を利かせてきた。この異なる二つの世界が組み合わさって生まれたのが、今のロシアマフィアなのである。

一九一七年に十月革命が起こる以前の帝政時代から、ロシアには、一般の社会とは一線を画した「泥棒」界なるものがあった。

犯罪者たちは、泥棒の世界の道徳律とでもいうべき厳しい掟を守りながら、スリ、押込み強盗、列車強盗、金庫破り、武装強盗を行なっていた。その掟は独特だ。自分たちは貴族と一緒で、盗人として純粋の血統を持つ――従って、金を儲けるためでなく、泥棒としての美学を貫かねばならない。つまり、家族との絆を一切断ち、資本家のもとで働かず、当局と関係を持たず（まして協力するなどもってのほか）、泥棒集団に嘘をつかず、国家に奉仕せず、とくに政体に参加することをいさぎよしとせず、泥棒稼業を行なうべし、ということで、これらの条件を自分たちの鉄則とし、犯罪道を極めようとした。（原注104）

ちなみに、掟を破った泥棒は、泥棒界で裁きにかけられて罰せられる。その刑は罰金どころか、絞め殺されたり、短刀で切り殺されたりもありと、半端ではない。

今も続くこの犯罪界の頂点に座すのが、ボール・フ・ザコーネである。「頭のよさと果敢なことで一目置かれるボール・フ・ザコーネ勢は、あらゆる犯罪に戦略的に携わり（中略）、国内のあらゆる集団（スーカ、ロシア語でメス犬の意）の象徴的存在だった。公務員の買収資金や、拘置された盗人の家族を金銭面で援助するためのプール金（オプシチャック）を管理し、内輪揉《も》めを仲裁し、掟がよく守られるよう監視した」――ある書物には、こんな説明がほどこされている。(原注105)

ロシア社会民主労働党のボリシェビキ派は、一般社会の階級にとらわれず、独自の掟のもとに活動するこうした泥棒たちに親近感を抱いた。彼らがノウハウを駆使して仕事を進める点は、なかでも高く評価された。革命を望んでいたボリシェビキ派にとって、当時の体制を混乱させられるのであれば誰でも構わなかったのだろう。そういえば、一九一七年よりだいぶ前、政体をぐらつかせて暴動を引き起こし、帝政派の金持ち連中を攻撃してくれと、レーニンがこの泥棒集団に頼みこんだこともある。当時の盗みが「盗み」ではなく、「没収」という名目で行なわれたのは言うまでもない。(原注106)

さらにスターリンが実権を掌握してからも、共産党は泥棒を利用した。政治的対立者や反体制派より、こうした犯罪者の方が「自分たちと社会的立場が似ていた」からだ。しかし、他の犯罪者と共に彼らが投獄されるようになると、そうした「社会的立場の近さ」は厄介な問題を生むことになる。(原注107)「他の罪人たちを厳しく取り締まってやってもいいが、それには条件がある」――仕事の見返り、つまりある種の特権を、泥棒たちが共産党に主張するようになったのだ。

第二次世界大戦が始まると、ロシアでは、権力者と犯罪者が混在して見分けがつかなくなり、泥棒界もこうした時代の流れに巻き込まれた。当時盛んに行なわれた兵役募集に泥棒たちがどっと応じるようになったのも、その現象の一つだ。ソビエト政府へ協力するなど、ボール・フ・ザコーネの伝統からすれば、掟の理念に背く行為でしかない。が、そんなことはおかまいなしになった。もっともこれについては、「入隊を拒むならば銃殺する」と脅されたから、という説がないわけではない。

それはともかく、ソ連軍に加わるべく泥棒集団のもとを去っていたごろつき（「卑怯者」と呼ばれた）たちが、大戦終了後の一九四七年、監獄に戻ってくると、「泥棒界の掟を厳しく守るべき」と主張する泥棒たちと、それに反抗する泥棒たちの間で血みどろの争いが起きた。

当局は「これで泥棒界は自滅する」とほくそえんだが、甘かった。この争いは一九五三年まで続くが、ソ連で起きる強盗事件を激減させるような効果をもたらすどころか、これを機にボール・フ・ザコーネの掟が緩み、掟を時代錯誤と一笑する新タイプの泥棒たち、つまりアフトリチュートが力を持つようになったからである。彼らは、古株の泥棒たちの秩序をひっくり返してのし上がることも、共産党の公務員とつるむことも厭わなかった。そして犯罪で得た資金をどんどん蓄積して基盤を固め、共産党の上層部と結託し、買収工作と中央経済の横領をベースに威力を強めていったのだった。

こうした新興タイプには、政治に関心を持ち、麻薬密売に携わり、暴力に訴えるコーカサス出身者が多い。(原注108) だがその一方で、いわゆる正統派タイプ、すなわち国家には控えめな態度を取ることをよしとし、術策を弄する従来型の犯罪を行なう者たちも生き延び、やがて双方が、ビジネスで張り合うようになる。

一九八〇年代、ソ連当局は、経済と社会の統制を緩めた。このチャンスを真っ先に捉えたのは、民族系の犯罪集団だった。なかでもコーカサス地方（グルジア、チェチェン、アゼルバイジャン）は非常にダイナミックな形で、また、ウズベキスタン、カザフスタン、クリミアもそれなりに、各地域で勢力を強め、モスクワに本部を乱立した。

　さらに八〇年代末以降、国家が大変化に見舞われると、①ボール・フ・ザコーネが、泥棒界の掟をないがしろにして利益を追い求め、しまいに麻薬市場に手を出すようになるとともに、②マフィア組織が、民族にかかわらずメンバーを受け入れる、という二つの現象が並行して起こる。米国でラフィク・バグダサリアンの密使として働き、一九九二年に自分も米国へ亡命してクワントリシビリと組んだボール・フ・ザコーネ、「日本野郎」ことイワンコフは、そうした中で頭角を現わした人間だ。

　一九九〇年代初め、犯罪界（ボール・フ・ザコーネ、アフトリチュート、民族系集団、特定の犯罪分野に従事する集団、特定の地域で活動する集団）は、公務員を買収して味方につけつつ、用心深く飛躍のチャンスをうかがい続けた。この時期、KGB（国家保安委員会）が彼らに果たした役割は小さくない。そもそもKGBは企業の経営者、取締役、実業家として活動していたわけで、経済、ビジネス手法について、しっかりした知識と経験に恵まれていた。これは、自由化を目前に控えたこの国で貴重だった。(原注109)

　一九九一年にソビエト政体が崩壊すると、地方のマフィアたちは、しめたとばかり、あらゆる犯罪の機会にとびついた。その様は、小さかった炎が、上下左右へ踊る風を受けてめらめらと燃え上がる様に似ていなくもない。

　とはいえ、この時期、チャンスを活かせたのは、それまでに腐敗して私腹を肥やし、投資できる資本を有し、政府機関と共謀できる者だけだった。そしてそんな彼らによって、ロシアの財と資源（石油、ガス、希少金属、貴金属など）はつぎつぎ私物化されていった。

それだけではない。長らく外部から遮断されていた国が開放されたのをよいことに、彼らが自国で非合法に得た利益は、確実に保管できる他の国（スイス）へと流れていった。ミハイル・ゴルバチョフの実施したペレストロイカが、腐敗官吏(原注110)と組織犯罪集団による国家財産の強奪を正当化する結果を呼んだとは、なんとも皮肉な話である。

いずれにしても、レーニン主義、スターリン主義が犯罪界と政界の結合を生んだ、というのはあながち嘘ではない。レオニード・ブレジネフ時代には腐敗が蔓延し、アフトリチュートが勢力を高めた。ゴルバチョフ政権下も、犯罪者たちは民営化を上手く利用して企業家に転身した。一九九一年のソ連崩壊後は、国が開放され、犯罪者集団、防諜部員、ビジネスマンたちが世界を征服するべく国外へ飛び出した。もちろん、どんなときもロシアとの結びつきは断たないようにして、である。

かくして、ボール・フ・ザコーネとアフトリチュート、この異なる世界の間には、今やある種の調和が生まれ、お互いに強く結びつくようになっている。なるほど、ライバル関係は存在する。だがボールの掟は緩められ、アフトリチュートの中からボール・フ・ザコーネの称号を得るに「相応しい」者も現われている。ボールたちは、時にアフトリチュートたちに御株を奪われることがあるものの、相変わらず大きな力を持ち、多くの暗殺事件にもめげず堅固な体制を築き続けているようである。

今のところ、ボール・フ・ザコーネ界が衰退する気配はまったくない。

参考数値

一九九三年、「ロシアには五〇〇〇の犯罪集団が存在し、一万八〇〇〇人の幹部のもと、約一〇万人の構成員が動いている」と時の内務大臣は述べた。一九九七年にも、「六〇〇〇〇の犯罪集団が存在し、七〇〇人の首領がいて半数の三五〇人が国内で暗躍。一万八〇〇〇〇人の幹部の下に、約一〇万人の戦闘員が存在する」との報告がある。どちらも数値は似たようなものだ。

もっとも、こうした数値が、厳密な意味での「犯罪組織」を果たしてすべてカバーできているかどうかは疑わしい。かなり不確かで揺れは大きいと見る方が賢明だ。

現に、ロシアでは民族系を中心とする犯罪集団も一〇〇ほどあって、約二万人が動き続けている。この一〇〇ばかりの犯罪集団のなかには、カルテルと呼ぶにふさわしい組織が一〇〜一五ある。

別の筋に拠れば、二〇〇一年時点で、世界にはボール・フ・ザコーネとアフトリチュート、合わせて八〇〇〜九〇〇人がおり、そのうち三九〇人はロシアおよびCIS諸国にいるとのことだ。このうち三分の一はロシア連邦、もう三分の一はグルジア出身である。新規メンバーを積極的に採用する方針が一貫して取られている影響で、メンバーの八五％は三十〜四十歳、またはそれより若い。

FBIの調査では、ドイツに四七、米国に二九、イタリアとカナダに六つずつ、ロシア系マフィア組織があると伝えられている。

経済データを見ると、ソビエト体制が終焉して以来、国外へ逃避した資金の額は一〇〇〇億ドル（一〇〇〇億ユーロ相当）と非常に深刻な規模だ。二年がかりで調査を行なった前述の戦略国際問題研究所は、非合法資金が毎月一〇億ドル（約一〇億ユーロ）、ロシア連邦からキプロス島へ流れているとする。ロシアマフィアは、麻薬の密売で毎年八〇億ドル（八〇億ユーロ）を稼ぎ出している。（原注11）

ロシア系、アルバニア・コソボ系の仲介者のもと、西欧で働かされている売春婦は五〇万人いるが、

こうした売春を通して一三〇億ユーロが稼ぎ出され、マフィアが麻薬・武器密売を行なうための資金となっている。(原注112)

一九九七年十一月、ロシア内相は、銀行の六〇％が何らかの形で犯罪界と関わっていると発表している。現に、ロシアの銀行や企業の代表者や従業員五〇人あまりが、この数年、テロ行為で暗殺されている。(原注113)

一九九六年三月には、やはりロシア内相が、「地下経済は六〇兆〜七〇兆ルーブル（九〇億〜一〇〇億ユーロ相当）」と言っている。

米国では、ＦＢＩがオルガニザツィア対策として一二の事務所を設けている。ニューヨークにはこうしたロシアマフィアの構成員が三〇〇人いるということだが、この数は長らく同市で力を握ってきた米国のコーサ・ノストラ(訳注26)のメンバー数より多い。

組織編制としくみ

ロシアのマフィア集団の構造は、警察の目をまことにうまくすり抜けるしくみになっている。とはいえ、米国財務省の部局である金融犯罪取締ネットワーク(原注114)の尽力により、そのしくみを垣間見ることができる。

同機関の情報によると、ロシアのマフィア組織には、ブリガディア（brigadier）と呼ばれる者が複数いて、各自四つの末端組織を従え、こうしたブリガディアをボスが治めるというしくみになっている。なお、ブリガディアが取り仕切る四つの末端組織には上下関係がある。一番上の組織は、指導部として各組織を管理し行動指針を決め、その下の二つの組織は、保安かロジスティック、いずれかを担当している。最下位の組織は、各犯罪分野（売春、麻薬など）に長けた下っ端の集まりだ。各末端組織には、パハン（pakhan）と称するまとめ役もいるようだ。ボスは、末端組織がちゃんと命令にしたがっているかどうかを常に用心深くチェックし、二人のスパイを送ってブリガディアの様子を見張らせている。柔軟機敏な対応力は、他のマフィア型犯罪組織と同じである。

活動分野

ロシア系犯罪者たちは、普通なら思いもつかぬ発想で犯罪を行なう術に長け（原注115）、テクニックも先端を行く（原注116）。活動分野は高利貸し、窃盗、盗んだ自動車の密売、殺人、国家財産の着服、武器密売など多岐にわたり、手口もさまざまだ。

なかでも恐喝はお得意である。マフィア組織は、数々の企業に対し、日常的に恐喝行為を行なっており、そこから得られる利益はロシアの国民総生産の一〇％に及ぶと言われる。ヤポンチクが米国で刑事責任を問われたのが恐喝だった事実でも、彼らがこの活動に長けている点は明らかだ。

カリフォルニアとニューヨークを中心にしたガソリン税の詐欺は、発想豊かな彼らならではの犯罪である。この詐欺により彼らがくすねている税金は、なんと年間約五〇億ドル分（約五〇億ユーロ）に及ぶ。税金横領の手口はさまざまだが、昨今の流行は、架空企業を多数作って、その企業の間でガソリンを転売、どこが税金を払うのかを決める段になって、こうした企業が全部架空だったことが判明する、というものだ。その手口にはニューヨークのガンビーノ一味のドン、組織犯罪の世界を知り尽くしたあのジョン・ゴッティも感服、さっそく追随した。この詐欺は米国でかなり深刻化したため、当局が、川上企業に税を支払わせる法(原注117)を制定する形で、対策に乗り出した。

電気通信関連の詐欺にも、ロシアマフィアらしさがよく出ている。手口は、携帯電話のデジタル・データをコピーして電話会社をだますというものだ。

麻薬ビジネスは、最近まで彼らの活動ではなかったが、今や、大量の資金が投じられ、米国を中心としたヘロインやコカインの密売を活発化させている。

保険金詐欺も上手い。ここ数年で有名なのは、マイケルとデイビッドのシュムシュケビチ兄弟が起こした移動クリニック詐欺事件であろう。ミズーリ、イリノイ、フロリダ各州を周りながら、嘘の病名を報告したり、出費を水増ししたりなど、テクニックを駆使して保険会社から払い戻しを受け、五〇〇〇～八〇〇〇万ドル（ユーロも同じ）をせしめていたらしい。マイケルは一九九四年九月二十日、二十一年の刑を言い渡されている。

交通機関を狙った詐欺もある。航空会社で、「チェックインしたスーツケースがなくなった」など、嘘の申告をするのはその例だ。

マネーロンダリングでも、驚くほど成果を上げている。旧ソ連の銀行ネットワークは、犯罪組織がその六〇％をコントロールしているといわれるが、まず利用されるのが、こうしたネットワークだ。例えば、窮状に陥った地域へ援助金が送られることになると、それに合わせて銀行が作られ、金が入った途端に姿を消すというケースが、証言で明らかにされている。旧ソ連の銀行ネットワークに規制のメスが入らない限り、こうした事件は今後も起こり得る。

事は「援助金をそっくりそのまま横領する」という活動にとどまらない。ロシア系銀行ネットワークに入り込めるということは、世界中の銀行へのアクセスも容易ということである。ロシア系犯罪組織が非合法に得た利益をロンダリングする対象として、どの銀行がいつなんどき狙われてもおかしくない。

武器密売も活動の一つだ。ソビエト体制崩壊後、国家部門の一部は機能不全が露呈し、相次いで制御不可能に陥ったが、その一つの結果として、軍が（金欲しさから、あるいは金に困って）自分たちの武器を売るようになった。現に、世界の武器市場は、ロシアの犯罪組織が軍から買い受けた製品で溢れかえっていると言われる。冷戦終了後、中欧を拠点とした旧ソ連軍の解体が、この現象の引き金になっているようだ。

世界の拠点

ベルギーにはブランドウエイン、ドイツにはタイワンチク、ポーランドにはマズトキンスク、ハンガリーにはマギレビチ、オーストリアにはソーンツェボが存在することからわかるように、今日、ロシアの犯罪組織は、欧州各国で活動を行なっている。イタリアでも、一九九五年三月八日、モルダビア出身のモーニャ・エリソンとウクライナ出身のアロノビジェ・ロイジスがマネーロンダリングとマフィアに関わった容疑で逮捕された（原注118）。

だが、母国はさておき、彼らにとって活動の格好の舞台となっているのは、何と言っても米国とカナダ、つまり北米である。

ソ連では一九七〇年代初めから、ブレジネフの許可のもと、約三〇万人が米国に移り、コニーアイランド近郊のブライトンビーチからブルックリンに至る界隈に住みついた。やがてリトル・オデッサと言われる地域だ。

実はこの時期、KGBが、資本主義を攪乱する目的で、移民の中に二〇〇〜三〇〇人の犯罪者を混入させたのだが、お互いに顔見知りの犯罪者たちはリトル・オデッサで団結し、エフセイ・アグロンやマラット・バラグラといったドンの下でまとまって行動するようになる。これが米国で暗躍するロシアマフィア、いわゆるオルガニザツィア（Organizatsiya）の始まりだった。

それから一九九一年、ソ連崩壊を受け、米国では、二度目のロシア人大移動が起こった。強制収容所で鍛えられた典型的ボール・フ・ザコーネのイワンコフが、出所後、すぐ米国に渡ったのもこの時期である。ロシアと米国間の活動を調整するのが狙いだったようだ。

今や、米国におけるロシア系マフィア組織の拠点は、ブライトンビーチからボストン、シカゴ、マイアミ、クリーブランド、ダラス、デトロイト、フィラデルフィア、サンフランシスコといった都市に広がっている。一九九三年以降、カリフォルニア北部は、盗んだ自動車を密売する集団の巣窟と化している。彼らが非合法活動を行なう舞台は、こうした地域に限らない。ロサンゼルスのハリウッドなど、アルメニア系組織犯罪集団が複数あって、約四五〇人に及ぶ構成員が、リトル・オデッサのロシア人と似た活動を行なっているようだ。

カナダでも、トロントをはじめ、モントリオール、エドモントン、バンクーバーの拠点を中心に、活動が行なわれている。同国の警察および司法当局は、こうした現象が経済や国家機関に及ぼす影響を非常に危惧している。

その他、国産マフィアがいない代わりに、彼らが旧ソ連圏で得た資金をロンダリングしたり投資したりする格好の場となっているのが、イスラエルだ。ここでは、売春婦を外国へ送り出したり、恐喝や麻薬の闇取引を行なったりといった動きも活発である。

かつて旧ソ時代、前述のブレジネフは、国内のユダヤ人に対し、イスラエル移住の許可も与えた。この時、正式な形でイスラエルに渡ったロシア系ユダヤ人に紛れ、偽造書類や観光ビザで、イスラエルに侵入した犯罪者がおり、イスラエル警察の犯罪諜報部は長年、彼らの活動に目を光らせてきた。もっとも、世界に離散したユダヤ人がイスラエルに移住するための法律、いわゆる帰還法の規則は基本的に緩やかで、今でも移住手続きはさほど難しくない。

さらに付け加えたいのがカリブ海周辺だ。この地域では、コロンビアの麻薬カルテルのゲリラと結託して活動が行なわれる（原注119）など、彼らの動きが活発化しており、影響が非常に懸念される。

米国、欧州の当局は、一九九六〜九七年、アルーバ、サンバンサン、アンティグアの各島で、ロシア系組織とカリ・カルテルが話し合い、彼らがコカインを入手する代わりに、ロシアの自動小銃ＡＫ47と弾薬をコロンビアのトゥルボ港に流すという話し合いを行なっていたのではと睨んでいる。少なくとも、この取引で、コロンビアに潜水艦やヘリコプターが渡ったのは間違いない。

ちなみにアンティグアには、ロシア系企業が自国や米国の犯罪機関と手を組み開設したオフショア銀行が九つある。二〇〇〇年九月には、ボゴタで建設中の潜水艦の闇取引に関し、関係資料が押収されたが、それを見てもロシアマフィアの影は明らかだ。在コロンビアのロシア大使はこの疑いを一蹴するが、武器を積んだロシア船がカリブ海の港に荷を下ろし、コカインを代わりに載せて出発している事実については、数年前からコロンビアの新聞『エル・ティエンポ』が言及している。

トルコ

かつてトルコでは「ススルルック」スキャンダルといわれる事件が起こった。国家中枢がマフィアに蝕まれている事実が発覚し、街頭デモが起きたり、国会の調査委員会の設立（残念ながらそこまでこぎつけなかったが）が叫ばれたりと、一年以上にわたって世間を揺るがした事件だ。(原注120)

事の発端は、一九九六年十一月三日、トルコ西部の町ススルルックで起こった、トラックと自家用車の衝突事故だった。車には、イスタンブール警察の高級官僚フセイン・コジャダー、殺人と麻薬密売容疑で指名手配されていた有名ギャングのアブドゥッラー・チャトゥル、(原注121)元首相タンス・チルレルのいた正道党の国会議員セダット・ブジャクの三人が乗っており、事故によりコジャダーが死亡、ブジャクが負傷した。

彼らには、クルド労働者党(原注122)（現在はクルド人民会議に改称）と戦うという共通点があった。だが、なにしろ、コジャダーは警察の人間（トルコ南東部の暴動沈静を図る特別隊長）、ブジャクは正道党員（クルド政府支持派で、クルド系の村々の警備をつかさどる民兵団長）、チャトゥルは同党の手下を務めるマフィアである。警察のコジャダーと、その警察から絶えず追われる悪名高いチャトゥルが、よりにもよって、どうして同じ車に乗り合わせていたのか。大きな話題を呼んだのは当然だった。

車のトランクからは警察用の機関銃とコカインが押収され、事件はさらに錯綜した。それだけではない。チャトゥルが所持していた武器携帯許可証とパスポートは、どちらも、「メーメット・オズバイ」という名を使った偽物で、さらに、パスポートは通常なら高級官僚にしか許されない種類のもの、武器携帯許可証の方は内務大臣メーメット・アジェアルの署名つきだった。メーメットがその後、更迭されたのは言うまでもない。が、それにしても、世界で麻薬を密売するチャトゥルが、いったいどういう経緯でトルコ国家と関わっていたのか。謎は深まるばかりだった。

さらにのち、警察特捜班に属しながら、犯罪組織に加担した罪を問われたイブラヒム・シャーヒン、アイハン・アクチャ、ジヤ・バンヂルマリオグル、アイハン・チャルキン、エルジャン・エルソイ、オーウズ・ヨルマズが、一九九七年九月、イスタンブールの国家公安裁判所により無罪放免となり、(原注123)政界はさらに混迷を極める。

国政にマフィアの影響が及んでいるのではないか——こうした疑問は、実は、一九九六年五月十九日の『ターキッシュ・デイリーニュース』(原注124)ですでに投げかけられていた。そして、その答えが、政界と金儲けに走る財界の「ススルルック」スキャンダルという形で、次々明らかにされていったのである。

なお、この報道からしばらく後の六月末、「ソイレメズ兄弟(ファイサル、メーメット、セーニャ、ムスタファ)一味が警察や軍の組織に入り込み、議員選挙で兄弟のうち一人に投票するよう水面下で働きかけたのでは」という疑いが生じ、公安総合監督庁の長が自ら指揮して一斉捜査を行なうという一件もあった。

尋問を受けた二五人のうち、八人は警官で、五人が空軍士官パイロットだった。この時、マスコミは、「警察や軍部のかなり上層部まで腐敗が進んでいた事実のみか、政界・財界の人物の暗殺計画まで企てられていた点を示す手がかりが、多数見つかった」と報道している(原注125)。

経済界では以前から、トルコマフィアに命を狙われる者が出ていた。例えば、メディアと採炭の大手グループ元経営者、ベキール・クトマンギルが、マフィアに襲われている。トルコにおける特約店としてアディダスと契約を結んだエミール・チャンクルタランも、一九九五年五月二十九日に攻撃を受けた。

中でも話題になったのは、一九九四年九月十九日、公営銀行エムラクバンクの頭取チバンが銃弾を受けて負傷した事件だ(原注126)。危うく命を取りとめたチバンは、入院先から、「今回の事件は、八〇年代、急に億万長者になった実業家セイム・エデスの仕業である。彼が、債権の回収をめぐり自分を脅迫したのだ」と告発。それに対しエデスは、「自分は、エムラクバンクから一億ドル(約一億ユーロ)の融資を受けたかったのだが、当時、担当者のチバンから、『希望を叶えてほしければ、五〇〇万ドル(原注127)(約五〇〇万ユーロ)の賄賂を払え』と言われ、それに従った。なのに、欲しい融資は得られなかった。自分の建設会社(エスカ)はそれで破産したのだ」と主張した。

結局、エデスは殺人未遂で起訴され、調べの結果、支払った賄賂を「取り戻す」べく、トルコの組織犯罪のリーダー、アラアトゥン・チャキチ(原注128)に接触していたことが判明。チャキチの方も、亡命先の英国で、トルコの私営テレビ局の特番に登場しては、この一件をめぐってただならぬ発言を繰り返し、トルコの闇社会と政界との癒着が徐々に浮き彫りになっていった。

トゥルグト・オザル元大統領の夫人セムラも、チャキチが槍玉に挙げた人物の一人だった。チバンとエデスをなんとか和解に持ち込もうと、別の犯罪組織の大物デュンダル・クルチに依頼して、二人の顔合わせを図ったのは、彼女だったのである。

そんな折の一九九五年一月十九日、デュンダルの娘で、当時チャキチの妻だったウーウル・クルチが、トルコ東部のウインタースポーツのバカンス地にいたところ、機関銃で殺される。夫チャキチの仕業ではと怪しまれたが、いずれにせよ事件の重要参考人だった彼女が死んだことで、捜査は行き詰まってしまった。

その後、新展開があったのは、ずいぶん後のこと。一九九六年八月二十八日、テヴフィク・アジャンソイの暗殺がきっかけだった。アジャンソイは、チバンの件でチャキチと利益を分け合う立場にあり、その後、彼に対して訴訟を起こしていた人物だが、彼の手下に殺された。実は、「アジャンソイは、今後二カ月も経たぬうちに銃で殺されるだろう」と、チャキチがテレビで公言していたすぐ後のことで、この暗殺をきっかけに、チバン・エデス事件はようやく決着を見た。

それにしても、政界、マフィア界、財界が入り乱れたこうしたトルコの状況を理解するには、総選挙で祖国党が勝利し、トゥルグト・オザルが首相に就任した一九八三年に遡って調べてみる必要がある。
オザルは内閣を成立させた後、心臓発作で一九九二年に亡くなるまで[原注129]、トルコの政権を握った。その間、極端な自由経済を促進してトルコ経済の飛躍的発展を後押しし、成功を収めた企業家たちに、その後も便宜を図って、彼らの利益を確保し続けた。前述のエデスやチバンをはじめ、オザルのもとで十年の間に巨額の富を得た経済人たちは、「オザル政権のプリンス」と呼ばれたほどだ。

この時期、インフレが急激に上昇したうえ、司法機関も麻痺した[原注130]。あらゆる物（金、外貨、外国為替、自動車、麻薬など）の密売への道が開け、（実体のあるものからそうでないものまで）強硬な借金の取立ても、処罰をさほど恐れず自由に行なえるようになったマフィアたちは、これ幸いと権力に取り入り、果ては、マフィアの重鎮の結婚式や葬式にオザルが現われるという、実にうさんくさい事態が生じるに至る。

マフィア組織の首領アラアトゥン・チャキチは、そんな世相を背景に、腐敗した実業家や役人のゆすり屋として恐れられたババ[原注131]（baba）、すなわちトルコ語でいうマフィアのドンだった。運動団体「灰色の狼」の「国粋主義者」として鳴らし、一九八二年には、トルコの諜報部員を使って、反トルコのアルメニア系テロ集団アサーラの活動拠点を攻撃したのではと疑われる人物だ。

トルコ政界と犯罪組織の関わりを示す例は他にもある。例えば、一九九六年九月二十八日、有名なマフィアのマフムート・シャーヒンがイスタンブールで暗殺されたが、これがトルコマフィアの大物ボスの差し金で起こったことであり、そのボスというのが、シャーヒン自ら仕事で関わった相手であるという点は、間違いないようだ。息を引き取る間際、シャーヒンは、それらしき言葉を残している[原注132]。

ちなみに生前のシャーヒンは、オザル大統領の息子を腐敗で非難。これに対し息子は、シャーヒンからの賄賂は否定しなかったものの、マフィアの関与は否定している。

それ以外に、国境警備の警官や、欧州各国の税関吏によってヘロインが押収された際、トルコ系マフィアの高度な組織犯罪が暴露されたケースもある。調査機関オブゼルバトゥール・ジオポリティック・デ・ドロッグ(訳注27)は、トルコについて、「バルカン半島の麻薬パイプラインが上手く機能するよう、燃料を補給する漏斗《じょうご》のごとき存在」と指摘する。「トルコは、将来を見込んであらかじめ整えておいたインフラを駆使し、世界経済の中に溶け込んで、甘い汁を吸っている。使われるのは、国際道路輸送トラックを利用した陸上輸送システムだ。この輸送方式だと、出発点でトラックに物が積まれてひとたび封印されれば、あとは終点まで扉が開けられることは決してない。麻薬が中に積まれていても検閲を素通りできる」のだ。(原注133)

中欧では、税関吏が何百キロというヘロインを押収している。一九九三年から一九九六年まで、ヘロインの押収量は年々倍増しており、一九九六年には四〇〇〇キログラム以上に至っている。

トルコのマフィア集団は、このように長年の密輸ノウハウと政界へのパイプを活かし、世界が別の紛争に巻き込まれているのをよいことに徐々に力を強めているが、その集団は、国内における民族分布の違いと、そこからくる政治カラーの違いという両方の要素から、二手に分かれる。

一つは、汎トルコ国枠主義運動に近い徒党、通称「灰色の狼」だ。テロ革命運動との闘いでトルコのシークレットサービスと手を組むことが多く、中央アジアの新共和国の数々（アゼルバイジャン）を中心に活動するグループだ。アラアトゥン・チャキチと義父のデュンダル・クルチは、この組織のメンバーである。

もう一つは、分離主義を唱えた旧クルド労働者党の関連組織で、麻薬密輸のかなりの部分を牛耳っている。

ちなみにこの組織の歴代ババの中には、トルコ政府がクルド労働者党の反体制派一掃を正式に決めた時期、諜報機関から殺された者も多い。一九九一年十二月に暗殺されたオスマン・アヤモグロウ、一九九三年十二月に暗殺されたメーメット・ナービー・インチレル（またの名をインチババ）(原注134)、「トルコのエスコバール」の異名を持っていたベーチェット・チャンチュルク(原注135)がその例だ。チャンチュルクは一九九四年一月に死亡している。

トルコには、この二つの組織をメインに、他にもマフィア集団が存在し、当局が目を光らせるのを承知でイスタンブールなどの都市部に拠点を設け、凶悪な犯罪活動を展開している。

歴史

現在、トルコマフィアと言われ、イスタンブールを中心に暗躍する組織が、土地の文化背景とは無関係に、一九四〇年以降、たまたま成長してきたものかというと、そうでもない。

実は、はるか昔の帝国時代から、トルコには、名誉ある山賊たちが存在してカバダユ（kabadayi）(原注136)と呼ばれ、英国の伝説的人物ロビンフッドよろしく、民衆の尊敬を集めていた。愛国心あふれるこのカバダユたちは、トルコ帝国が衰退していった時期、帝国支配下にあった諸国の高級官僚・将軍・役人に授与されたパシャという称号を得、郵便物や電報が滞りなく運ばれるよう郵便局の見張りを司るという、国の義勇軍のような役割を果たしていた。

また、この国では、アルメニア人やクルド人が、立地を活かして古くから密輸を行なってきた。(原注137)イスタンブールのカバダユやこうした小さな犯罪集団は、やがてカモッラさながらの一味を編制して縄張りで幅をきかせ、その縄張りで犯罪を行なうよそ者に対し、手数料を巻き上げるようになっていった。

有名なアルナフト・ジャーフェル（アルバニアのジャーフェル）、オフル・ハッサン（オフのハッサン）(原注138)のババ（首領）二人は、こうした中から頭角を現わした者たちだ。

それでも当時の組織は地味なものだった。彼らが、新興ババのもとで本格的に力をつけ、アヘン製品の密売を中心に、イタリアのマフィアと密接な関係を保ち、国外に活動の幅を広げて潤っていったのは、第二次世界大戦後のことである。

中でも一九六〇〜七〇年代、アヘン製品や武器、煙草を世界的レベルで密売する大物となり、その名をとどろかせたのが、ベキル・チェレンクだ。

チェレンクはソフィア（ブルガリア）のビトシャ・ホテルに居を構えながら、ブルガリア当局やその他の欧州諸国のマフィア要人と密接な関係を保ち、(原注139)他のババと共に、ブルガリアの公営企業キンテックスを利用して密輸を行なった。

キンテックスのトラックに、国際道路輸送を示すＴＩＲのステッカーを貼ってイラク・イラン戦争用の武器を現地に調達し、その代わりに、ゴールデン・クレセント（黄金の三日月地帯）産のモルヒネ・

ベースやヘロインを入手していたのだ。

麻薬をめぐるこうした取引には「バルカンルート」だけが使われていたわけではなく、無水酢酸など、麻薬製造で前駆体として欠かせない化学薬品については、ブルガリアの黒海沿いの港（バルナ、ブルガス）を通じて海上輸送されていた。トルコでは、人々が長年にわたって船を活用してきたが、こうした海上輸送は、密売や密輸にもってこいだった（原注140）。

それからのち、黄金の三角地帯（原注141）が不作に泣いた一九七五年には、トルコマフィアとイタリアマフィアの間に確固とした同盟関係が築かれた。

とはいえ、それ以前に関係がなかったわけではない。かつて、マフィア捜査にあたったイタリアの予審判事カルロ・パレルモは、アブゼル・ウールル（原注142・訳注28）が前々から、先のキンテックスを媒介に密売を行なっていた事実を明らかにしている。

それはともかく、いわゆる「ピザ・コネクション」事件が起きた一九八三年には、ヤッサル・アブニ・ムスルール（原注143）の組織が、貨物船団を装いつつ、実はシチリアのマフィアにモルヒネ・ベースを供給する立場にあったことも発覚した。シチリアマフィアは、仕入れたモルヒネ・ベースをパレルモの精製所に移してヘロインを製造後、欧州や米国に出荷して、各地のピザ店へ届けていた。

ムスルールはその後、ブルガリアに亡命。現地のトルコ系闇社会に歓待されて居ついたババの一人となった。ベルリンの壁崩壊後も、ブルガリアのトルコ系闇社会は健在で、ババたちを温かく受け入れてくれる有難い土地である。

ここで、これまでの代表的ババを時代別に見てみよう。

一九六〇年代のババ（チェレンク世代）

フセイン・ヘイベト、デュンダル・クリチ、ゲラル・アテス、チフィ・ブルハン（赤毛のブルハン）、キュルト・イドリス（クルド人イドリス）、アラップ・ナスリ（アラブ人ナスリ）、オフル・オスマン（オフのオスマン）

一九七〇〜八〇年代のババ

ベーチェット・チャンチュルク、オスマン・アヤモグロウ[原注144]、ヤッサル・アブニ・ムスルール、メーメット・ナービー・インチレル（「インチババ」）、サリ・アブニ・カラデュルムス（卑怯者アブニ）、オフル・イスマエル（「オフのイスマエル」）、アブゼル・ウールル、ガチェロ・イルマズ、フセイン・バイバスン[原注145]、ハッサン・ヘイベトリ、アラアトゥン・チャキチ、エニス・カルダモン、ネジデット・ウルチャン

一九九〇年代の準ババ（トルコ語でいうババチュク）

ウドゥル・クルチ、ゲム・クルチ、ゲンク・クルチ、クドレット・オズビル、ムラト・オズビル

彼らは、日中は何をするということもなく辺りをうろつき、夜に入ると活動をはじめる若者集団のリーダーだ。こうしたグループは、大型の犯罪組織から活動を委ねられるレベルには至らな

いものの、乱闘や暴力による報復などの場に、よく姿を見せる。

注目に値するのは、ある時代に幅を利かせたババの座を、その次世代にあたる親族が継いで暗躍するケースや、一度は表舞台から引っ込んだババが、後の時代になって再び勢力を上げるケースがある点だ。例えば六〇年代、チェレンクと共に暗躍したデュンダル・クリチは、最近になって、先のチバン・エデス対決で仲介役として再登場した。「国枠主義」マフィアのライバルであるクルド人イドリスも、クルド系マフィア組織の大御所として、今も第一線にいる。いずれにせよ、チェレンク登場以来、トルコマフィアのババが、大まかに見て十年ごとに世代交代を繰り返しながら、これまで絶え間なく存続し続けてきた点は明らかだ。

トルコの「地下組織」の実態を見極めるのは難しい。国内では、旧クルド労働者党を支持する組織のうち、チェレンク世代の「大御所」クルド人イドリスが今でも強く支持される一方、「インチババ」ことベーチェット・チャンチュルクなど、それまで暗躍してきたババの一部は、第一線を退いている。極右に近い組織の台頭も著しいようだ。

昨今起こっているマフィア同士の激しい抗争は、その一つの顕れといえよう。トルコの地下組織は、まさに移行期の最中にある。

活動分野

最大の活動は、ゴールデン・クレセント（黄金の三日月地帯）産のアヘンを使った麻薬の密売である。

この活動は、一九八七〜八八年の間、ちょうどムスルールがこの業界を席巻した時期、ピークを迎えた。もっとも、実際に麻薬密売の世界で取引を牛耳っているのはクルド系組織の方で、トルコ系は、活動熱心な割には、なかなか勢力を拡大できないでいる。

昔から生業としてきた密輸も、未だ重要な位置を占める（イスタンブールが中心）。取引されるのは、煙草、武器、電子機器、視聴覚装置、高級車、それから車などの部品だ。前述の麻薬にトルコ系組織が関わるようになったのも、密輸がきっかけだった。

密輸対象には、移民労働者（旧東欧圏、近東、欧州）も含まれる。かつて、一九九七年末から一九九八年初頭にかけ、トルコに住むイラク系住民が、多数の船舶で不法にイタリアへ入国していた事実が暴露されたことがある。トルコの内務大臣はこの時、こうした不法移民の斡旋《あっせん》が「クルド労働者党（当時）のようなテロ組織をはじめ、国際犯罪組織の財政を潤わせている」と言明した（原注146）。

不法移民をひそかに運ぶ彼らは、旅行に伴う書類やパスポート、税関書類の偽造にも当然、長けている。

その他、国内では、拠点のある都市を中心に、不法賭博クラブの経営や売春、恐喝、高利貸し、土木工事の落札詐欺といった、従来からの活動が各組織で行なわれている。その他、トルコ系に特有の活動としては、次のようなものがある。

借金の取立て

取立てが上手くいかず困っている債権者に代わり、「精力的に」回収作業を行なう。強硬手段に出ることもあるが、「ババ」の名を出すだけで債務者が恐れをなし、抵抗をやめる場合が多い。こうして回収された借金のうち、少なくとも約五〇％が取り分となる。

国の所有物の売却

イスタンブール、アンカラ、イズミール、ブルサ、アドナといった大都市では、経済発展を奨励する目的で、国の所有物が売りに出されることがある。地元の選出者と「懇意」のトルコ系マフィア組織は、そのコネを利用して公的財産を売却し、利潤を得ている。

駐車場での恐喝

停めてある車にわざと別の車をぶつけ、言いがかりをつけてドライバーから金をゆすりとる。被害者が訴えても泣き寝入りに終わることが多いのは、警察が一枚噛んでいるせいと思われる。こうした恐喝事件は、なかでも大都市圏で急増中だ。

こうした行為で得た収入はその性質上、当然、マネーロンダリングが行なわれるが、由緒ある中心街グランバザールの大きな商店の現金売上に紛れ込ませたり、カジノを通したりが、従来の手口だ。イスタンブールにある企業グローバル・セキュリティーズの調査部長アティッラ・イエシラダは、「トルコの地下経済には、同国の赤字と同じレベルの五〇〇億ドル（約五〇〇億ユーロ）の資金が潜む」と見ている。(原注147)

世界の拠点

ブルガリア（一九六〇年代以降）、スイス、ドイツ（一九七五年頃以降）は、トルコ系マフィアの活動の足場だ。

オランダも、トルコのマフィア組織との関わりがよく取り沙汰される。一九九三年には、トルコのヘロイン密売人、オランダの企業家、議員（アムステルダム、アーネム）、司法官、政治家を巻き込む腐敗事件が起こっている。一九九〇〜九二年にかけては、ロッテルダムで、麻薬売買の縄張りを巡り、トルコ系集団の対立抗争が生じた（約三〇人が死亡）。

スペインも活動拠点（マドリード、コスタデルソル）で、約五〇〇人が暗躍中と同国警察は見ている。この国にはヘロインが年間五トンの割合で入っている。資金はタックス・ヘブンのジブラルタルに流れている。

最後に英国を挙げておこう。かつて一九九七年十月、ロンドンの英国国家犯罪情報局長ジョン・アボットは、「過去三年の殺人事件のうち三割はトルコ・クルド系ギャングが絡んでいる。英国で消費されるヘロインの八〇％は彼らを通して入手されたもの」と説明している。アルバニア系マフィアやパキスタン系ギャングの台頭により、密売をめぐる競争が激化しているのは確かだが、トルコ勢は、この業界の主要プレーヤーであり続けている。

中国と日本には、マフィア型犯罪を行なう高度な組織形態が二つある。だが、欧州では、地理的に遠いことなどから、長い間よく知られてこなかった。

極東

中国系の黒社会《ヘイショーホエイ》(訳注29)

週刊誌『ル・ヌーベル・オブゼルバトゥール』は、二〇〇一年七月五日～十一日号で中国を特集、中国本土で組織犯罪が横行している様子を伝えた(原注148)。その内容は「中国人がいて金があるなら、そこには黒社会《ヘイショーホエイ》が存在する」というお馴染の台詞が、決して間違いではないことを実感させるものだった。その五年前、カリフォルニアの新聞『サンノゼ・マーキュリー・ニュース』に、同州で司法省の特捜部員として働くイグナチウス・チンの記事が載ったが、その時も、中国系犯罪組織は「金のあるところに向かう」と、似たような事を言っている。

一九四九年に中華人民共和国が樹立された時、黒社会《ヘイショーホエイ》のメンバーは処刑の対象だった。それがどうだろう。共産党国家の末裔《まつえい》となった中国は、今や経済自由化に乗り出し、黒社会《ヘイショーホエイ》は、当局の許しを得た形で活動の手を広げている。あの頃の憎しみなど、どこ吹く風だ。

政府は実のところ、すでに一九八〇年代初頭には、黒社会《ヘイショーホエイ》の活動を大目に見る政策を進めていた。「その代わり、中国統合に協力させよう」――という思惑はうまく行き、政府は一九九七年に香港、九九年にマカオを無事に取り戻している。今後は台湾統合が目標だ。

だが、一九五〇年代以来、この三地域で力を振るってきた黒社会《ヘイショーホエイ》に対する政府の寛容政策は、彼らを本土でのさばらせる結果を生んでいる。黒社会《ヘイショーホエイ》は、経済自由化を足場に、あらためて中国社会の脅威と化しているのだ。

現に、彼らの犯罪に頭を抱えた中国の最高人民法院は、二〇〇〇年十二月四日にマフィアの定義付けを図り、一連の規定条項を公布した。それによれば、マフィアは、「職階制に支えられ、営利を目的とし、権力の腐敗をよび、縄張りにおいて独占的な活動を行なう」組織であり、彼らを擁護、奨励したり、自ら組織したりして外国との間での輸出入に手を貸した者は処刑されるとしている。裏を返せば、司法機関が対策に乗り出すほど、事態は深刻化しているのである。

「窓を開ければ、ハエを呼びこんでもしかたがない」――かつて鄧小平が、詩情を交えながらシニカルにこう言ったが、その言葉が極めてリアルに響く、今の中国である。

黒社会《ヘイショーホエイ》が中国本土で力をつけている点は、数字に明らかだ。現在、国内の薬物中毒者は公式発表で八五万人、実際には一二〇〇万人と見られる。とくに雲南《ユンナン》省、青海《チンハイ》省、ウイグル自治区といった麻薬生産の中心地は、軍隊の保護のもと、麻薬取引の巣窟と化している。黒社会《ヘイショーホエイ》のドンたちは、目をつけられることを嫌って表には出ず、街のチンピラ一味を使って取引に当たらせている。当局は、こうした末端の者を捕らえて厳しい処罰を加えるばかりで、本当に重要なメンバーについては、居場所を割り出せないままだ。

商品の偽造はこうした黒社会《ヘイショーホエイ》が牛耳るビジネスの一つで、市場規模は年間一六〇億に及ぶ。偽造品の生産拠点は各地にあり、例えばブランドの香水の偽物を流す場合も、香水の製造から小ビンに詰めるまで、一貫して組織力を発揮し、欧州、中東、ロシアへ出荷している。

密航斡旋《あっせん》は、福建省が中心だ。移住希望者たちを集め、船や飛行機で欧州や米国へ渡らせるのは、黒社会《ヘイショーホエイ》で蛇頭《スオトオ》と呼ばれるブローカーたちである。密航先として人気があるのは米国だが、それだけに費用も高く、一人あたり二万五〇〇〇〜六万五〇〇〇ユーロがかかる。(原注149) これは並の給料を貰っていては一生働いても返せない額で、たとえうまく移住できても、返済のために労働搾取工場で働かされたり、新たに犯罪に手を染めたりすることになる。

同省出身の女蛇頭《スオトオ》シェン・シュイピンは、米国、カナダ方面の密航を斡旋《あっせん》し、「すべての蛇頭《スオトオ》の母」と呼ばれる。八〇年代半ば、拘留中にＦＢＩの活動に協力して仕事上のライバルを密告し、釈放されるとまたすぐに密航に手をつけた前科のある人物だ。その後も警察からマークされたシェンは、香港を舞台に、数々の裁判で激しい応酬を繰り返した後、行方をくらましたが、とうとう二〇〇〇年四月十七日に当地の警察に逮捕され、二〇〇三年六月、裁判所から米国への身柄引渡しの判決を下された。「八〇年代末まで数千人の中国人に北米への密航を斡旋《あっせん》し、その過程で数名を死亡させた」というのが、具体的な罪状だ。

シェンは、密航費用として一人あたり二万～三万五〇〇〇ユーロを要求。支払いを拒否する中国人を脅し、それでも反抗する場合は、凶悪なことで知られる中国系マフィア福青《フーチン》の手を借りて拷問を行なっていた。ニューヨークの華人社会の一人が新聞に語ったところによれば、蛇頭《スオトオ》に抵抗したせいで、頭に携帯電話をテープで貼り付けられたまま拷問を受け、その様子を家族に直接聞かれ、支払いを拒もうとする最後の抵抗心を握りつぶされた中国人もいたようだ。[原注150] シェンは二〇〇三年の秋現在、人質、密航、マネーロンダリング、ギャングとの共謀といった罪で判決を待つ身である。

なお、黒社会《ヘイショーホエイ》は、売春や賭博など、不法な活動を通じて世界で利益を得ると、そうした利益を中国に送金して隠すことが多い。シェンのケースもそうだ。もっとも、不正資金は中国だけに潜んでいるわけではない。その点は心に留めておく必要がある。

その他、近年目だった事柄をいくつか挙げよう。一九九六年八月、チョウ・シューワーは、ブルックリンの連邦裁判所から懲役二十五年の刑を言い渡された。チョウは香港を拠点とする黒社会《ヘイショーホエイ》、和勝《ウオシン》和《ウオ》の有名なメンバーで、米国へのヘロイン密輸活動を指揮、六八キログラム持ち込んでいた。

その一カ月後、台湾では、無所属議員の羅福助《ルオフージュー》が、「永久幹部でない」と強調しつつ、その年齢と経験を買われて天道盟《ティアンダオマン》のリーダーになった事実を認める一件があった。

また、台湾の公共工事をめぐり、一九九一～九七年の間に政府が費やした八七〇億ドル（約八五〇億ユーロ）のうち、約三〇％の二六〇億ドル（ユーロはほぼ同額）は黒社会《ヘイショーホエイ》組織や政治家、腐敗官吏の懐に入ったと見られる。

ここ数年の自由化の波とともに中国が黒社会《ヘイショーホエイ》を勢いづかせた結果、米国をはじめ他国で彼らの犯罪が増え、政府は批判の矢面に立たされている。だが、黒社会《ヘイショーホエイ》の買収工作は政府機関の上層にまで行き渡っている。当局は、「断固として犯罪対策に取り組む」と言いつつも、序列の壁を前に及び腰で、抜本的な対策を始められないままだ。

二〇〇〇年一月、台湾の、海を挟んで向かい側にある福建省の厦門《アモイ》では、副市長をはじめ、十数名の役人が港を利用した密輸組織網に関わっていた事実が判明し、注目を集めた。(原注151) この事件では、一〇〇億ドル相当(約一〇〇億ユーロ)の自動車、ガソリン、携帯電話、武器が輸入され、調べを受けた者の中には共産党高官の妻もいたことがわかった。事態を重くみた中国当局は、四〇〇〇人以上を動員して捜査にあたった。

だがその一方で、一九九五年、公安相の陶駟駒《タオシジユウ》が、「黒社会《ヘイショーホエイ》のメンバーがみな悪人なわけではない。彼らは国を愛し、香港の繁栄を支えてきた。我々は彼らを尊敬すべきである」と述べるなど、自らも一枚噛んでいるせいだろうか、黒社会《ヘイショーホエイ》に対する政府の物言いは、歯切れが悪い。

陶駟駒《タオシジユウ》は一九九三年の記者会見でも、「黒社会《ヘイショーホエイ》は香港と中国のことを思う愛国者である。中国政府は彼らと団結できて幸せだ」という趣旨のことを言っている。なかでも気にかかるのは、鄧小平が西洋を初めて旅行した時のことに触れ、「国の指導者が公務で移動する時、彼を守った」存在として、黒社会《ヘイショーホエイ》組織に謝意を示した点だ。いずれにせよ、黒社会《ヘイショーホエイ》に対する陶駟駒《タオシジユウ》の姿勢は、発言にしっかり表われていたといえる。

黒社会《ヘイショーホエイ》の組織編制やしくみ、活動、歴史を見ていくと、こうした状況は格段めずらしくないのがわかる。

組織編制としくみ

黒社会《ヘイショーホエイ》の一般的な体系や、各組織のしくみについて、黒社会《ヘイショーホエイ》から足を洗った者が図で示そうとしても、なかなか上手くいかないことが多い。

なにしろ、黒社会《ヘイショーホエイ》の在り方は、組織でかなり違いがある。例えば黒社会《ヘイショーホエイ》の一つである和勝和《ウォシンウォ》は、内部が大小さまざまなグループに分かれ、互いに競い合っているが、はっきりとした階級制はとられていない。これに対し、14K《サップセイケー》の体制では、入会、規律、仕事の割り当てなど、内部のグループの行動が厳しく管理されている。

しかも組織の流動性が高いため、ちょっと前とでは体裁ががらりと変わってしまうことがある。環境へのこうした臨機応変な対応力こそ、黒社会《ヘイショーホエイ》が長く生き延びてきた秘訣だが、それだけに、調査にはてこずらされる。

とはいえ、共通の基本ラインはあるようだ。例えば、洪門《ハンモン》組織の内部は三つの層に分かれる。

(1) 下部組織

四九《セイガウ》、すなわち「戦闘員」からなる。戦闘員という言葉の意に明らかなように、必要に応じて外部と戦いを交える。マフィアとしての洪門《ハンモン》組織の主幹部である。

(2)　いわゆる「執行部」の幹部層

伝統的に、さらに次のような四機能に分かれる。

四三八《セイサンパー》（福山主《フーヒヨンヂユー》）

メンバーの採用、入会、誓いなど、組織の祭礼を担当。一種の司祭として伝統を守り、ナンバー2の位置を占めることも多い。伝統重視の秘密結社である洪門《ハンモン》組織にとって、四三八《セイサンパー》の役割は大きい。

四三二《セイサンイー》（草鞋《チヨウハイ》）

外部との連絡やコミュニケーションを担当する。連絡係兼スポークスマン。

四二六《セイイーロク》（紅棍《ホングワン》）

規律、組織の安全、武術、沈黙の掟の責任者、検閲者。紅棍《ホングワン》の名が示すように、武術に優れ、何かあれば自ら棍（棒）よろしく力を振るって相手を戒める。規則の番人だが、実際に力も強い。

四一五《セイヤム》（白紙扇《パッジーシン》）

運営と財政管理のトップだが、相談役でしかなく決定権はもたない。

(3) 四八九《セイパーガウ》（山主《サンヂュー》）
洪門《ハンモン》組織の長。万が一に備え代理がいる。

このような形を取る組織では、四二六《セイイーロク》と相談役が側近として四八九《セイパーガウ》を取り囲む形で、もっぱらの活動が行なわれる。

洪門《ハンモン》組織の下部組織は、華人社会やそれぞれの縄張りで活動を行なうが、後述のコーサ・ノストラと同じで、執行部がこうした活動について、逐一指示を出しているわけではないのが特徴だ。

上層部が担当するのは、日々のオペレーションではなく、組織としての方針や、優先順位の決定、外部との関係づくり、ライバル集団との交渉など、組織の体制に関する事柄である。

その様は、複数の企業からなるコングロマリットを指揮する持株会社の経営方式に通じるものがある。洪門《ハンモン》組織の構造そのものも、非合法活動を遂行するのにとりたてて都合のよいしくみというわけではない。

活動分野

黒社会《ヘイショーホエイ》の活動は、世界に数ある犯罪集団の中でも徹底している。目的達成のためには何をも辞さぬ冷酷さで知られ、手がけるジャンルも多岐に分かれる。だが、そんな彼らにも、得意分野というものがある。

なかでも専門とするのが「不法移民の斡旋《あっせん》」だ。

旧大陸の欧州、新世界の北米は、亡命先として中国人から長きにわたって好まれてきた。前述のシェンは、こうした密航に多数関わってきた人物の代表例である。

二〇〇〇年六月、英国行きを目指した五八名の中国人密航者が、コンテナに隠された間に窒息死するという事件が起きた。英国やオランダ、中米、米国、カナダの警察は、この件にもシェンが関わっていたのではないかと睨んでいる。

密航者たちを上手く運べるのであれば、海上であれ、陸上であれ、空路であれ、黒社会《ヘイショーホエイ》は、自分たちが使い得る最善の策を選ぶ。

例えば新義安《サンイーオン》では、米国やカナダに極東の密航者を送るのに欧州ルートを使う。具体的には、まず、欧州の玄関アルバニア（アルバニアは、中華人民共和国と一九六一年～七八年の間、国交を維持し続けた）まで密航者を運んで、現地のアルバニア系組織に引渡し、その後、この組織が密航者をさらにプッリャ州（イタリア）のマフィアに引き渡す、という連携プレーを行なう。

その逆に、大圏幇《ダイヒユンボン》や14K《サップセイケー》は中米を通るルートが得意だ。グアテマラ、ホンジュラス、メキシコ、パナマ（これらの国には華人社会があり、約二〇万人が暮らしている）、さらにはプエルトリコ、ドミニカ共和国、エルサルバドルといった国に密航者を移動させた後、麻薬カルテルの手を借りてメキシコに渡らせ、中国人にとっての「エルドラド」（理想郷）――つまり、北米の国境へと送り込む。

密航の斡旋《あっせん》は、マフィア組織が荒稼ぎできる商売だ。前述のシェンなどは四〇〇〇万ドル（約四〇〇〇万ユーロ）を手にしたといわれる。彼女は、自国を去りたがっている中国人を見つけると、「誰かが困っていたら手を差し伸べずにはいられない」ふりをして近づいていたが、実は、中国と米国の悪質な犯罪組織とつながり、そのネットワークを巧みに利用しながら犯罪を進めていた(原注152)。

こうした密航では、通常、目的国へ入るのに必要な書類やパスポートの準備も併せて行なわれる。利用されるパスポートは偽造品か、たまたま入手できた本物だ。黒社会《ヘイシヨーホエイ》がいかにして何百というパスポートを手に入れているかについては、天安門事件の後、黒社会《ヘイシヨーホエイ》に三万ドル（約三万ユーロ）を払って香港に渡った学生運動リーダー紫玲《チャイリン》の証言をまじえつつ、一九九二年時点での状況をリシャール・ソラが記事にしている(原注153)。

アヘン系やアンフェタミンといった麻薬の密売も黒社会《ヘイシヨーホエイ》の主要活動だ。

中国本土最南端の雲南省ではケシ栽培が盛んである。とくにラオス、タイ、ミャンマーに囲まれた地域は、アヘンの「黄金の三角地帯」として世界的に有名だ。コロンビアでケシの栽培が始まって以来、米国向けは減ったが、それ以外の国で消費されるヘロインは、今でも大部分がこの地のものである。黒社会《ヘイシヨーホエイ》組織は、この地域でケシの栽培や収穫に携わり、それをモルヒネ・ベースに変えた後、ヘロイン製品の中で最も純度の高い「チャイナ・ホワイト」、いわゆる「ナンバー4(原注154)」を作り出す。そして、タイ、マレーシア、香港、台湾などに流れ住んだ中国人の手を伝って、あるいは中国本土を通って広東まで製品を運び、ニューヨーク、サンフランシスコ、トロント、バンクーバーへ出荷している。

もっとも、一九九四年五月の香港警察公式発表によると、こうした活動は、組織から管理を請け負った黒社会《ヘイシヨーホエイ》の一員が、独自に「合併企業」をつくる形で進められているようだ。黒社会《ヘイシヨーホエイ》そのものは、ヘロイン密売に直接タッチしていないらしい。

なお、アジアで消費が多いアンフェタミンは、朝鮮半島やフィリピンのほか、中国本土でも製造されている。
麻薬以外では、世のマフィア組織同様、ビデオ（ポルノやカンフー）や音楽カセットの海賊版製造、売春、ポルノ制作、非合法賭博、恐喝といった活動が盛んである。それ以外には、クレジットカード偽造も有名だ。（原注155）

こうした活動で得た利益は、性質上、中国への送金やマネーロンダリングを余儀なくされる。二〇〇〇年六月二十七日、パリ九区の両替所で手入れがあり、何十人という「顧客」が、毎日いかにして現金（一五〇〇ユーロから四万五〇〇〇ユーロ）を店に持ち込み両替し、「スイフト」（訳注30）の決済システムを使ってあっという間に中国系銀行に入金しているかが明らかになった。（原注156）

店には、北京語の表意文字で「現金送金はこちらで」の看板がかかるばかりか、送金後、すぐに中国現地の担当者と連絡が取れるよう、プリペイド式テレフォンカードも売られていた。組織レベルでネットワークが張り巡らされていたのは明らかだった。移民労働者の人身売買や繊維製品の不法輸入など、同店から一年半の間に送金された額は、二億四〇〇〇万ユーロにのぼる。

なお、店にいた中国人たちは、警官が突如現われたことより、ちゃんと送金ができたかの方が気になっていた様子だったと、捜査にあたった警官は言っている。同じ相手でも、警察と黒社会《ヘイショーホエイ》では、その怖がりように何と差があることだろう。黒社会《ヘイショーホエイ》という組織は、よほど恐れられているのである。

主な黒社会

黒社会《ヘイショーホエイ》組織は昔も今も数が多いが、そのうち目立つものとして、新義安《サンイーオン》、和《ウォ》グループ、14K《サップセイケー》、竹聯幇《チウレンパン》、四海幇《スーハイパン》、大圏幇《ダイヒユンポン》の六つが挙げられる。

新義安《サンイーオン》

メンバー数や活動範囲の広さ、組織の緻密さなど、あらゆる点で黒社会《ヘイショーホエイ》のトップ組織と捉えられている。

香港で一九一九年に創設されて以来、この地を拠点に、長きにわたって活動を行なってきた。香港には、さまざまな組織をあわせ、黒社会《ヘイショーホエイ》メンバーが計六万人いるが、そのうち四万五〇〇〇人は新義安《サンイーオン》に属している。メンバーは仙頭《スワトウ》周辺出身の潮州人《チユージャオ》が多く、こうした地縁が組織の基盤だ。

一九八七年以来、構成員の数は増加の一途を辿り、同年には約三万五〇〇〇人だけだったのが、九一年には四万七〇〇〇人、九三年には六万人になった。(原注157) 二〇〇三年現在、メンバー数は約五万人のようだ。

組織は、誕生以来、絶え間なく変革を繰り返し、今や、世界各地に拠点を持つ。アジア環太平洋地域ではマカオ、タイ、ベトナム、オーストラリア、アメリカ大陸では米国を中心に、ボストン、アトランティックシティー、ロサンゼルス、マイアミ、ニューヨーク、フィラデルフィア、ポートランド、サンフランシスコなどに支部がある他、カナダ（エドモントン、オタワ、トロント、バンクーバー）やドミニカ共和国にも進出している。

一九九七年に香港、九九年にマカオが中国に返還される前から、新義安《サンイーオン》は、「返還後の中国は経済活動を自由化する」と睨み、早くも一九九〇年中央に、政治色の目立つ幹部たちを組織の「評議会」から排除して台湾当局と関係を断った。それ以来、中国本土と台湾との間で、微妙に中立を保ち続けている。

組織は、広東と北京、それから深圳《しんせん》（香港の近く）の「経済特別区」のレストラン・バー、映画といった産業に、数百万米国ドルを投資している。映画産業は、あまり裕福とはいえないこうした地域にあって、唯一といっていいほど利益の出ている分野だ。

こうした投資を通し、巧みにマネーロンダリングを行なうばかりではない。彼らは、港や空港の設備建設を資金面で援助し（原注158）地元当局を買収するなどして、大規模な密輸活動もうまく進めている。先の陶駟駒《タオシジユウ》の玉虫色の発言も、こういう事情がわかると合点がいく（原注159）。

新義安《サンイーオン》は黒社会《ヘイショーホエイ》の中でもとくに儀式を重んじる。規律は厳しく、背けば重い罰がある。ただ、組織内の階級制については前より緩和されているようだ。内部は、トップ一人に、側近四人が相談役としてつき、一二人の最高幹部が四丸《セイガウ》（戦闘員）たちを指揮する、という構図である。幹部数は総勢一七〇〇人。とくに映画製作やポルノやカンフーの放映など、娯楽産業で大きな影響力を持ち、向《ヒョン》ファミリーが長年にわたって組織を牛耳ってきた。

とはいえ、新義安《サンイーオン》のこれまでの道のりが常に順調だったわけではない。例えば一九九三年十一月には大物の一人、「灣仔《ワンチャイ》の虎」（原注160）ことアンドリー・チャン（陳耀興）が自動車で機銃掃射を浴びて死亡した。テレビで放映される香港舞台の連続番組は、中国市場において金の成る木といわれ、利権獲得を狙う者は多い。この事件も、地場の映画産業界の水面下での対立が絡んでいたようで、裏に大圏幇《ダイヒユンポン》の存在があったといわれる。

また一九九五年十月には、「尖沙咀の虎《チムサアチヨイ》」(原注161)ことウォン・チェオンインがタイで自動車事故にあって死亡している。(原注162)

14K《サツプセイケー》

香港が拠点。

一九四七年、国府軍の将軍である葛肇煌《コシウウオン》が、広東の宝華《ポーフア》街一四番地に、広東と中国南部の黒社《ヘイシヨー》会《ホエイ》のほとんどを集めて会合を開いた。組織名はこれに由来する。

当時の14K《サツプセイケー》は軍事組織（反共主義）に過ぎず犯罪とは無縁だったが、一九四九年の毛沢東の勝利後、香港へと追われてから様相が変わった。14にKの文字（金の純度を証明するカラットと同じ）を合わせて呼ばれるようになったのは一九五二年で、それ以後、今日に至る。

二〇〇三年、加入者は二万人。活動は、賭博、高利貸し、麻薬の密売、クレジットカードの偽造で、米国の担当者と連絡をとりながら、密航斡旋《あっせん》にも従事する。

日本の拠点も強化されている。当局によると、一九九七年七月現在、一〇〇〇人のメンバーが五〇のグループに分かれて活動しているとのことだ。中国からの密航者が日本で増えているのは、この動きと無関係ではない。

組織の構造は新義安《サンイーオン》と異なる。14K《サツプセイケー》では、頭文字を同じくする小集団が、各自、ほぼ独立した状態で動いている。14K《サツプセイケー》バーロー、14K《サツプセイケー》ハウ、14K《サツプセイケー》ムイがその例だ。

拠点はマカオ、台湾、フィリピン、日本、中国本土、オーストラリア、米国（ボストン、シカゴ、ヒューストン、ロサンゼルス、ニューヨーク、サンディエゴ、サンフランシスコ）、カナダ（特にトロント）パラグアイ、英国、オランダにある。

和《ウオ》グループ

一九〇八年、香港で設立された。

現在、「和」からはじまる一二の集団がある。和勝和《ウオシンウオ》（油麻地《ヤウマーテイ》、深水歩《サムチヨイポー》、九龍《クーロン》の各地区、新地区、マカオ）、和合桃《ウオホップト》（西部地区）、和勝堂《ウオシントン》（中部および西部地区）、和安楽《ウオオンロク》（油麻地《ヤウマーテイ》、深水歩《サムチヨイポー》、九龍《クーロン》、旺角《モンコック》）、和勝義《ウオシンイエ》（油麻地《ヤウマーテイ》、旺角《モンコック》）、和勇義《ウオヨンイエ》（西部地区）、和群楽《ウオクワンロク》（香港中心部）が、その例だ。

メンバー数は、二万八〇〇〇～四万二〇〇〇人の間といわれるが（原注163）、二〇〇三年時点ではおよそ二万人でしかないとの情報もある。

他の黒社会《ヘイシヨーホエイ》組織と同じく、非合法事業を行なう他、身代金目当ての誘拐を行なう。

中国本土の他、米国（ボストン、ロサンゼルス、ポートランド、サンフランシスコ（原注164））、カナダに拠点がある。

竹聯幇《チウレンパン》

一九五六年、香港では、黒社会《ヘイシヨーホエイ》が厳しく弾圧され暴動が起きた。だが、結局は鎮圧され、暴動を扇動したと疑われた者は、つぎつぎ台湾へ逃れていった。台北《タイペイ》近くに、竹林で有名な永和《ユンホ》という村がある。香港を追われた犯罪者がそこに集まって結成したのが竹聯幇《チウレンパン》だった。こうした経緯からか、竹聯幇《チウレンパン》では今でも、洪門《ハンモン》の歴史へのこだわりが人一倍強い。

組織はその後、あっという間に拡大し、構成員数は今や、一九八〇年代の四倍以上、約一万人だ。中核には、組織力に富み、さまざまな試練を経た一万人ほどのメンバーがいる。

竹聯幇《チウレンパン》は、国民党政府の腐敗役人と癒着関係にある。組織一三番目の部門は、台湾以外に住む加入者で構成された海外部だ（国民党の防諜部と親しい）。

海外展開にも積極的だ。香港、フィリピン、日本、タイ、サウジアラビア、カナダ（バンクーバー）、米国（アトランティックシティー、シカゴ、デンバー、ホノルル、ヒューストン、ロサンゼルス、マイアミ、ニューヨーク、フェニックス、サンフランシスコ）に支部がある。

四海幇《スーハイパン》

台湾第二の黒社会《ヘイショーホエイ》で、メンバーは三〇〇〇人[原注165]。活動は他の黒社会《ヘイショーホエイ》と同じく、クレジットカードの偽造、売春、恐喝、賭博、高利貸し、麻薬など。

海外拠点は米国（ロサンゼルス、ニューヨーク）にある。

一九九六年一月十五日、当時の四海幇《スーハイパン》のドン陳永和《チンユンホ》が台北《タイペイ》のレストランで襲われ死亡した。葬儀には青幇《チンパン》[訳注31]から三〇〇〇人、竹聯幇《チウレンパン》、日本の暴力団、香港の黒社会《ヘイショーホエイ》、ニューヨークの堂口《トンハウ》の代表者から五〇〇〇人、他も合わせて、総勢一万人が詰め掛けた。この時には中国国民党や野党各党も弔意を表わしている。

大圏幇《ダイヒュンボン》

中国本土で唯一、大規模な黒社会《ヘイショーホエイ》組織。

内部はあまり知られていないが、メンバー数は五〇〇〇人程度と見られる。中国共産党の元紅衛兵らにより創設されたが、四つのグループに分かれて以来、激しい内部抗争が慢性化している。

オーストラリア、香港、カナダに拠点があり、特にカナダに大量の密航者を送り込んでいる。

歴史、社会背景（洪門《ハンモン》組織を中心に）

明朝時代、満州族は万里の長城を越えて中国全土を征服、清朝を確立して北京に都をおいた。だが、新たな支配者が治世に成功したのは国の北部のみで、南部の人々はこの侵略者に対して憎しみを露わに抵抗し、清朝打破を目指した。（原注166）

そんな動きの中に、ある寺院の僧侶（一二八人）の抵抗運動があった。福建省の福州《フーチヨウ》近くのこの寺院は、やがて抵抗運動の象徴的存在となり、僧侶たちはカンフーを会得して攻撃に備えたが、結局、清朝皇帝の弾圧には抗《あらが》えず、一人の僧侶の裏切りにより運動は崩壊した。

生き残った僧侶五人は、「反清復明」をスローガンに秘密結社を創設。それが「洪門《ハンモン》」（洪の文字は、明朝の最初の皇帝、洪武帝《こうぶてい》から来ている）、「天地会《チアンチホイ》」、あるいは、中国で基本となる天、地、人の概念を、正三角形のそれぞれの角に見立てたシンボルから、「三合会《サンホップウィ》」と呼ばれるようになった。

もともと中国では、いつの世も秘密結社が栄えてきた。それだけに、洪門《ハンモン》という結社が生まれたのは不思議ではない。この国では、「役人は法から、民衆は秘密結社から力を引き出す」と言われる。中国人のメンタリティをまったくよく表わした台詞だ。

とはいえ、こうした結社が、「自分たちは弾圧を受けている。非合法活動もやむをえない」と主張し、賭博、盗み、売春などに走り、それが黙認されるようになると、やがて、抵抗運動と無関係に、「何か大きなことをやってみたい、手っ取り早く金を稼ぎたい」と考える人間が組織にどっと入ってくるのが必定だ。彼らにとって、清朝打倒のような祖国愛は犯罪の建前に過ぎない。こうして「解放を求めて戦う団体」は、犯罪組織へと変わっていく。

洪門《ハンモン》組織でも事は同じだった。彼らはまず弾圧を避けるべく、清朝の勢力圏から抜け出した。その後、数集団が、珠江《しゅこう》の河口にある小さな島、今の香港に逃れた。一八四二年以降、英国人の植民地となっていた当時の香港では、白人に対する住民の反抗心が育っていた。洪門《ハンモン》は、彼らのこうした祖国愛や伝統主義を巧みに利用しながら犯罪を行なっていく。

その一方、中国本土では太平天国の乱（一八五一～六四年）が起こり、引き続いて珠江《しゅこう》デルタで紅巾《こうきん》の乱[訳注32]（一八五四～六四年）が起こった。この乱に破れた後、洪門《ハンモン》組織のメンバーは海賊や密輸業者に身を転じる他、米国で磁襲党《ポンロンタン》を結成した。この組織は、のちに洪門《ハンモン》組織の海外ネットワークとして大いに活かされることになる。いずれにせよ、この時代、組織は犯罪集団としてのカラーを強めていった。

一九一一年、西洋の影響を大きく受けた孫文が、中華民国を樹立した。これは、一部の者にとって、洪門《ハンモン》組織の勝利を示す出来事だった。現に、孫文はある洪門《ハンモン》の「紅棍《ホングワン》」で、磁襲党《ポンロンタン》のネットワークをかなり頼っていた。一九一二年二月十五日には、南京にある明朝一家の墓へ参り、清朝の崩壊を伝えるというパフォーマンスも行なっている。

中華民国の樹立を支えた洪門《ハンモン》組織が、新政府から大きな権力を与えられ、政治の表舞台に出るようになったのはいうまでもない。だが、そのせいで彼らは本来の愛国精神を忘れ、悪事にうつつをぬかすようにもなった。その結果、数年後には腐敗が日常化。洪門《ハンモン》組織は完璧な犯罪組織へ移行していった。

孫文の後を継いだ蔣介石は、やはり洪門《ハンモン》のメンバーで、組織と密接な関係を続けたが、マフィアに成り下がった洪門《ハンモン》の取り巻きに政治を委ねた結果、自ら築いた国民党に潜入工作をほどこされ、中華民国の状態を悪化させてしまう。

一九二七年四月、上海の港で起きた、共産党系労働組合の襲撃事件は、洪門《ハンモン》組織が政治を混乱させた最たる例だ。

当時、組合に悩まされていた蔣介石は、事態打開を図って、気性の荒い若手ギャング、杜月笙《トゥユエシエン》率いる青幇《チンパン》に問題解決を依頼。その結果、四月十二日の朝、組合員は数千人のごろつきに虐殺された。杜《トゥ》はその後、正式な将軍の地位を国民党から授かったばかりか、アヘン取引を継続する権利もひそかに獲得している。

やがて毛沢東が一九四九年十月に中華人民共和国を樹立。青幇《チンパン》をはじめとする洪門《ハンモン》組織は、蔣介石とともに台湾または香港へ逃れ、さらに一部はアメリカ大陸へと流れて、サンフランシスコやニューヨークの華人と合流した。

現況

洪門《ハンモン》組織を初めとする黒社会《ヘイショーホエイ》が、中華人民共和国の樹立により動けない状態に陥ったかといえば、そういうわけではない。黒社会《ヘイショーホエイ》のメンバーは、合併分裂を繰り返しながら世界に散らばり、華人社会のネットワークと手を結んで、国際的密輸ルートを築いていった。(原注167)

香港では一九七〇年代、移住の波が起こり、多くの人間が英国へ、それからオランダへ、さらに米国、カナダへ移った。

一九九七年七月の香港返還前も、人々が多数、同地を離れた。動いたのは人間だけではない。「返還後は、新体制が敷かれて事業がやりにくくなるのでは」と恐れた香港黒社会《ヘイショーホエイ》は、地元からどんどん資金を流出させた。

もっともこれは杞憂に終わったようだ。香港や台湾で幅を利かせていた黒社会《ヘイショーホエイ》は、今や、中国本土とのネットワークを強めながら、偽造CDビジネスや売春、麻薬密売などを進めている。活発な事業展開を行なう彼らに、本土でも香港でも、警察が手を貸す有様だ。(原注168)

一九九九年十二月二十日、中国に返還されたマカオの賭博業界でも、返還前から変化が起こっていた。

一九九六年、カジノ王スタンレー・ホーは、黒社会《ヘイショーホエイ》の圧力に屈し、四ホールをいわゆる高級ゲーム用に取っておくよう決めている。(原注169) 一九九九年一月～十月の間には立て続けに暗殺事件が起こっている。件数は警察が確認したところで三七件と、通常時の三倍だ。これらはすべて犯罪組織がらみで、返還後のマカオで事業をたくらんだ黒社会《ヘイショーホエイ》同士が、利権をめぐって争っていたことを示している。

ちなみにこの時期、中国本土でもマカオでも、14K《サップセイケー》の山主《サンチュー》が次々逮捕されて処刑されたが、黒社会《ヘイショホエイ》を壊滅させるうえで、こうした処罰が大きな役割を果たしたかどうかは疑問だ。

入会儀式（洪門《ハンモン》組織の場合）

黒社会《ヘイショーホエイ》のうち、洪門《ハンモン》系の組織は、たいへんに格式を重んじる集団である。参考情報によると、入会儀式は大変長く、何時間も続くものらしい（現在はかなり短縮されている）。儀式は、他のメンバー立会いのもと、洪門《ハンモン》支部で行なわれる。部屋はシンボルであしらわれ、祭壇があって、洪門《ハンモン》組織の栄光に満ちた過去が神聖化されている。特に目を引くのは次の点だ。

＊ 白い若鶏あるいは雄鶏を斬首する。これは福州《フーチョウ》の寺院で他の僧侶を裏切った一僧侶の最期を象徴する。

鶏の胴部を、香を含んだ紙にくるみ、血は、用意しておいた酒に混ぜる。入会者は、しきたりに従い、洪一家に忠誠と信義を誓い続けるよう言い渡され、「誓いを破れば裏切り者として、この鶏と同じ運命を辿る」点が強調される。

その後、入会者の左手の中指から血をとって、先ほどの酒に加え、出席者一同がその酒を回し飲みして、(原注170)血の契りを交わす。

＊　その後、三六の誓いが語られる。この誓いは、洪門《ハンモン》組織の性格を理解するうえで欠かせないものである（巻末の添付資料を参照のこと）

世界の拠点（「堂口《トンハウ》」の役割とギャング団）

これまで見た通り、黒社会《ヘイシヨーホエイ》は、いつも華人社会と結びついてきた。中国人は、母国の運命に翻弄される形で、世界の各大陸に散らばり、各地に華人社会をつくってきた。そうしたコミュニティーを、黒社会《ヘイシヨーホエイ》が、自らの組織の拠点づくりや活動展開、または活動のカモフラージュに利用したのは当然の成り行きだったといえる。世界に張り巡らされたこうしたネットワークを悪用し、麻薬ビジネスで大きな利益を上げてきた点は、特に注目に値する。

太平洋地域と東南アジアの黒社会《ヘイシヨーホエイ》組織は次の通りである。

香港

一九九七年現在、香港には六〇〇万人が住んでいるが、このうち二万人が黒社会《ヘイシヨーホエイ》と関わっている。黒社会《ヘイシヨーホエイ》組織は五〇存在し、恐喝から一般ビデオやポルノビデオテープの生産管理まで、香港のあらゆる犯罪活動を牛耳っている。

なお香港返還時点では、新義安《サンイーオン》、和《ウオ》グループ、14K《サップセイケー》、竹聯幇《チウレンパン》、大圏幇《ダイヒユンポン》の小さな支部や連絡網があるだけだった。

マカオ

中国返還時には、賭博分野で14K《サップセイケー》が暗躍した。

台湾

一九九六年六月の報告によると、一二六の犯罪集団の下、約五八〇〇人の構成員がおり、国民の一般生活に影響を与えているのではと言われる。（原注171）

中国本土

現状把握は難しいが、当局は、「地方で黒社会《ヘイショーホエイ》組織が台頭して（中国共産党の幹部たちの庇護を受けている）社会を不安定にしないか」と気を揉《も》んでいるようだ。（原注172）

マレーシア

ペナンに小三王《シオサムオン》という黒社会《ヘイショーホエイ》があり、内部抗争に明け暮れている。

フィリピン

新義安《サンイーオン》と和利和《ウオレイウオ》（訳注33）が、犯罪で得た資金を投資している。

オーストラリア

十九世紀以来、ムンジートンという黒社会《ヘイショーホエイ》が幅を利かせてきたが、昨今は新義安《サンイーオン》や14K《サップセイケー》、大圏帮《ダイヒュンポン》も台頭している。

ニュージーランド

地元の主要犯罪組織マングレル・モブ（雑種団）が14K《サップセイケー》と関わっているようだ。大都市の不動産や売春の分野では、新義安《サンイーオン》や和勝和《ウォシンウォ》も勢力圏を広げ始めている（原注173）。

黒社会《ヘイショーホエイ》は欧州でも暗躍している。

英国

バーミンガム、リバプール、アイルランドに14K《サップセイケー》（国内最大）、ロンドン、マンチェスターに和勝和《ウォシンウォ》、グラスゴー、英国南部、アングロ・ノルマン諸島に和安楽《ウォオンロク》（またの名を水房「ソイフォン」）の拠点がある。

ドイツ

フランクフルト、ハンブルグ、マンハイム、シュツゥットガルトに黒社会《ヘイショーホエイ》の支部がある。

オランダ

アムステルダムに拠点がある。

チェコ共和国

プラハに14K《サップセイケー》の拠点がある。この街は、バルカン半島から「シェンゲン協定（訳注34）加盟国圏」へ入る一歩手前と便利がよく、あらゆる密売取引（麻薬、労働者、売春）が行なわれる場にもなっている。

フランスおよびスペイン

関連事件が、時々伝えられる程度（入手できる情報はあまりない）。

北米も例外ではない。

カナダ

カナダでは犯罪件数が増加しているが、当局は「これらは中国系の仕業」と言ってはばからない。新義安《サンイーオン》、14K《サップセイケー》、聯公楽《ルンクンロク》といった黒社会《ヘイシヨーホエイ》が、バンクーバー、カルガリー、エドモントン、トロントといった都市に拠点を置き、麻薬の密売や恐喝、高利貸し、非合法賭博、売春斡旋《あっせん》、不法移民の斡旋《あっせん》、クレジットカードの偽造などに携わる。（原注174）

米国

香港や台北《タイペイ》に本部のある新義安《サンイーオン》、和合桃《ウオホップト》、14K《サップセイケー》、竹聯幇《チウレンパン》といった黒社会《ヘイショーホエイ》が、(原注175・訳注35)西海岸を中心に暗躍している。中国人街のあるサンフランシスコ、ポートランド、フェニックス、フィラデルフィア、ニューヨーク、ロサンゼルス、ヒューストン、デンバー、シカゴ、ボストン、アトランティックシティーも、当然、黒社会《ヘイショーホエイ》の活動の場だ。

米国の黒社会《ヘイショーホエイ》は、非合法活動（不法移民の斡旋《あっせん》、華人社会における恐喝、麻薬の密売、マネーロンダリング）がしばしば話題になる他、活動の道具としてベトナム系ギャング団を巧みに使う点で知られる。カナダを含めた北米では、「堂口《トンハウ》」や若い中国系のギャング団が間に入るのも特徴だ。「堂口《トンハウ》」(原注176)とは、もともと中国語で共同体を指す言葉で、移住者の総合扶助や慈善、文化活動や社会活動、援助を目的とした非営利の団体の意味として使われる。「同胞」同士の助け合いの場の具体化と言えよう。こうして生まれた数々の「堂口《トンハウ》」のうち、ほとんどはその名に相応しい健全な活動を行なっている。だが、一部は過去に黒社会《ヘイショーホエイ》の影響を受け非合法活動に関与している。

米国ではさらにこの下に、若手中国人で構成されたギャング団が存在するが、堂口《トンハウ》もギャング団も黒社会《ヘイショーホエイ》との協力体制に組み込まれている。

例えば東安《トンオン》ギャング団は東安堂《トンオントン》の、東安堂《トンオントン》は新義安《サンイーオン》の支配下にあり、(原注177)合勝《ホップシン》ギャング団は合勝堂の、合勝堂《ホップシントン》は和合桃《ウオホップト》の支配下にあるという具合だ。ちなみに米国の「堂口《トンハウ》」としては、次の二組織が有名である。

安良堂《アンルントン》（安良工商総会）

米国シカゴを本拠に二万人を擁し、トップ層は台湾役人と結びつく。アトランタ、ボルチモア、ボストン、シカゴ、クリーブランド、ヒューストン、マイアミ、ミネアポリス、ニューオリンズ、ニューヨーク、ピッツバーグ、ワシントンといった都市で非合法活動（賭博、高利貸し、贈賄行為）にあたる。

協勝堂《ヒプシントン》（協勝公所）

本部はニューヨーク。アトランタ、ボストン、シカゴ、ダラス、ニューヨーク、サンフランシスコ、シアトルで非合法活動に従事する。（原注178）

なお、主なギャング団は次の通りである。

「ファントム・ドラゴン」——一九七〇年頃に生まれたギャング団で、香港出身の若者で構成されている。新義安《サンイーオン》、14K《サップセイケー》、竹聯幇《チウレンパン》と関わる。

「グリーン・ドラゴン」——ニューヨークを拠点とし、その活動範囲は中国本土に及ぶ。

「フライング・ドラゴン」——ボストン、シカゴ、ダラス、ヒューストン、ロサンゼルス、ニューアーク、ニューヨーク、フィラデルフィア、サンフランシスコ、ワシントンを拠点とするギャン

グ団。（原注179）新義安《サンイーオン》、14K《サップセイケー》、竹聯幇《チウレンパン》と関わりを持つ。（原注180）
「華青《ワーチン》」——米国ではホノルル、ヒューストン、ロサンゼルス、ニューヨーク、ピッツバーグ、ポートランド、サクラメント、サンフランシスコ、シアトル、米国以外ではカナダ、香港、台湾に活動拠点がある。新義安《サンイーオン》、14K《サップセイケー》、竹聯幇《チウレンパン》と関わりを持つ。

彼らは、武装強盗や請負殺人など、ギャング団に特有の犯罪を行なう他、高利貸し、賭博、売春、麻薬の密売など、黒社会《ヘイショーホエイ》と同じ活動にもあたる。

日本

一九九二年三月一日、日本では「暴力団員による不当な行為の防止等に関する法律」（暴対法）が施行され、暴力団対策が強化された。暴力団の世界は、それまで政界からなにかと大目に見られてきただけに、これは大きな変化だった。

だが、それで彼らが消滅したと考えるのは浅はかというものだ。案の定、暴力団は、「法には違反しない組織を作ってそこに身を隠し、この法の施行に備える」という優れた対応能力を発揮し、その中で山口組も生き残っている。

一九九七年八月二十八日、同組の若頭である宅見勝《たくみまさる》が、ライバルの中野会のメンバーと思しき相手から神戸で暗殺されたが、これも、暴力団の対立抗争が、その後、続いていたことの現われに他ならない。

一九九五年、阪神・淡路大震災（死者六〇〇〇人以上）が起こった時、山口組は、見事な統率力で被災者を救援して世間の注目を浴びた。

余震が済むと、組の敷地内の井戸から汲んだ飲料水や、食堂でつくった食事をあっという間に届けて、当局を困惑させ、しかも、しばらくあとには米や麺類、当面の衣類、石油暖房器、はたまた懐中電灯を積んだトラックを停車させて手際よく店を出し、毎日食事を出したりしている。こうした店に集まった被災者は八〇〇〇人にのぼる。

この時の山口組の対応は、なにしろ対応が速く、住民への配慮に溢れ、暴対法など、どこふく風という活躍振りだった。日頃は責められる彼らの組織力が、この時、社会に大きく貢献していた。


一九八〇年代、暴力団はすさまじい勢いを見せたが、そののち、中国系やロシア系の外来マフィアの暗躍におされ気味となり、面白くなさげであった。

だが、やがて豊かな経済知識をもつ者、先端テクノロジーに精通してインターネット上に現われる者などが登場し、スタートアップに投資しては消え、投資しては消えを繰り返しながら、マネーロンダリングと思しき活動を行なうようになった。これまで組織犯罪の被害者救済にあたってきた弁護士の久保利《くぼり》英明も、「暴力団は同法施行を機に、装いを変えた」と考えている。(原注181)もちろん、世のマフィアの基本稼業、縄張りでの恐喝を行ない続けているのは、言うまでもない。

日本版犯罪シンジケートが未だ壊滅していない点は、銀行業界と闇社会のかかわりを暴露した住専スキャンダルでも明らかだ。

一九八〇年代、日本では不動産が異常高騰した（ちなみにこのバブル時代には、不動産開発業者が暴力団員を利用し、立ち退きを拒む住民を脅したりした）。その後、バブルははじけて不動産価格は正常に戻ったが、住宅金融専門会社（住専）が有していた債権の七〇％は回収不能となった。そこで、住専に金を貸していた銀行各社は、暴力団員に頼んで物件を所有させ、抵当権者による強制売却を避けたり、もとの買値のままで売却を交渉したりする他、最高の値段で不動産を転売するよう図った。

こうした金融機関の乱脈経営は、すみからすみまで「マフィアの匂い」に溢れていた。そこで、日本の当局は委員会をつくって、住宅ローン専門会社と暴力団の関係調査に乗り出すことになった。邦銀と日本の闇社会が「癒着」しているとは、きわめて物騒な話である。

一九九〇年代末になっても、バブルの余波は続いた。

一九九九年には、暴力団の一つ、会津小鉄のドン高山登久太郎が、マスコミのインタビューを受け、話題になったことがある。他の暴力団組織に向けられた告発の数々に対して尋ねられた高山は、この時、暴力団をかばい、「責任は銀行にある」とし（これは予期されたことではあった）、「力の弱くなった暴力団を、警察がいじめている」と不満を述べている。

なお、二〇〇三年五月末、日本銀行総裁の福井俊彦は、「国内の経済界は現在、深刻な危機にあり、特に銀行が有する債権の健全性については、依然として未解決」と述べている。

時代をちょっと戻してバブル崩壊後の一九九七年、大企業を舞台に一連のスキャンダルが巻き起こり、企業の上層部とマフィアの癒着が暴露されたこともあった。

その中心にいたのが「総会屋」の小池隆一だ。小池は、株主総会でさまざまな企業を恐喝した容疑で、一九九七年五月に逮捕された人物で、これまで、総会屋活動で手にした金は五〇〇万ユーロ近くといわれる。その後、数カ月のうちに、財界をめぐってさらに三〇件以上の余罪が発覚、名の知れた企業役員がつぎつぎと辞職に追いこまれ、自殺者も一人出た。(原注182)

日本経済にマフィア組織が影を落としているとは由々しき事態だが、(原注183)そもそも日本の暴力団とはいったいどんな組織なのだろう。

組織編制としくみ

主要構成員が「一家の掟を守るという条件で、組の(あるいは複数の組でシェアされる)縄張りの一部を与えられ、持ち場を担当する」という、非常に組織立った形で、犯罪活動を展開しているのが暴力団である。

組員は、月ごとに会費、祝い事や儀式的行事(とくに葬儀)のたびに祝儀を親分に支払う。親分は、そうやって金をもらう代わりに、配下の組員が抱える厄介事を、自分の影響力を使って解決する義理を持つ。こうした支払いは、下の者から上の者へ、そのまた上へと重ねられ、ランクが上がるほど額が大きくなるしくみだ。いわゆる「上納金」といわれるが、(原注184)そのやりとりには血も涙もない。山口組の場合、一番トップがもらう上納金は年間約二一〇万ドル(一九七〇年代)に及ぶ。(原注185)活動の規模に応じて会費が決まるこの制度は、摘発を受けて利益が減る場合は計算に入れていない。

たとえそういう不都合が起きても、毎年、きちんと収益を上げる義務があるため、中にいる者にとっては、なかなかつらいものがある。

なお、各暴力団のグループ名は、末尾に組、会、連合といった言葉がつくのが一般的だ。

一九九二年に暴対法が施行されるまで、暴力団は、自分たちも一般の企業と同じ組織に違いはないと、堂々、そのアイデンティティを示していた。例えば、各組織には代紋があり、相当の威力を発揮する存在となっている。なかでも、山菱をかたどった山口組の金色の代紋は、たいへんよく知られる。旗やちょうちん、組織の歌など、組織独自のものは他にもある。ちなみに組員の間では、組織の代紋と組織名、組織での自分のランク、そして保有者である本人の名の入ったクレジットカードを持つ身になることが、とりわけ誇らしいこととされる。

事務所は大邸宅であることが多く、入口には、はばかることなく、組の表札が出ている。

組織のトップが一般記者会見を開き、「何度も殺人事件が起きて社会の平穏を乱し、申し訳なく思っている。責任をもって事態を収拾する」と国民に詫びることもある。暴力団では、組織の状況を知らせる新聞も発行されている。その内容は、麻薬撲滅運動から法律告示、ヤクザの士気についてのトップのコメント、儀式の通知、釈放された組員の通知が網羅されるなど、なかなかすごみがある。(原注186)

主な暴力団

山口組

日本最大の暴力団は、神戸に拠点を置く山口組だ。前身は的屋《てきや》で、暴力団として本格的に飛躍を遂げたのは、戦後、田岡一雄が組長に襲名してからのことである。

田岡は一九一三年に生まれ、一九四六年から一九八一年に亡くなるまで組長として君臨し、不動の地位を築き上げた。組織力と統率力に優れ、一般の人々の気持ちを摑むのがうまく、その残忍さから「クマ」と呼ばれた。一九七八年七月、殺されかけて喉を負傷、のちに回復したものの、三年後、六十八歳で病死した。

山口組は、強固な階級制度に支えられた暴力団である。内部に一一〇のグループを擁し、東京二三区を含む首都圏は別として、日本の全都道府県の八割に拠点をもつ。メンバーは組員と準組員あわせて約三万六三〇〇人。これは日本の犯罪組織の全組員の約四三％にあたる。

本部のある神戸は、日本有数の港街だ。日本のマフィアは、明治以来、港町や沖仲仕たちの組合と関係が深く、往々にしてこの分野で事業を展開してきたケースが多いが（歴史の項を参照のこと）、山口組はその代表格である。

田岡の死後、対立抗争が絶え間なく起こるようになったせいで、勢いに翳りがみえるものの、現在も日本のトップ暴力団である。現在の組長は渡邉芳則。（原注187）

住吉会

山口組に次ぐ勢力を有するのは、東京を中心に東日本に拠点を置く住吉会である。こちらは、山口組より動きが機敏で、権力が分散されているのが特徴だ。

住吉会は、とくにパチンコなどのギャンブル業界で幅を利かせているが、前身が博徒で、稼業がもともと非合法賭博だった点を考えれば、不思議ではない。もちろん他の活動も行なっており、ショービジネス界でのゆすり、大企業に対する恐喝行為（総会屋）、ポルノ、売春、アンフェタミンや武器の密売など、暴力団が従来関わってきた分野を手がける。

組員と準組員はあわせて一万二二〇〇人。日本の暴力団組員全体の約一五％にあたる。総長は堀政夫で、二十年以上にわたり君臨している。

稲川会

三番手は東京を本拠にする稲川会。トップを中心に非常に統制のとれた暴力団で、勢力範囲は一都一道一八県に及ぶ。組員数は、日本の暴力団組員全体の約一一・五％にあたる約九七〇〇人。同会を築いて初代会長となった稲川角二（聖城《せいじょう》）は、石井進（隆匡）に跡目を譲って二代目とし、自らは総裁に退いた。現在、九十歳を越える。

この会の大きな特徴は朝鮮・韓国系の組員が多い点で、全組合員の二〇％を占める。

日本の警察の情報によると、山口組、住吉会、稲川会の暴力団三つで組員数は合わせて八万四四〇〇人。これだけで日本の全組員数の六九％を占める。(原注188)

だが暴力団は他にもある。その一つは、東声会《とうせいかい》から東亜友愛事業組合、東亜友愛、東亜会と名を変えてきた組織だ。しくみやトップの人物が秘密にされていることもあって、よく知られていないが、組員は約八〇〇人、在日朝鮮・韓国人も多く、内部は六つのグループに分かれているらしい。全国の都道府県二〇カ所で勢力を広げ、日本と米国で、主にアンフェタミン取引を中心に活動している。

活動分野

めまぐるしく生活が変化し、常に何かにせきたてられているような日本——そんな社会環境からか、覚醒剤アンフェタミンに手を出す人々が増えている(原注189)。

通常、シャブまたはメッスと言われ、「白いダイヤ(モンド)」の異名も持つこの麻薬の使用者は、国内で約八〇万人。特に増加しているのが未成年層の利用者だ。日本での消費量は一日あたり七〇〇キログラム、小売市場は年間二一億五〇〇〇万ユーロ相当の規模である。もっぱら路上のイラン系移民から手渡しで売られているが、密売の六〇%は暴力団の監視下にある。

コカインと大麻も、日本で興奮剤として長年使われてきたが、こちらも最近、青少年の利用が増えている。

メタンフェタミンとヘロインは、北朝鮮から運ばれてくるのが特徴だ。

二〇〇一年十二月二十二日、海上保安庁の巡視船が、九州南のある島の沖を偵察中に不審な漁船型船舶を発見。威嚇射撃したところ、この船から銃撃を受けた。日本の諜報部によると、この不審船には麻薬が積まれていたようだ。日本のマフィアと北朝鮮の間に数十年に渡って親密な状態にあったのは間違いない。

奇しくも、この事件の数日前の十二月十八日、朝銀東京の元理事長鄭京生《チョンギョンセン》が公金横領と収賄の容疑で告訴されていた。同銀行は、日本に住む北朝鮮人の間で大きな影響力を持ち、ピョンヤンに年間約一五億ユーロを送金していたが、同理事長はその銀行の中心人物だった。日本の当局の調べでは、朝銀はマネーロンダリングを行ない、何億円という金額を北朝鮮に送金していたと見られる。(原注190)

ソウルの雑誌『新東亜』の記者チェ・ヨンジェによると、北朝鮮にとって、中国との密接な関係を生かした「麻薬取引は国家産業の一つ」(原注191)になっているということだ。

高利貸しも暴力団の得意分野だ。

いわゆるサラ金業者は、暴力団関係者であることも多く、執拗な借金の取立てにあって顔をつぶされた債務者の間では、多数の自殺者が出ている(一九八二年時点で二四〇〇人)(原注192)。債務者を自殺に駆りたてる、この「顔をつぶされる」とは、世間に顔向けができないほど恥をかかされることで、一部の日本人には死を思い悩むほどに耐え難いことである。

サラ金の店(認可されているかどうかは別として)は国内に万単位で存在する(四万二〇〇〇～二〇万店)。ここで金を借りると、年利が一〇〇%以上になる時期もあったようだ。

ちなみに一九八〇年代には、暴力団が不法に得た全収益の約三・三%(約一億二五〇〇万ユーロ)がサラ金業からとなっていた。だが、その後、この業界が低迷したわけではない。

二〇〇三年八月十一日、山口組とつながりを持ち、サラ金業界の「帝王」と呼ばれていた梶山進が、出資法違反で日本の警察の特別班に逮捕された。(原注193)「梶山は、一〇〇〇店にのぼる地方のヤミ金組織を使って不法な貸し付け事業を行ない、二〇〇二年には八億ユーロの収益を上げた」と捜査員たちは断言する。レートは非常に高く、取立ては乱暴で、大阪では二〇〇三年六月に、執拗な暴力団の取立てに悩んだ債務者三人が列車に身を投げて自殺している。「梶山は数字に強いうえ、記憶力がよく、相当の切れ者だった」とはあるヤクザの弁だ。「先生」とも呼ばれていた梶山は、過去に、「これからは、ウチの業界も組織経営、企業化を進めなければ、やっていけなくなるだろう」と言っていた。彼の住む世界はまさに、日本の「ヤミ金融」界だった。（原注194）

ゆすり行為も暴力団の収入源だ。バーやレストラン、それからディスコ、サウナ、賭博場、ストリップ劇場など、いわゆる「水商売」の店は、自分たちの売上の八％をみかずき料として、縄張り内のヤクザに支払っている。

さらに日本独特といえるゆすり行為が、企業の株主総会をめぐる恐喝である。こうした稼業についている者は、皮肉を込めて「総会屋」と呼ばれる。総会屋は、全員が全員、暴力団の構成員というわけではないが、調べてみると関わりが指摘されることも多い。

手口は、まずある企業の株を購入し、株主としての立場を利用して企業の内部事情（脱税や労災規定の侵害など）、指導者の私的生活（愛人を囲っているなど）を探り、知り得た情報を「株主総会で暴露すれば進行が妨げられるだろう。黙っていて欲しければ金を支払え」と企業の経営陣を脅すというシンプルなものだ。

もっとも、これとは逆の場合もある。つまり、企業側の戦略や経営方針にたてつく少数派の株主グループがあり、そのせいで株主総会がつつがなく行なえない状態にある企業が、こうした株主を黙らせるため、すすんで金を払って総会屋を利用するケースだ。水俣病という悲惨な公害事件を起こした企業のチッソが、かなりの期間、支障なく経営を行なえたのも、総会屋が裏で動いていたからと言われる。

なお、警察によると、一九九九年〜二〇〇〇年、五〇〇の組織の下に六四〇〇人の総会屋が存在し、年間四億ユーロを得ているとのことだ。

一九九二年に暴対法が施行されるまでの間、日本ではこうした、経済ヤクザといわれる者たちがあちこちで出没した。

組織犯罪の専門家で、以前、警視庁にいた宮脇磊介《らいすけ》は、経済ヤクザの横行について、「日本の大企業や大手銀行の一九八〇年から一九九二年までの会計内容を詳しく調べていくと、必然的に暴力団の存在に行きつく」と述べている。

その後、総会屋の動きは沈静化した。しかし、だからといって暴力団が日本経済に及ぼす影響がかなり弱まったと考えるのは浅はかだろう。「一九九九年に暴力団が得た収益は約二〇〇〇億ユーロで、これは国内総生産の四・五％に相当する」と、アナリストの門倉貴志はいう。一九九一年の七・六％には劣るものの、依然として大きな割合だ。

これ以外に、主要分野となっているのが売春で、中国系の黒社会《ヘイショーホエイ》やフィリピンの犯罪組織と手を組んで東アジア全域で活動を展開している。

中でも一九八〇年代、暴力団は韓国、タイ、フィリピンへの売春ツアーでビジネス感覚を発揮し、驚くべき能率性でことを運んだ。しかし世間の激しい反発を買ってからは、同じ売春でも、女性の人身売買へと移行して隠密に事を進め、やはり暴利をむさぼっている。

首都東京の歓楽街にある売春宿が、昨今、さまざまな国（フィリピン、タイなど）で売られ、日本に連れてこられた女性で溢れ栄えているのはこのためである。それだけに及ばない。顧客の要求に応えるべく、暴力団では、さらにロシアマフィアと手を結んでスラブ系女性を連れてこさせ、東京の各歓楽街（新宿、池袋、上野）で売春させるようにもなっている。

風紀取締り班に所属するある警官はこの状況を、「ロシアの対日輸出で最上位に食い込むのは、鉄砲と女である」と冗談めかして語る。

博徒の長年の本業「賭け事」も、収入源として一般化しており、暴力団の収益全体の一〇％近くを占める。ギャンブルの一部が国営化されたせいで実入りは減ったが、日本人の好きな野球や競輪の賭博による儲けで、それを埋め合わせている。

生命保険で金を得る能力にも長けている。いわゆる「保険金殺人」がそうだ。手口は、暴力団に関わりのある者や借金のある者を脅して強制的に生命保険に加入させ、保険金の払い込み先を暴力団所有の口座に指定した後、相手を殺して金を手に入れるというものだ。件数はそう多くないが、非常にむごい犯罪である。

武器の密売も、重要な経済活動だ。日本では銃器に対し法律で厳しく取締りが行なわれ、武器所持が禁止されているが、暴力団はそれを逆手に取って、国内に武器（主に拳銃）を密輸し売りさばいている。主な調達先は米国だ。武器がかなり自由に取引され、希望にかなう質の武器が見つかりやすいという二点が理由である。とはいえ、近年はウラジオストック経由でロシアからも入ってきている。

他には「別れさせ」というジャンルもある。内縁関係にあるが手を切りたいと思っている夫や妻が、相手のもとに暴力団派遣の異性を近づかせて関係をこじれさせ、別れに持ち込むというもので、前述の宮脇は、これも大半は暴力団が行なっていると見る（原注195）。

それにしても、こうした活動を行なう暴力団は、日本で、一体どのようにして生まれたのであろうか。

歴史、現況

ヤクザという存在は、過去、日本に現われたさまざまな人物の伝説や言い伝えを積み重ねながら、徐々に構築されてきた。なかでも、十八世紀に現われた的屋《てきや》、博徒とのつながりは深い。的屋《てきや》は露天商人のグループ、博徒はプロの賭博師である。

的屋《てきや》の起源ははっきりしている。十八世紀の日本では、世の出来事や宗教的行事に絡んで市が開かれるたびに、露天商人たちが場所を移動して店を出していた。こうした商人たちが互いに身を守り合うために作っていた組織が的屋《てきや》である。

当時から、的屋《てきや》では上下関係がきっちりしていた。下は見習いから一般メンバー、幹部、副首領、首領までランクに分かれ、組織の中に組み込まれた者は、各々行なうべき義務と役割を与えられ、厳しい掟を守らされていた。トップに座す首領はといえば、縄張り内の店と店主を支配下に置き、彼らから定期的に場所の使用料を貰っては、市を開くのに納めるべき金を境内の責任者に払い、その残金を管理していた。

掟に背く者が出れば、罰として、ただちに厳しい制裁を下す他、グループ同士の縄張り争い、あるいは商売がたき同士の揉《も》め事の間に入って問題を解決した。

こうした的屋《てきや》は、世間からは「狡猾《こうかつ》で、時には客をだまして物を売りつける」詐欺まがいの商売人と言われていた。だが、一七三五年〜一九四〇年にいたるまで、その時々の幕府や政府からは、忠義心のある組織として評価されてきた。現に、一時は武士並の地位を得たほどで、立場を向上させるにつれて町の経済を発展させ、店以外に芝居や余興演芸にも手を出し、世間でも、それが当たり前のように受け入れられていった。だが、悪知恵が働くのは相変わらずで、社会の最下層から人を雇う、と抜け目がなかった。(原注196)

では博徒の方はどんな人間が集まっていたのか。賭け事の素養があるかどうかが条件としてさらに加わるものの、雇われるのはやはり的屋《てきや》と同じで、世間のはみだし者だった。

徳川幕府は、この博徒も利用し、大規模な土木工事の際にかなりの高給を出して人を集める一方で、博徒を使って労働者たちに賭け事をさせ、しっかりと金を取り戻していた。

博徒の方とて利用されたばかりではない。幕府が、「江戸の屋敷に大名の妻子を住まわせ、大名に対しては、江戸と領地の間を一年おきに行き来させる」という参勤交代制度を敷いた時代、京都と東京の間を中心に旅行者が行き来するようになると、東海道沿いのあちこちで旅籠《はたご》を開いたりした。

ちなみに、ヤクザの由来に人一倍こだわりを持つ人々は、ヤクザの起源は博徒にあるとする。これはヤクザという言葉が賭け事の「花札」に由来しているからだ。花札を使ったためくりカルタの中に、八、九、三の目が出ると、合わせて二十で無得点となるゲームがある。この数字、八、九、三を続けて言えば「ヤクザ」となる。

当初はプロの賭博師の中で札の呼び名としてしか用いられなかったこの用語が、いつしか賭博師そのものを指すようになり、やがて組織のメンバー全体を表わすようになって、二十世紀に入ると一般に定着した。世界でも最も精巧な犯罪組織と結びつくヤクザという言葉は、もとを正せば博徒の世界の用語だったわけだ。

一八六七年、時代が明治に入ってからも、的屋《てきや》と博徒は活躍のチャンスを逃さなかった。日本はこの時期、産業力を飛躍的に高め、一八九〇年〜一九一四年の間に、生産力は二倍、工場数は三倍になった。政界では国内初の議会が生まれ、政党が登場。軍備強化も進められた。

そんな時勢に乗じて、ヤクザたちは、港湾施設の建設に携わる人夫や沖仲仕たちの労働組合をコントロールするようになり、さらに儲けを狙って、政界にも取り入ったが、これは上手くいった。もともと都合よくお互いを利用し合える立場にあった政界とヤクザは仲を深め、その後も、双方の癒着は長きに渡って続くことになる。

やがて日本政府は中国、韓国、ロシア征服の野望から極右の軍国主義へ傾いていく。そして国が戦争を始めると、右翼はあらゆるものの闇取引に乗り出し、密輸を請け負ってヤクザが儲ける、という形で双方は馴染みになっていった。

この関係は一九四五年、国が敗戦を迎えて虚脱状態に陥った後も、しっかり維持された。

戦争直後、権力の崩壊による国民の虚脱感と闇市の台頭を背景に、まず現われたのは、「愚連隊」という新たなタイプのヤクザだった。愚連隊は主に恐喝を行ない、土木建設市場を牛耳った。やり口は狂暴で、穏便にことを進めようとする政界に対して、必要となれば物理的手段も辞さす、自分たちに都合のよい決定に持っていくべく、「ごり押し」した。

そこにきて、米国が世界情勢を受けて占領政策を急転換させた。もともと米国は、占領下、国粋主義的な政治運動を根絶すべく先導者たちを投獄し、日本を厳しい保護監視下に置いていた（少なくとも占領初期はそうだった）。だがその後、占領軍は大きな政策転換を迫られ、反共主義者や反共主義運動を支持するようになった。軍国主義を掲げたために投獄された右翼たちは、それ以外には理由はなかったということで、一九四九年前後に約二〇万人が釈放された。

米国のこの寛容政策は、ヤクザをのさばらせる結果を招く。果たして、彼らは国家再建に便乗して栄え、自由党と日本民主党が統合して一九五五年に生まれたばかりの自由民主党を中心に、政界と癒着する基盤を作り上げた。当時の司法大臣で、筋金入りの反共主義者だった木村篤太郎(原注197)なども、「東京のアル・カポネ」と呼ばれた尾津喜之助を釈放、日本の闇社会のさらなる発展に一役買った。

いずれにせよ戦中・終戦直後を境に、ヤクザの精神と組織構造は、それまでの時代から大きく変化した。具体的には、①衣類をはじめ生活様式の米国化（短髪、リムジン、派手な服装など）が進み、武士の伝統がなおざりにされるようになり、②経済復興と同時に闇社会が栄え、戦前は小さかった犯罪集団が、戦後、支配力を高め大きくなり、③ヤクザの数が上昇した――とまとめることができるだろう。ちなみにヤクザの数は、一九五八年時点で七万人、「五年後には爆発的に増えて一八万四〇〇〇人となり、五二〇〇の小集団が発生する」と警視庁が推定したほどだ。

戦後のどさくさと社会の堕落を利用して、闇市で幅を利かせたヤクザは、しっかりと先を見越して麻薬や売春、娯楽産業の足場を固め、闇市が消えたあとも、こうした分野を牛耳るようになっていったのである。

だが、飛躍を遂げたヤクザ界はその後、低迷。二十年後の一九八三年、メンバー数は九万八七七一人と落ち込み、組織数も二三三〇になった。その一方で、大手暴力団はかなり力を強め、有力暴力団八組織のメンバーは構成員全体の八%から三二%になった。

二〇〇二年現在、暴力団の構成員数は全部で八万四四〇〇人である。

入会儀式と仁義

日本には、父と子の関係に似た「親分子分の仁義」という概念があり、過去数世紀に渡って社会に浸透してきた。こうした親分子分の関係は、今の日本でもそう違和感はないが、中でも、それを積極的に活かしているのがヤクザの世界である。

西洋でこれに似たものといえば、中世の封建時代における領主と領臣、あるいは手工業や商業の世界における親方と徒弟の関係が浮かぶが、日本独自の仁義の世界とは重ならない部分も多い。両方を足して二で割ったようなものとでもいおうか。

親分と子分の間に生じる仁義とは、まさに、「親」と「子」という言葉が示す通り、「子の立場にある子分は父役の親分に対して忠誠心や服従心を誓う義理を負い、その代わり、親分は、子分に助言や援助を与えたり、子分を守ったりする」という約束事で、ヤクザの世界はこの関係を用いながら組織として団結を強めている。

ヤクザの世界には「たとえカラスが黒くても、親分が白だと言えば、白いと言わねばならない」という言い方がある。また、「他の組織と戦うことになった場合、新入り子分は弾丸のごとく身を投げ打って戦いの前線に立ち、敵の銃や剣の前にはだかる。万一の場合は、親分が犯した罪を代わりにかぶって服役する」ことになっている、とは日本のある犯罪社会学者の弁だ。(原注198) この二つの例は、ヤクザの世界で親分が子分にいかなる権威を持っているかを如実に物語る。

いずれにせよ、このように身を尽くされた親分には、子分が服役したり、死亡したりした場合、家族の面倒を見るという義理ができる。マフィア集団の組員たちは、こうした仁義に支えられながら固く結びついているのだ。

では、こうした仁義の関係は、具体的にどんな風にして生まれるのか。

きっかけは、親子盃という組織の入会儀式である。日本古来の宗教、神道における供物（米、尾頭付の魚、盛り塩）とともに、古式に則って行なわれる儀式だ。ちなみに、神道の頂点に座する天皇は、ヤクザたちにとって、日本という国の永続性を具現化する存在である。

儀式には吉日が選ばれる。取持人（保証人）をはじめ、組織メンバーみなが立ち会う中、親分と新子分は、向き合って互いに盃を交わし、血の契りを結ぶ（こうして「親分のためなら、たとえ火の中水の中」と言われる関係が出来上がる）。

この擬似的な親子関係は、血で結ばれた本当の親子より結びつきが強いとされ、子分は、

＊組織の秘密を決して漏らさない
＊他の組員の妻子に決して暴力を振るわない
＊麻薬に決して溺れない

＊組織を決して裏切らない
＊先輩格の組員に絶対服従を誓う
＊警察や法の力に決して頼らない

といった掟に従うことになる。

子分が裏切り行為や卑怯な振る舞い、または不服従といった形で掟に背いた場合はどうなるのか。その際には、リンチや破門といった制裁が待ち構える（もと博徒界の習慣）。特に破門が決まると、関係各所にその決定が一斉に通知され、他の組、どこへいっても雇ってもらえなくなる。つまり、ヤクザ界から完全に追放されるということだ。これは厳しい。

別の形の制裁、いわゆる「指詰め」という慣習にも触れておくべきだろう。これは、掟に背いた者が、罰として、自ら小指の第一関節から先を刃物で切り落とすというもので、断指によって自らの改悛の情を（あるいは他人から要求された形で）示すとともに、あらためて親分への忠誠を誓う手段となっている。ちなみに、切られた指は、詫びのしるしとして、大切な布に包まれて親分の元へ届けられる。過去に切断された指を、アルコール漬けにして並べ置く暴力団もある。

警察によると、博徒のうち断指経験があるのは、一九七一年時点で全体の四二％、二度行なったことがあるのは全体の一〇％となっている。（原注199）当時、断指が習慣化していたのは稲川会で、組員の三九％が指詰めを行なっていた。ただ、指がないというのは、一般の生活において何かと目立つだけでなく、暴力団関係者である事実まで警察に気付かれやすい。そのため、最近では形成外科を頼って切断部分

にシリコン製の義指をつけ、見た目は普通と変わらぬようにしていることも多い。(原注200)

世界の拠点

暴力団の活動は日本列島以外に広がるが、主だった拠点は太平洋地域に多い。なかでも韓国のギャング団との結びつきは強く、お互いの国に拠点を置きあう間柄にある。その他では台湾、フィリピン、オーストラリア、ニュージーランド、グアム、ハワイ諸島が、かなり前から暴力団の「侵略」を受けている。

が、最大拠点は何といっても米国、とりわけカリフォルニア州だろう。米国には八五万の日本人がいるが、その五分の四がカリフォルニアかハワイに住んでいる。暴力団はこの地域で、昔も今も大きな力を持っている。

一九九四年には山口組幹部がブラジルで逮捕され、中南米に拠点があることも明らかになった。欧州ではドイツ、またロシアのウラジオストックに支部がある。(原注201)

米国

米国では、最近になって、かつての大統領ジョン・F・ケネディとシカゴの大物マフィア、サム・

ジアンカーナ（原注202）との関係が話題になっている。

一九六三年十一月二十三日、ケネディがダラスで暗殺されたのは、大統領がマフィアを「失望」させ、恨みを買ったせいではないかとの疑惑が出ているのである。ケネディの大統領選でマフィアが果たした影響についても、いぶかしい点は少なくない。

ケネディの愛人だったジュディス・エクスナー（原注203）は、一九六〇年三月～六三年一月、彼とジアンカーナとの間を取り持っていたことでも知られる女性だが、彼女によると、フィデル・カストロ暗殺を狙ったケネディは、伝言や資金をジアンカーナへ届けていたらしい。もっともこれは一九七五年九月、彼女自身がすでに言っていたことである。

大統領ケネディとマフィアのジアンカーナが、具体的にどんな関係にあったのか。謎は深まるばかりである。

ひるがえって、最近の米国マフィアの動向を覗いてみよう。

最近（二〇〇〇年六月時点）、ニューヨークの五大マフィアが、インターネットを使って株価操作を行なった事実が、米国の証券監督当局とFBIの捜査で明るみになった（原注204）。同市を舞台としたこの犯行には、マフィアばかりか、ビジネスマン、ブローカー、元警官など、およそ一〇〇名が関わっていた。起訴状によれば、損害額は約五〇〇〇万ユーロに及ぶという。

事件のきっかけは一九九五年。ふとしたことで、DMNキャピタル・インベストメント（比較的小さな投資銀行）のブローカーと親しくなったボナーノ一家とコロンボ一家が、「言うことを聞かぬ者を脅迫する」というマフィアお馴染みの手口を使って力を強め、この会社の経営を操るようになったのが始まりだ。

その後、マフィアは、金鉱を有する企業など、今後儲かりそうに見える企業を架空に作って上場させ、インターネットでその企業のうまみを十分に喧伝しておいてから、株をどっと買い込んでわざと株価を「沸騰」させ、一般の人々が本当に株を買いに走ったところで、株を売ってどこかへ消えていた。こうした銘柄企業がありもしない組織であるのが分かる頃に、買い手が被害者となって残ったというわけだ。

この事件では、ボナーノ一家のリノ、通称「リトル・ロバート」と、コロンボ一家のフランク・パーシコ、アントニー・ストロポールが逮捕された。

実はその三年前にも似たような事件が発覚した。ニューヨークのジェノベーゼ、コロンボ、ガンビーノ、各ファミリーが、他人名義の実体のない企業を作り、未公開株市場やナスダック（店頭株式市場）のしくみを悪用して儲けていたことが、一九九七年初頭に行なわれた捜査で分かったのだ。

脅迫や買収、暴力などを通してある株を買い占め、意図的に株価をつり上げ、株の値段で競合他社を凌ぐようになった頃、その株を高値で転売するというのが手口の一つで[原注205]、こうした話に乗ったがために、あっという間に潰れる企業が出た。検察局によれば、こうした詐欺の被害者は推定約一〇〇〇万人だが、判明しているのは四〇〇万人だけとのことだ。テキサス州では、一挙に五〇万ユーロを失った退職者も出ている。

確かに、こうした株がらみのビジネスは、麻薬密売や売春などより儲けが大きい。ロシアマフィアが既に手をつけていたビジネスに、米国マフィアも進出したわけだ。

とはいえ、どのファミリーも苦戦の色が濃い。一九九六年九月、ジェノベーゼ一家、ガンビーノ一家では、ロシアマフィアに倣ったガソリン税の詐欺で、アントニー・パロンボ、通称「トニー・D」と、ジェナーロ・デッラモニカ、通称「ジミー・スウェット」が逮捕されている。

ルッケーゼ一家では同じ頃、コカインとその派生薬クラック(訳注36)の大型密売で、メンバー四〇人が逮捕された。

また、精神障害があるということで、それまでの二十七年間、投獄を逃れていたジェノベーゼ一家の首領、旧時代のカポ(訳注37)(capo)の一人であるビンセント・ジガンテ、通称「ザ・チン(顎)」は、恐喝罪、殺人共謀罪、それからマフィア結社を組織した罪で、一九九七年七月二十五日、ついに有罪宣告を受けた。

かつて栄華を極めた米国マフィア界だが、現在はなかなか苦境に立たされているわけだ。

これまでの組織犯罪史を振り返っても、ストライプのスーツとアルコールの密売、短機関銃トンプソン(原注206)でお馴染の伝説的マフィア、アル・カポネを凌ぐ首領は、いまだに現われていないとの感が強い。

ちなみに米国マフィアは、シチリアのマフィア同様、「コーサ・ノストラ」と呼ばれる(訳注38)。だがこの二つは、まったく別の組織だ。米国マフィアとシチリアマフィア、双方は似て非なるもので、実際に内部ではつながりはない。その点は、歴史を紐解けば明らかである。

組織編制としくみ、活動分野、参考数値

米国のコーサ・ノストラでは、この三十年、メンバー数が下降の一途を辿っている。一九六五年に三五〇〇人だったのが、一九九六年には一〇〇〇人だ。

もっとも、この数は「名誉を重んじる男」、つまり正式なマフィアメンバーの数に過ぎない。こうした正式メンバーの配下には一〇〜三〇人が動いている。となると、結局は、合わせて一万五〇〇〇〜四万人が活動に関わっている恐れもある。

米国のコーサ・ノストラは、シチリアと同じで、複数の「ファミリー」からなる。機構としてのコーサ・ノストラの基盤は、このファミリーだ。

ファミリーにはカポ（capo）またはボス（boss）と呼ばれる首領がおり、下部組織を率いる幹部たち(訳注39)の統制や収入の管理など、一切を取り仕切る。会計士、財務の専門家、法律家、弁護士など、各分野のスペシャリストを味方に、結果主義、金儲け重視という米国スタイルを徹底し、あらゆる活動を最高レベルで能率よく処理している。

こうしたマフィアファミリーは国内に二五あり(原注207)、独立で活動を行なうニューオリンズ（米国最古）の一家以外の二四のファミリーが、コーサ・ノストラの最高幹部会に参加している。

一九三一年、ラッキー・ルチアーノ(原注208)（本名サルバトーレ・ルカニア）が創設したこの最高幹部会、いわゆる「コミッション（commission）」(訳注40)は、縄張り争いや活動分野の取り合いなど、ファミリー同士の揉《も》め事を仲裁する他、最高機関としての利益創出にも余念がない。「外務省」なるものもあり、イタリ

ア系米国人以外のあらゆる国際犯罪組織とのやりとりは、ここで行なわれる。

コーサ・ノストラの各ファミリーは、これまで法の目をかいくぐりつつ、あらゆるジャンルの犯罪に手を染めてきた。だが、例えば二十世紀初頭は身代金誘拐、一九二〇年代には禁酒法下におけるアルコール密売、一九五〇年代は非合法賭博、最近では麻薬の密売というように、その時代その時代で、基幹ビジネスといえるものを有してきたのが特徴だ。

最近の主な活動は、ゆすり、金融絡みの詐欺、高利貸し、公共工事の落札操作、売春、ポルノだが、中でも労働組合の操作は米国のコーサ・ノストラに特有といえよう。

「労働組合を操作する」というのは、それだけでは非合法活動にはならない。だが、ストライキを行なうとか、生産工程を遅らせるとか言って企業を脅せば、恐喝がしやすくなる。第二次世界大戦中、ニューヨークの港湾労働者をルチアーノが指揮した時にも、(原注209)こうした組合の影響力が悪用された。

マフィアの力が強いのは、ホテル・レストラン業、港湾業、陸運業、建設業、土木工事業、都市のごみ処理業、海上運輸業、ガソリン給油業、娯楽産業、ショー産業、競馬界だ。

彼らがこうした活動をもとに蓄積した資金は、合法企業に投資される。新規会長を選出すべくワシントンで開かれた一九八五年十月のコミッションによると、分野別に見た投資先は、レストラン、食料品、アルコール（二五三）、建設業・土木工事（一三七）、非合法賭博（七八）、ごみ回収業（五八）、娯楽・レジャー、クラブ・ホテル関係（四七）、自動車販売（四一）、菓子（三四）、不動産（一八）、銀行（九）となっている。(原注210)

なお、一九九〇年代初頭におけるコーサ・ノストラの年間売上高は、三〇〇億〜六〇〇億ユーロである。

主なファミリー

米国コーサ・ノストラ史を彩ってきたマフィアファミリーは、全部で二五ある。

本拠は、バッファロー、シカゴ、クリーブランド、デンバー、デトロイト、カンサスシティー、ロサンゼルス、ミルウォーキー、ニューアーク、ニューオリンズ、ニューヨーク、フィラデルフィア、ピッツトン、ピッツバーグ、ロチェスター、セントルイス、サンフランシスコ、サンノゼ、タンパ、ツーソンのいずれかにある。

ラスベガス、アトランティックシティー、マイアミの三都市に本部を置くファミリーはなく、どのファミリーも事業が行なえるようになっているが、活動については「コミッション」が管理する。

例えば一九七七年のラスベガスの場合、既得権をニューヨークマフィアが維持する一方、シカゴのアウトフィット一家が新規に活動の権利を手に入れた。アトランティックシティーの支配権についてはニューヨークの複数のマフィア一家が握った。

もっとも、コミッションから権利を得ても、実際にビジネスが行なえるかどうかは定かではなく、ここ数年は、各ファミリーがその都度直面する状況に左右されている。例えばニューヨークのジェノベーゼ一家は、一九八五年にコミッションからラスベガスでの活動許可を再取得したが、それが法的に許可されるかどうかは曖昧だ。

なお、ニューヨークに本部を置くファミリーは一つだけではなく、一九三一年以降、ボナーノ（原注211）、コロンボ（原注212）、ガンビーノ（原注213）、ジェノベーゼ（原注214）、ルッケーゼ（原注215）の五つのファミリーが共生している。

ボナーノ一家

一九九〇年代は苦境にあったが、その後持ち直した。首領「ビッグ・ジョー」ことジョセフ・マッシモ、副首領「ザ・チーフ」ことサルバトーレ・ビターレとリチャード・カンタレラの二人、相談役アントニー・「T・G」・グラジアノが活動を指揮する。活動分野は恐喝、麻薬密売、ポルノ、労働組合の取締り。

ルッケーゼ一家

一九九〇年代に一度衰退したが、再び力をつけている。元首領ビットリオ・アムソが終身刑を言い渡された後、二〇〇一年にルイス・ダイドネ、通称「ルイ・クロスベイ」が彼を引き継ぎ、「ジョー・C」ことジョセフ・カリーディ、「スティービー・ワンダー」ことスティーブン・クレアが配下を指揮する。活動分野はボナーノ一家と同じ。

コロンボ一家

内部分裂で組織として弱体化し、コミッションから追放処分を受けたが、復活した。二〇〇二年より、首領は「ジョー・ウェーバリー」ことジョエル・ガカチェ、副首領は「ジャッキー」ことジョン・デ・ロスと「トミー・ボップ」ことトミー・ジェオリの二人である。苦境に陥ったにもかかわらず、非合法賭博や売春、建設業者や空輸業者の恐喝、アルコール関連産業など、従来の分野で暗躍している。

ジェノベーゼ一家

ニューヨークマフィアの中でもしっかりしたしくみを持つ組織。規律が大変厳しく、あらゆる点でうまく事を進めているマフィア組織だ。

ビンセント・ジガンテ、通称「ザ・チン」は一九九七年以来、終身刑で服役中だが、依然首領の座にある。副首領は「クワイエト・ドム」ことドミニック・ジリッロ（一九九七年以来）、アーニー・ムスカレラ、「ベニー・エッグ」ことベネロ・マンガーノの三人。

「名誉を重んじる男」は三〇〇人。昔も今も非常に積極的な活動を行なっており、従来のセメント業をはじめ、ごみ処理業、麻薬、ニュージャージーの港や荷役岸壁における恐喝で威力を振るう。

ガンビーノ一家

だんとつの組織力を有し、長年にわたって恐れられ、今でも活発な動きを見せる組織。

セメント業、ガソリンスタンドや港湾設備関連企業の恐喝、ごみ回収業、麻薬、ポルノ、高利貸し、非合法賭博で暗躍。

かの有名なジョン・ゴッティ(原注216)はこの一家の首領で、一九九二年に無期懲役を言い渡された。その判決の決め手となったのは、かつてゴッティの右腕だった「ザ・ブル」ことサミー・グラバノが、生前に残した供述だった。ちなみにそのグラバノは、スプリングフィールド刑務所付属の病院にて、喉頭ガンで死亡している。

首領の座はその後、「ゼケ」ことアーノルド・スクイティエリに移り、「ジョー」ことジュゼッペ・アーキュリ、「スティーブン・クーガン」ことスティーブン・グラマウタ、「ジョジョ」ことジョセフ・コロッツォが彼を支える。

ニューヨークのマフィア組織は、特に次の二分野で、長い間、力を振るってきた。

セメント業

ジェノベーゼ一家とガンビーノ一家は、一九八〇年代、工事の建設を請け負う建設業者に対し、ストライキを起こしたり、セメント業界につきものの故障事故の「危険」を強調したり、「建設の完成期限や条件を守れないよう仕向けて破産に追い込む」と脅したりしてゆするなど、工事現場にいたるまで力を振るった。

こうした恐喝は今も行なわれているが、入念な計画をもとに、暴力、施設の破壊、現場の妨害、組合や労働者斡旋《あっせん》所の操作、贈賄などを駆使して行なわれるため、狙われた請負業者は手も足も出ない。

マフィアファミリーは、自分たちの活動を通して利益を得る企業をゆする他（彼らから利益のうち一定の割合をせしめる）、「同じように恩恵を受けたければ金を支払え」と、他の企業まで繰り返しゆすっている。結果、入札をめぐり、これまで彼らの懐に入った額は二〇〇万ユーロ以上におよぶ。

ごみ回収業

ごみ回収業者がストライキを起こせば、大都市の至るところで、たちまちごみの山が出来て困ったことになる。

ニューヨークの街では、事務所や工場、売店、レストランなど、さまざまな場所から、毎日二万五〇〇〇トンのごみが、民間企業を通して回収されるが、コーサ・ノストラは、「大ニューヨーク物品除去協会」という団体を仕切って、ごみ収拾業者の労働組合とつるんだ上、地域の議員を収賄して、この業界の一角を支配している。（原注217）

ロサンゼルスのごみ回収業者は、一立方メートルあたり一三ユーロ弱を貰っているが、ニューヨークでは、その額がなんと四・五倍になる。（原注218）この街のマフィアファミリーが、かなりよい思いをしているのがわかる。

シカゴには、一九二〇年～三〇年代に名を馳せたアウトフィット（Outfit）（原注219）というマフィア一家があり、今でも、赤ん坊のオムツから葬儀屋まで、街のありとあらゆる経済活動を支配している。

アウトフィットには、下部組織がそれぞれ独立して活動を行なうという独特のしくみがある。こうした下部組織は、新メンバーを自由に採用・育成でき、活動分野も、組織トップの許可なく自分たちで複数選ぶことができる。各班に厳密な縄張りはなく、他の班の活動を妨害しないのであれば、通常の活動範囲を越えた場で犯罪が行なえる。

さらに、①構成員が組織から毎月報酬をもらい（これは、各班の利益がしっかり組織に行き渡っているということだろう）、②主にミルウォーキー、カンサスシティー、フェニックス、ロサンゼルスのファミリーに力をもち、ラスベガスでも大部分の活動を牛耳る、という二点の大きな特徴がある。

首領の座には、アントニー・アッカルド（原注220）、通称「ジョー・バッターズ」が長く君臨したが、現在（二〇〇二〜二〇〇三年）は、「ピエロのジョーイ」ことジョセフ・ロンバルド、「鼻なし」ことジョン・ディフロンツォ、「建築屋」ことジョー・アンドリアッキ、「ジミー・ザ・マン」ことジェームス・マルチェロが仕切っている。

クリーブランドのファミリーは、かつて、非合法賭博と地元の組合機関をあっという間に手中に収めたが、昨今は取締り強化を受けて組織力が低下、すでに消滅したとも言われる。

カンサスシティーのファミリーは、ヒエラルヒーがあって規律が厳しく、活動が細分化されてなかなか人目につかない。組織は縄張りにやかましく、トップがあらゆることを決定する。収入は首領に吸い取られるしくみだ。一家の首領はアントニー・トマス・チベッラである。

ニューアーク（ニュージャージー州北部）のデカバルカンテ一家は、一時の苦境を脱出した。首領は「ジョン・ザ・イーグル」こと、ジョバンニ・リッジだ。

フィラデルフィア（ペンシルバニア州）のファミリーは、かつて「リトル・ニック」ことニコデモ・スカルフォ率いる一味と、ジョン・スタンファ一味との間で抗争が生じ停滞したが、今は活気を取り戻している。(原注221)現在、トップに立つのは「アンクル・ジョー」ことジョセフ・リガンビ（一九九九年以降）で、スティーブ・マッツォーネ、「ジョーイ・ムージー」ことジョセフ・マッシミーノ、ジョージ・ボゲージが彼を支える。

ニューオリンズのファミリーは、米国最古のマフィア一家。「コミッション」の監督や決定事項に反発し、彼らとは交わらない形で、独立して活動を行なってきた。最近も、首領アントニー・カロッロのもと、相変わらず盛んに活動を行ない、アルコール関連産業、レストラン業、建設業、土木工事業の他、宝石店などで得た利益を、合法企業を使ってマネーロンダリングしているらしい。

セントルイスのファミリーは弱体化しているようだ。

歴史

一八二〇〜一九三〇年、米国へ渡ったイタリア人は四〇〇〇万人。一九〇〇〜一〇年には、イタリア系移民二五〇〇万人のうち八〇％が、南部出身だった。

彼らは、東部大都市の同じ通りや建物に、同じ地方や村の者、親戚でかたまって住むことが多く、やがて「小型イタリア」、いわゆるリトル・イタリーと呼ばれる地域を形成した。(原注222)移民たちはこうした場所で、母国さながらの温かさと安心感に包まれ、イタリア語を話して暮らすことができた。

だが、そのせいで、アメリカに同化するきっかけを失う者も現われ、外の世界とコンタクトする場合には、英語が話せるイタリア人を頼んで意思疎通を図らねばならなくなった。

こうした移民と米国社会の媒介者となったのが、いわゆるパドローネ（padrone）(訳注41)で、やがて、シチリアの中間借地人「ガベロット」（二一二頁参照）さながらの勢力を持つようになる。

マフィアが、本当の移民にまぎれ、今のシチリア州やカラブリア州、カンパーニア州にあたる地方から、米国へやってきていたのだろうか。そう考えるのは、行き過ぎだろう。移民のほとんどは、いつか母国に戻ると固い決心をしてイタリアを出てきた者たちであり(原注223)、米国でマフィアの拠点を作ろうというような考えをめぐらす余裕はなかったはずである。

とはいえ、移民たちが、イタリア南部の「マフィアに通じる粗野な精神」(原注224)を、意図せぬままに、米国に持ち込んだのは確かだ。でなければ、パドローネのような存在が生まれ、力を振るうことはなかっただろう。

それはともかく、米国へのイタリア移民の波は、アイルランド人、ユダヤ人、ドイツ人たちの後に訪れ、いろんな意味で彼らに先を越されることが多かった。それだけに、遅れを取り戻して恵まれた地位につこうと、暴力に訴える者もいたようだ。

十九世紀末、「マーノ・ネーラ」（黒い手）と呼ばれるマフィア組織が誕生し、ゆすり、賭博の管理、あらゆる製品の密売（麻薬も含む）や殺人を行ない、イタリア系移民を支配するようになった背景には、こうした経緯がある。シカゴでいくつか酒場を経営していたモン・テンネス(原注225)、それから、やはりシカゴで売春を斡旋《あっせん》し賭博王として闇社会で鳴らしたビッグ・ジム・コロシモ(原注226)が、その代表例だ。

やがて一九一九年、ボルステッド法が可決され、アルコールの生産、販売、運搬、輸入、輸出が米国全土で禁止される時代がやってくる。だが意外なことに、アルコールの「消費」は、禁止項目からはずれていた。

そこに目をつけたギャング団(原注227)は、絶好の機会とばかりに、カナダのテールヌーブやサンピエール・ミクロン経由で、密輸入者からアルコールを仕入れてもぐり酒場を経営し、知恵を絞って「禁酒法時代」を巧妙に乗り切った。アルフォンス・カポネ、通称「アル・カポネ」(または顔の傷跡から「スカーフェイス」の名もある)、コロシモ、ジョン・トリオ(原注228)、フランク・コステロは、この時代を席巻したイタリア系マフィアである。

もっとも一九二〇年代、ギャング行為を行なったのは、イタリア系マフィアだけではない。彼らは、アルコールの密輸をめぐり、まずユダヤ系組織と、その後はアイルランド系組織と争った。ジョージ・モラン(原注229)、オドンネル兄弟(原注230)、マイヤー・ランスキー(原注231)、ベンジャミン・シーゲル(原注232)は、当時のイタリア系マフィアが戦った敵の一部だ。

当時、アルコールを通して得られる儲けは莫大だった。その利権は何としても手に入れるべきと、一番やっきになったのがイタリア系ギャング団だったわけで、こうして何度も抗争を繰り広げながらシカゴでの密売を牛耳るようになったのが、カポネだった(原注233)。

一九三〇年に入ると、ギャング界では、従来のやり方を押し通そうとする古参と、それに反発する新世代の間で、暴力を通じた組織再編成が起こった(訳注42)。

それまでずっと、ウニオーネ・シチリアーナ(Unione Siciliana)のメンバーたちは、「名誉を重んじる男」としての威信が傷つくといって、麻薬や売春の活動への参入を断固反対してきた。が、ジュゼッペ・マッセリア(原注234)など若手のマフィアは、その姿勢に辟易し、年配「口ひげのピート」の抹殺を決める。こうして起こったのがカスタラマーレ戦争(原注235)だ。古参勢が敗れた後、若手の間で新たに首領の地位をめぐって生じた抗争を含め、期間は数カ月と、短くも激しい争いが繰り広げられたが、一九三一年にマッセリアが自分の組織のナンバー2の手に落ち(原注236)、それからほどなく、マッセリアと対立していたサルバトーレ・マランツァノ(原注237・訳注43)も殺されて、戦いに終止符が打たれた。

結局、双方の殺人を誘導して有利な立場を獲得、あっという間にのし上がったのがラッキー・ルチアーノで、その後も、時の経済や政治にうまく順応しながら、コーサ・ノストラ界で幅を利かせるようになる。

それにしても、こうした再編成が生じたきっかけは何だったのか。

一九二九年に大恐慌が訪れ、その後、修正憲法の二十一条（一九三三年）をもって「禁酒法時代」が終わりを告げた点は大きい。

この二つの出来事に直面したギャング団は、アルコール以外に新たな収入源を探さざるをえなくなった。その結果、彼らは、古くからの活動に加え、新たにカジノでスロットマシン(原注238)を導入、コールガールのネットワークづくりや労働組合（港湾業や運送業）の恐喝や麻薬密売にも手をつけるようになった。

と、それと歩調を合わせ、ギャング団同士の関係にも質的変化が起こり、かつてのような、組織の違う人間同士のつきあいは二の次になって、ファミリーや地元とのつながりが重視されていったわけである。

それはまた、何よりも金儲けに力を注ぐという、(原注239) 米国化したギャングの誕生でもあった。イタリア系マフィアが、時の経過の中で米国文化を受容していったことの表れだろう。大恐慌と禁酒法時代の終焉が、彼らの体質を大きく変えたのだ。

さらに、移民二世が学業を収め、裁判官、弁護士、警官、検察官など、責任ある地位につくという現象も起こった。これはマフィアの活動に好都合に働き、彼らはそれまで以上に政治家に近づき、買収行為を日常化させていくようになる。

こうした中で、将来を見越したルチアーノは、社交界や世の実力界に金を投資し、ゴルフに興じたり競馬場に通ったりして顔を広め、一九二九年のニューヨーク州知事選で民主党員のアル・スミスを支持した。(原注240)

ハバナの独裁者バティスタと取決めを結び、スイスの口座に毎年三〇〇万ドルを振り込む代わりに、現地で自由に事業を行なう権利を手に入れたマイヤー・ランスキーは、その後、ルチアーノと一緒にハバナに乗り込んで巨大なカジノを作り、この地を金持ち米国人の格好の保養地にした。マフィアは、それまでにないやり方で勢力を伸ばしていったのである。

さらに、ルチアーノの依頼でラスベガスのカジノ建設に着手したのが、バグジー・シーゲルだ。バグジーは、社交界をリードすべく、ハリウッドに娯楽産業を築いて積極的に投資を進める一方、俳優組合や技術者組合を操り、「大切な時期にストライキを決行し、経営を妨害する」などといって、大手の映画会社を恐喝した。この時期に北米のコーサ・ノストラが敷いた体制は、今なお健在だ。

ギャングたちは、次第に図に乗るようになったが、新しく選ばれた大統領（一九三三年）フランクリン・デラノ・ルーズベルトは、彼らの振舞いが度を越さないよう望んだ。そんな中でT・E・デユーイ検事は、売春業をめぐってルチアーノを起訴。一九三六年六月十八日、三十年から五十年にわたる刑を宣告した。

しかし、米国が戦争に突入し、欧州での対戦に必要な軍備を港から運び出すという段になって、政府はマフィアに断固とした態度が取れなくなってしまう。

港の監視をうまく行なおうと思えば、港湾労働者の手をどうしても借りなければならない。だが相手はマフィアの支配下にあった。ルチアーノの下僕として、港湾労働者組合で幅を利かせていたフランク・コステロやアルバート・アナスタシアが、「そちらさんの活動をうまくやりたければ、こちらの首領と前もって話し合いをしておくのが身のため」と当局に強く出たのは、こういうわけである。

一九四二年二月九日、フランス商船ノルマンディーが軍備目的で運行中に破壊され放火されたの(原注241)も、この辺と関係があるかもしれない。当時、埠頭の監視にあたっていたのは、ルチアーノの配下にある港湾労働者たちだった。

その後、国の防衛に「協力」したルチアーノは、シチリアへの連合軍の上陸作戦(一九四三年)に協力した見返りとして、一九四六年に釈放され、国外追放となってシチリアへ戻ったが、そこで、すでに時代がかっていたマフィアに筋金入りの犯罪学を吹き込み、組織を再生させた。

若い娘が大好きで、喜劇役者とバニラのアイスクリームに目のない単純な男、ルチアーノにはそうした一面もある。だが、傑出した犯罪者として、三十年にわたって米国マフィアを統率し、母国に戻ってからはイタリアのマフィアを刷新した人物でもあった。

ルチアーノは一九六三年七月二十七日、心臓発作で死んだ。（原注242）

現況

コーサ・ノストラのファミリーの多くは、停滞期にある。なかでも大手ファミリーの有様は、米国のマフィアの凋落を告げているかのように見える。なるほど、メンバー数は減り、首領たちも相次いで投獄されている。中にはかなり服役期間が長い者もいる。マフィアから足を洗う者も多いし、彼らの証言が組織の首領たちに打撃を与えているのも確かだ。

だがマフィアは、物事がうまく行かなくなったときにこそ団結し、順応力を見せる。その点は、ゆめゆめ忘れてはならない。

ニューヨークのマフィアファミリーは地下活動を強化し、警察の尾行をうまく巻き、コード名を使いながらに見えないところで力をつけている――そう考えた方がよさそうだ。

興味深いことに、彼らは昨今、新メンバーの採用に積極的だ。特に最近は、米国社会に同化した新しいタイプのイタリア系米国人が、何らかの理由で求められているらしい。彼らの活動が活気づいているのは確かだ。

グザビエ・ロフェル著の『Le grand réveil des mafiass（マフィアたちの大覚醒）（原注243）』を読むと、北米マフィアが今後も暗躍する危険を秘めているのがわかる。同書は、ポルノ業界、賭博業界、労働組合、ウォール街の周辺で殺人事件が起こり続けていることから、マフィアファミリーが健在であると指摘する。

人類学者メアリー・ダグラスが言うように「しくみがしっかりした組織ほど、目には見えない」ものなのだ。

イタリア

イタリア半島には、昔から犯罪を際立って首尾よく運ぶシンジケートがいくつかあり、「マフィア」の名で呼ばれてきた。と同時にこの地は、世界のあらゆる組織犯罪をまとめて言う時に今やお馴染の用語、「マフィア」発祥の地でもある。

言わば、「イタリアマフィア」と言うときの狭義の「マフィア」と、犯罪組織の一形態の呼称としての広義の「マフィア」の意味が重なり合う場所だ。

だが、そもそもこの言葉は何に由来し、どんな意味で使われていたのだろうか。

まず何より、マフィアという言葉がシチリア生まれであり、この土地のあり方と深く結びついた言葉である点を思い出す必要がある。

シチリアでは、マフィアという言葉が、この島特有の文化を反映した形で使われる。もちろんこの土地でも、犯罪集団コーサ・ノストラは一般に「マフィア」と呼ばれる。だがシチリア人にとって「マフィアとは、生き方、感じ方、行動の仕方を示すときに使われる」（原注244）言葉でもあり、単に犯罪組織の名称を越えた、より広い意味を持つ。また、シチリア島で使われる「マフィア」には、優雅で粋で、品のある美しいもの、という意味合いもある。例えば街角ですれ違った美しい娘を形容する時にも使われる。

マフィアという語がこのように一般的に「完璧」を意味し甘美な意味合いも備えている事実は、私たちが想像する以上に影響が大きく、そのせいで「マフィア」に含まれる他の意味までないがしろにされかねないくらいだ。「マフィア」という言葉の解釈が難しいのは、美と悪の両方の意味が含まれるという、このような微妙なニュアンスがあるからかもしれない。

ところで、シチリアでのこうした用法を抜きにしても、「マフィア」という言葉については過去、学問的にさまざまな説が出て議論が戦わされてきた。その主なものを見てみよう。

＊　トスカーナ地方で「貧困」を意味するmaffiaを由来とする説。ただし、シチリアではこのような綴りは用いない。

＊　どこかの土地名とする説。

＊　シチリア島が、ムーア人あるいはサラセン人に侵略された時代に生まれた、アラブ語源の言葉とする説。

彼らが地元住民の激しい抵抗にあって、洞窟（アラブ語で magtaa）に避難せざるを得なかった事実や、mu-afy（「夜の間に訪れる死」から身を守るアラブ語の呪文）、や mu-afah（弱き者たちの保護）といった表現が由来とされる。

＊「Morte Alla Francia Italia Anela（フランス人を殺せ、これがイタリア人の叫び）」を折り句とし、各語の頭文字を取ったとする説。このフレーズは一二八二年、いわゆる「シチリアの晩鐘事件」で暴動の際に叫ばれた。

他には、一八六〇年にマッツィーニが創設したシチリアの抵抗運動グループの誓い、「Mazzini Autorizza Furti, Incendi, Avvelenamenti（マッツィーニが負傷、火事、中毒を許可する）」の各語の頭文字を取ったという説もある。

＊右記以外にもさまざまな人間がいろいろな説を唱えてきたが、その由来はいまだ明らかではない。ここでは一八四一年、パレルモに生まれ、一九一六年に亡くなったイタリアの民俗学者ジュゼッペ・ピトレの解釈を挙げておこう。

彼によれば、マフィアは、「個の力を基盤とする極端な考えに支えられ、あらゆる意見の対立や利害紛争、考えを裁く特異な存在で、一切の権威に対して刃向かう」（原注245）存在と定義されている。

ピトレはまた、こんなことも言っている。「マフィアとは、政治的なセクトではなく結社でもなく、規則も規約もない。ある人間が、果敢さ、大胆さ、力の行使に重きを置いている、という点が垣間見られるなら、そこにはマフィアらしさがあるといえる。マフィアは泥棒でも盗賊でもない。ただ単に、豪傑で、他人に踏みつけられたままではすませない存在なのだ。この意味で、マフィアであるということは、人間として必要なこと、ほとんど不可欠なことといえる。マフィアとはどう生きるかについての意識の持ち方であり、個人の力をぎりぎりまで尽くすという考え方であり、あらゆる争いに対する唯一の裁定法である」(原注246)。

シチリア人は、自分たちを特別な存在、自分だけでやっていける存在と意識している――彼のこの定義は、そうしたシチリア独自の意味での「マフィア」を見事に表わしている。

こうした態度は、ひいては、一般社会とは異なる集団に身を置くこと、ある思想や行動を貫くことをよしとする姿勢にも結びつく。マフィアの一員によく見られる姿勢だ。だがイタリアのマフィアとは、なにもシチリアのコーサ・ノストラだけではない。

そこで、ここからは主要機構の四つ、シチリア州のコーサ・ノストラ、カンパーニア州のカモッラ、カラブリア州のヌドランゲタ、プッリャ州のサクラ・コローナ・ウニータを順に見ていくことにしよう。

シチリアのコーサ・ノストラ(原注247・訳注44)

一九九三年に首領サルバトーレ・リイナ(訳注45)が逮捕されて以来、パレルモ県コルレオーネのマフィア一家では、改悛者が続出した。

まず、一九九六年五月に逮捕されたジョバンニ・ブルスカ(原注248)が挙げられる。残虐な性格と黒い目から「種豚」と呼ばれた幹部(訳注46)だ。

品位ある物腰で「ウ・シグヌリヌ」(小紳士)と呼ばれ、リイナ逮捕後、ナンバー2として組織を引っ張ってきたピエトロ・アグレリもそうだ。

アグレリは、一九九七年六月六日の金曜日、パレルモ近郊で逮捕されたが、警察が驚いたことに、刑務所に入った彼は、「私はキリスト教徒として、神の前で改悛した」と言って、何時間もひざまずいて祈り続けた。そもそもアグレリは神学校出身で敬虔深く、過去、宗教関係の著作もあり、逮捕時もバゲリアの小さな礼拝堂に隠れていた。だが、スコペリッティとキンニッチ、二人の判事を含む殺人事件を指揮した容疑、または主犯の容疑もあっただけに、その改悛姿は滑稽さがぬぐえなかった。

二〇〇二年四月十六日には、別の幹部アントニーノ・ジュフレ(原注249)、通称マヌッツァ(「手」)がパレルモ近郊ロッカパルンバの農家に隠れていたところ、憲兵隊に逮捕された。ジョバンニ・ファルコーネ判事とパオロ・ボルセッリーノ判事の暗殺に関わったジュフレ(訳注47)は、その後、法廷への出頭を一度拒否した。

だが、逮捕から二カ月後の二〇〇二年六月十二日、ローマ法王がピオ神父(訳注48)を聖列に加えたその日に、司法当局への協力を決める。テレビで放映されたこの聖化の映像が、それまで「冷血で悪賢く、裏切りは決して許さない」と評されてきたこの男の「良心を揺さぶった」のだった。

改悛者の証言の信憑性についてはこれまで問題も生じ、イタリアで大いに論議を呼んできた。例えば、九三年のリイナ逮捕に協力し、パレルモでの裁判でも重要参考人となったバルドゥッチョ・ディマジオ（リイナ率いるコルレオーネの一家のメンバー）という改悛者をめぐる一連の出来事がそうだ。ディマジオの証言は検察局から十分に信頼できると捉えられていた。だが彼は、随分後になって、一九九八年に起こったライバル一味のジョバンニ・カフリ殺害に関わったと告白。司法協力制度は裏切られる形となったが、ディマジオは既に司法協力者の立場にあったおかげで、身柄を保護された。

これを知った政治家の一部は、「イタリア社会を蝕んでいるのは、司法の方だ」と言って判事や検事を非難。大論争の末、司法協力体制を改正する法律が施行され、情報は、段階的にではなく一度に提供することが、改悛者に義務付けられるようになった。

それはともかく、コーサ・ノストラからはその後も改悛者が現われ、イタリア元首相ジュリオ・アンドレオッティ（原注250）など、疑惑の政治家たちの裁判で、次々、爆弾発言を行なっていった。

例えば、マフィア結社所属の疑いが生じたマルチェッロ・デッルートリ議員（原注251・訳注49）の裁判で、二〇〇三年一月初め、ビデオ証言に登場した前述の改悛者ジュフレは、「一九七〇年代、シルビオ・ベルルスコーニ（原注252）は、ビットリオ・マンガーノという男を馬丁として雇ったのを機に、コーサ・ノストラのあるボスと親しくつきあうようになった」と語った（原注253）。

この「あるボス」とは、パレルモのサンタマリア・デイ・ジェズ地区を牛耳るファミリーの首領ステファノ・ボンターデ（訳注50）のことで、彼はマンガーノに会う振りをしてベルルスコーニに会っていたという。

ジュフレはまた、「一九九四年と二〇〇一年の総選挙で、コーサ・ノストラが、フォルツァ・イタリア（ベルルスコーニとデッルートリが所属する政党）に投票する代わり、デッルートリがマフィアに都合のよい政策を推し進めるという取引が、コーサ・ノストラとデッルートリ議員の間で結ばれた」とも証言。

この証言は、政治家たちの自己防衛策を呼び、その後、同件担当の検事二人が、「ジュフレに証言を続けさせるなら、更迭もやむなし」と脅迫されている。

もちろん、改悛者が続々現われているからといって、マフィアと政治家の癒着がなくなったわけではない。

例えば二〇〇一年十二月十九日、地元マフィアの首領で弁護士のラッファエーレ・ベビラックアとシチリア州議会の副議長ウラディミロ・クリサファリの極秘の会合(原注254)が、図らずも二十二分にわたってビデオに収録され(一七頁参照)、政治家とマフィアとの力関係では政治家が優位に立っている事実を、まざまざと見せつけた。

一九九五年の秋に始まった前述のアンドレオッティ裁判は、「政治家とマフィアの癒着」をめぐる裁判の最たるものだろう。

キリスト教民主党の党首で、イタリア首相を七回つとめて今や終身上院議員、四十五年にわたって政界を牛耳ってきたアンドレオッティが、ジャンカルロ・カゼッリ検事のもと、マフィア組織との関係についてパレルモの裁判所で裁かれた始めた一件だ。

この裁判で特に追及されたのは、アンドレオッティが一九八七年、当時逃走中で、イタリア警察が血眼になって探していたリイナと会っていた点、またリイナとの間でマフィア式接吻が交わされた点だ。

それをめぐり、検事が訴追の根拠としたのが改悛者の自供だった。

一九九七年七月末、トマーゾ・ブシェッタ（訳注51）（パレルモ市ポルタ・ヌオーバのファミリーに所属）、ジョバンニ・ブルスカ（コルレオーネのファミリーに所属）は証言者の役を務めている。（原注255）「影ですべてを仕切り、すべてを操っていたのはジュリオ・アンドレオッティだ。彼こそ、マフィアの名に相応しい行動をやっていた。（中略）キリスト教民主党の中心にいるアンドレオッティ派とコーサ・ノストラはきわめて深い関係にあり、マフィアは、選挙票を操作するばかりか、アンドレオッティの政敵の抹消にも加担した」――アンドレオッティとマフィアとの関係を調整していたブルスカはこう述べている。

アンドレオッティは一九九九年十月二十三日、パレルモ地裁から無罪を言い渡され、検察局がその後、控訴。だがパレルモの控訴院は、二〇〇三年五月二日、第一審の判決を支持して再び無罪判決を下し、裁判に終止符が打たれた。イタリアでは、安堵の声が漏れた。「国が、何十年もマフィアとじっこんの人間に治められていたなんてことになれば、大変なところだった」ということだろう。

とはいえ、この一件は、アンドレオッティにとって、ジャーナリストのミーノ・ペコレッリ暗殺事件でまた別の追及を呼ぶきっかけとなった。

ペコレッリとは、ある政治家を調査していた矢先、一九七九年四月二十日にローマで殺害されたジャーナリストである。その殺害容疑で、ミケランジェロ・ラ・バルベーラとマッシモ・カルミナティが、ペルージャで裁かれたが、この時もやはり、マフィア界から改悛したブシェッタが証言者となって、アンドレオッティを糾弾したのだ。

先の裁判とは違い、アンドレオッティは、この裁判に一九九六年四月まで振り回され、三年半の裁判の末、一九九九年九月二十四日にようやくペルージャで無罪放免となる。その後、ペルージャ重罪控訴院は、検察局の上訴を受けて裁判を再開、二〇〇二年十一月十七日、アンドレオッティと、パレルモ近郊チーニシを本拠とするファミリーの首領ガエターノ・バダラメンティに二十四年の禁錮刑を言い渡し、それ以外の被告を軒並み逮捕した。だが、有罪宣告を受けたアンドレオッティは上訴し、二〇〇三年十一月に結局、無罪判決を勝ち取っている。

改悛者の登場にめげず、しぶとく生き続けているのはコーサ・ノストラも同じだ。

コルレオーネの一家を継ぎ、コーサ・ノストラの「首領の中の首領」とされる大物ベルナルド・プロベンツァーノ(訳注52)も、依然うまく逃げおおせている。

考えてみれば、彼が消えたのは一九六三年九月十八日、コルレオーネの憲兵隊が、前代未聞の「発見不可能」を宣言して以来のこと。あれから、かなりの年月が経っている。生きていれば七十歳前後(二〇〇三年現在)になるが、最近の姿を見たものはおらず、警察の捜索資料をもとに、五九年に合成されたかなり古いモンタージュ写真だけが頼りだ。

二〇〇三年十月初め、プロベンツァーノをかくまった容疑で、同じ一家のサルバトーレ・シアラバが逮捕されたように、イタリア当局の懸命な捜索が少しずつマフィア組織を追い詰めているのは確かである。

だが、改悛者や逮捕者となったメンバーの裏切りから機構の内部を暴露されているコーサ・ノストラの方も、大改革を行ない、下部組織単位で体制を強化している。そのため、警察が組織に潜入する作業はたいへん難しくなっており、この手の活動で何より大切な諜報活動で手を焼いている。司法官たちは、こうしたコーサ・ノストラの新体制を「スーパーマフィア」と称する。

では、コーサ・ノストラのしくみはどうなっているのだろうか。

組織編制としくみ

コーサ・ノストラの基本組織はファミリー（コスカ）だが、その役割については、しっかりと紙幅を割いて解説しておくべきだろう。彼らのいわゆる「ファミリー」が、血でつながった人間の集まり、「家族」という概念をある程度カバーしつつ、その枠を超えた組織になっているからだ。

そもそもシチリア文化では、長きにわたって、家族という形態が重視されてきた。悪党の存在をはじめ、外の世界は敵に満ちている。そんな中で自分の身を守ろうとする時、最も基本になるのは家族である。家族なら、赤の他人とは違って、裏切り者が出る心配も少ない。

コーサ・ノストラの各コスカは、シチリア文化が重視する、こうした純粋な「家族」のつながりをコアに置きつつ、年月とともに規模を広げ、他人を含む擬似家族を作りながら生き延びてきたのだ。

ちなみに昨今のコスカは、一つの円を、さらに大きな円、またさらに大きな円が囲むという三重構造になっている。（原注256）

(1)　ファミリーの心臓部にあたる一番中心の円には、首領やその側近、幹部といった、厳密な意味での「名誉を重んじる男（uomo d'onore）」、つまり正式な儀式を通じて組織に入会したメンバーが座す。

とはいえ、この世界では若さよりも経験が重視されるため、この円に含まれるメンバーはいたって少ない。

リイナがコルレオーネの一家を率いていた時代、組織内部では、平均六十歳の「名誉を重んじる男」たち四〇人ばかりがこの円を構成していたと言われる。

ちなみに、トラパニの街の場合、近郊を含めて、あわせて一一のコスカがあるが、「名誉を重んじる男」は、全部で一二三人しかいない。

(2) それを取り囲む円には、正式メンバーと親しい間柄にある者たちが含まれる。彼らの忠実さは御墨付で、「名誉を重んじる男」の信頼は厚い。

(3) さらにそれを取り囲む一番外の円には、特定分野での力量を見込まれて正式メンバーと「戦略的同盟関係」にあり、必要に応じて雇われ、大小の犯罪行為を実際に行なう勢力グループや個人が含まれる。彼らの立場はファミリーの中核からかなり遠い。マフィアの正式メンバーになれる見込みはなく、顔ぶれも頻繁に入れ替わる。

こうしたファミリーのメンバー数を正確に把握するのは、極めて難しい。マフィアから足を洗った

ファミリーの首領（カポ）または代表（ラップレゼンタンテ）
副首領（ビーチェカポ）
相談役（コンシリーエ）
幹部（カポデチーナ）—幹部—幹部
兵士（ソルダーティ）—兵士—兵士—兵士—兵士—兵士—兵士

者たちの語る情報は細切れで、全体をはっきりつかめるまでには至らないからだ。さらに昨今は、各ファミリーが状況に合わせて組織をかなりスリム化し、中核だけでひっそり事を運んでいるという事情もある。

一九九三年以来、数々の摘発を受けてきたコーサ・ノストラは、機構をスリム化している。警察に寝返る者が出て（原注257）内部の情報を漏らし、機構として弱まるのを避けるとともに、外部からの侵入者を防ぐための策だ。

では、コーサ・ノストラは具体的にどのような体制にあるのかといえば、上から下まで非常に厳しいヒエラルヒーで支えられている。

まず、コスカ（ファミリー）の内部構成は上表のようになる。

さらに複数のファミリーの中から、地区レベル、県レベル、州レベルで、代表が選ばれる（原注258）（一九七頁の表）。

このようにかっちりとした機構に支えられたコーサ・ノストラの内部には、厳格なヒエラルヒーと、服従の掟が行きわたっている。

コーサ・ノストラの最高決定機関は、コミッショーネ（委員会）（訳注53）だ。

残忍さで知られたコルレオーネの一家がコーサ・ノストラを席巻した一九八〇

州委員会（コミッショーネ・インテルプロビンチャーレ）
県委員会（コミッショーネ・プロビンチャーレ）
地区首領（カポマンダメント）—地区首領—地区首領
首領—首領—首領—首領

年代初頭、幹部会ではコーサ・ノストラのメンバーが従うべき事柄が決定され、内部規則が作られ、メンバーは各自それを守るよう命じられていた（原注259）。

このコルレオーネ一家の首領としてコミッショーネを牛耳り、一九九三年一月十五日に「逃亡罪」で捕まったのが、「ちび」ことサルバトーレ・リイナ、別名「トト」・リイナである。だが、そこは彼のこと。逃亡罪とはいっても、ただの逃亡ではなかったようだ。

今では、リイナが一九七〇年代から、毎日シチリアの中を散歩するだけでなく、マフィア活動でシチリアを離れ、北イタリアやドイツへの遠出すら行なっていたことがわかっている。逃亡中とはいえ、彼の幹部会指揮には、まったく衰えがなかったということだろう。しかも、警察に睨まれていた間も堂々と姿を現わしながら非合法活動に従事できたのは、周囲のさまざまな暗黙の了解があったからに他ならない。

なお、コルレオーネ一家では、その後、内部で報復事件が多発。「自分も殺されるのでは」と恐れた彼の元運転手バルドゥッチョ・ディマジオの密告により、リイナは逮捕された。

ピエトロ・アグレリとジョバンニ・ブルスカの逮捕後、コーサ・ノストラが力を弱めたのは確かである。だが、対マフィア委員会のジュゼッペ・ルミアによれば、リイナの後、コルレオーネの首領の座を継いだベルナルド・プロベンツァーノがコーサ・ノストラのトップに立って、機構をしっかり存続させているとのことだ。「彼が他のメンバーとどこでどう落ち合っているのか、今では、手がかりがつかめなくなっている。とにかく、その動きはぬかりがない。電話は一切使わず、紙に書いたメッセージで連絡を取り合っているらしい。もちろん、他のマフィアとの、じかの接触はゼロ。ただ、逃亡中のボスのご多分にもれず、自宅近くのどこかに隠れているのは間違いない。コルレオーネでなくても、その周辺に潜んでいるはずだ（原注260）」。

コーサ・ノストラの機能とヒエラルヒーは、コングロマリットにおける持株会社と似ている。犯罪の直接の指示にあたるのはコスカとその支配下にある関係グループで、コミッショーネは一切手を出さない。

では幹部会は何をするのかといえば、あらゆる活動や全体的な戦略、それから組織、個人に関わらず、所属メンバーすべてに適用される「法令」の発布決定を担当し、紛争が起こった場合にその仲裁を行なっている。いわば規則の番人であり、活動を脅かす事態が発生した際の命綱である。日常行なわれる犯罪は、もちろん、コスカが文字通り統括する。とはいえコーサ・ノストラのこと、ここでも徹底した功利主義の論理が働く。

つまり、コスカに対するコーサ・ノストラの立場と同じで、コスカも、持株会社よろしく財力と「軍備力」を活かしながら、大都市圏で強盗行為を日常的に行なう小集団を支配し、自らは手を汚さず、そうした集団に殺人をはじめとする犯罪を実行させているのである。

もちろん、事が外部に漏らすべきでない類のことならば、ファミリーレベルで、あるいは「名誉を重んじる男」自身が、実際に事に当たる。だが、構成員は通常、自衛のためにも、むやみに犯罪に手を出さないようになっている。

シチリアマフィアは、犯罪組織としての洗練度がすこぶる高い。政治がらみの策略や収賄活動を、組織としての計画に据えつつ、自分たちは直接タッチしないで、自分たちに都合のよい決定がなされるよう事を運んでいく。それが、彼らの本質なのだ。

となると、コーサ・ノストラがイタリア当局に対し、自らわざわざ揉《も》め事を起こしていると考えるのは間違いだ。

コーサ・ノストラが望んでいるのは、自分たちが当局から悪い意味で目をつけられることではない。当局から黙認され、社会に溶け込んだ形で活動を行なうこと、つまりは、「マフィアもまた別の権力なのだ。紛れもない裏権力なのだ」と国家権力に認められ、自分たちの活動と発展がつつがなく自由に行なえる環境である。

彼らにとって何より大切なのは、自分たちが手に入れられるだけ、大きな利益を得ることである。これは合法ビジネスに関わる者の場合と変わりはない。とはいえマフィアの活動は非合法であり、そうである以上、内部では問題を起こさず、外野とは揉《も》めないことが重要になる。

そもそも、マフィア組織は、表の権力に対して懐疑的だ。したがって、必要に迫られた場合以外は近づかない。

それでも、マフィア側の望みが叶えられないことがはっきりした時、組織の防衛に必要と判断された時には牙を剥《む》き、躊躇せず残忍な行為に及ぶ。

その結果として昨今起こっているのが、政府とマフィアが繰り広げている闘争の諸々《もろもろ》である。

現況

コーサ・ノストラは昔から、金の恐喝や密輸に従事してきた。戦前は、一時苦境に追いやられたが、大戦が終わって国家復興の時代がくると、こうした活動を再び行なうようになり、さらに、国境を越えて麻薬密売にも手を出すようになった。

もともと密輸に馴れていたこと、世界最大の麻薬消費大国、米国とのコネに恵まれていたこともあり、コーサ・ノストラは、組織力を発揮してまたたく間に麻薬業界で名を馳せた。

一九七〇年代、さまざまな解放運動やヒッピーブームがおこって向精神薬が使われるようになると、麻薬の消費量は爆発的に増加。需要が高まって市場は拡大した。

麻薬の製造工場は、当初はマルセイユ(原注261)に多かったが、一九七〇年に、こうした工場が次々解体されると、製造業者はフランスに見切りをつけてシチリア島へ向かい、一九七五〜七八年の間、米国で消費されるヘロインの三分の一、約一五トンをこの島で生産した。シチリアの組織はこの時期、業界を席巻した。

だがその後、コーサ・ノストラ内部では、無尽蔵の収入源である麻薬をめぐって凶暴な利権争いが起こり、地元の島民を脅かすようになる。麻薬が、島の若者の間にも広がったのは、この頃からのことだ。

マフィアは徐々に、裏街道に徹するというそれまで数世紀続いてきたスタイルを捨て、偉大な「名誉の掟」からそれて一般社会にタッチするようになっていった。

一九八〇年代、イタリア当局はマフィア闘争に乗り出し、コーサ・ノストラと全面的対決姿勢を見せる。

だが、敵も負けてはいなかった。例えば一九八二年の春（四月三十日）、共産党議員で反マフィア活動家のピオ・ラトーレ（訳注54）が殺された。同年の九月三日には、カルロ・アルベルト・ダッラ・キエーザ将軍（訳注55）が妻とともに殺された。

ダッラ・キエーザ将軍は、当時、いわゆる「赤い旅団」対策（原注262）で大きな成果を収めていた。国家からその手腕を買われてマフィア闘争の命を受け、パレルモ知事の座に着いた、その矢先の出来事だった。

「当局の弾圧などには屈しない」と対決姿勢を見せ、具体的な行動に出たマフィアに対し、国家は次の二点をはじめとする対策を講じた。

＊一九八二年の法律六百四十六号、いわゆる「ロニョーニ＝ラトーレ」法の可決。マフィア型結社の定義が明らかにされ、該当組織が処罰されることになった。

＊一九八六年のマフィア大裁判（原注263・訳注56）

一九八二〜九一年、コーサ・ノストラは、コルレオーネのファミリー（ルチアーノ・レッジョ、サルバトーレ・リイナ、ジョバンニ・ブルスカ、ベルナルド・プロベンツァーノ、レオルカ・バガレラなどの要人を含む）支配のもとでしぶとさを発揮し、暗躍の場を地元シチリアからイタリア北部、さらに世界各国へと広げて、当局の処罰を巧妙に逃れ切った。

ところが一九九二年、司法は、マフィアに不利な判決を立て続けに下して断固とした姿勢を見せた。これには、さすがのコーサ・ノストラも動揺した。（原注264）

＊一九九二年一月十七日、パレルモの元市長ビト・チャンチミーノが、パレルモの裁判所で、マフィア結社に所属した罪で、政治家として初めて十年の禁錮刑を言い渡された。

＊一九九二年一月三十日、「ロニョーニ＝ラトーレ」法に則る形で行なわれた初の「マフィア大裁判」（一九八六〜八七年）の判決が破毀院で下され、マフィア関係者が有罪（一部は終身刑）となった。

＊一九九二年三月十五日、フィレンツェ重罪控訴院は、ローマの闇社会、それからキリスト教民主党の「アンドレオッティ派」をはじめとする政治家とコーサ・ノストラとの間を取り持った罪で、マフィアの大物ジュセッペ・「ピッポ」・カロ（訳注57）に終身刑の有罪判決を下した。

さらに次のような決定が、コルレオーネのファミリーをを追い詰めていく。

＊ジョバンニ・ファルコーネ(原注265)が、イタリア法務省刑事部長に就任。

＊コーサ・ノストラの捜査を担当したパオロ・ボルセッリーノ判事が、パレルモで公式に彼らを起訴。

＊一九九一年末に創設されたマフィア対策庁が、マフィア絡みの起訴活動を指揮するなど、闘争で大きな役割を果たすようになった。警察内部で部署間の競争意識が高まり、闘争の効果が上がった。

自分たちの利益が損なわれること、今後の活動が脅かされていることを完全に理解したコーサ・ノストラが報復に出るのは、時間の問題だった。彼らが狙ったのは、当局側のシンボル的存在、自分たちにとって目障りな人物である。そして狙いを定めたが最後、何のためらいもなく攻撃。反撃のすきは与えなかった。

＊一九九二年三月十二日、欧州議会の議員で「アンドレオッティ」派リーダーのサルボ・リーマが撃たれた。親マフィアの政治家として、司法の力を抑えられなかった彼に対する、コーサ・ノストラ側の報復だった。

＊一九九二年五月二十三日、ジョバンニ・ファルコーネを乗せ、空港からパレルモに向かっていた自動車が爆破テロで粉砕され、（原注266）ファルコーネ、妻、護衛三人が死亡。

＊一九九二年七月十九日、今度はパオロ・ボルセッリーノが爆弾テロで死亡。護衛五人も命を失った。

＊一九九二年九月十日、司法協力者、いわゆる「改悛者」となったアントニーノ・カルデローネ（シチリア島カターニア県のマフィア一家の首領）と親しい間柄にあった者、二人が暗殺された。警察に寝返ったメンバーに対する、コーサ・ノストラの脅迫メッセージだった。

＊一九九二年十一月八日、数カ月前にマフィアの恐喝未遂を告発し、司法捜査の道を開いた企業家ジョバンニ・パヌンツィオが暗殺された。

イタリア当局は、まずシチリア州、それからカラブリア州に七〇〇〇人の戦闘員を派遣してこれに対処した。だがコーサ・ノストラは、その後も、政治家を標的とする報復テロを続けていく。

＊一九九三年五月十四日、自動車を使ったテロ行為がローマで発生。マフィア闘争で世論を喚起した番組責任者の殺害が狙いだった。

＊一九九三年五月二十七日、フィレンツェでライトバンが爆発。イタリアの文化遺産として有名なウフィッツィ美術館の建物の一部が破損した。

＊一九九三年七月二十七日、ローマのラテランの聖ヨハネ大聖堂で、強力な爆弾が破裂した。実は、その前の五月九日、カトリック教会の代表として、それまで数十年来、マフィアに対して沈黙を守ってきたローマ法王がアグリジェント（シチリア南部）で演説、マフィア組織を激しく糾弾していた。法王はこの時、カルタニセッタ（シチリア中部）の地にファルコーネ判事の妹も訪問。大聖堂の爆弾事件は、教会からの圧力に対するコーサ・ノストラの反撃行為だった。

ちなみに当局は一九九一年以降、マフィア対策を充実させるべく、次のような対策を進めた。

＊票の操作をめぐる刑法案の可決・導入（刑法四百十六条の三）

＊訴訟手続きにおける新ルールの適用（家宅捜査、捜査期間の延長、捜査機関の専門化および集中化、通信傍受[原注267]の可能化など）

＊改悛者に対する保護規定の制定

＊有罪宣告を受けたマフィアに対する厳しい処罰の制定

その結果、次のような手応えを得た。

＊一九九四年十二月一日、イタリア司法界はコーサ・ノストラから三五〇人あまりの改悛者を得た。

＊マフィア結社との関わりを追及される議員が出て、多くの市議会が解散した。

＊犯罪組織の所有財産の押収が進んだ（次の表は、ミシェル・ドバック（原注268）の覚書から拾った数値をもとにしている）。

押収された動産の表（単位：一〇〇万イタリアリラ）

年	押収件数	押収額
一九八二	九	一〇一
一九八八	四八	八八四九

一九九二	九九一	四万五六七七
一九九三	一五一三	一一万五一五三

ユーロ換算にすると、一九八二年は五万二一六二ユーロ、一九八八年は四五億七〇〇〇万ユーロ、一九九二年は二三五億九〇〇〇万ユーロ、一九九三年は五九四億七〇〇〇万ユーロ

押収された実物資産の表（単位：一〇〇万イタリアリラ）

年	押収件数	押収額
一九八二	三	二一五
一九八八	二一四	一六万七五九四
一九九二	一〇九〇	四六万二一四一
一九九三	一九四七	八一万六七六六

ユーロ換算にすると、一九八二年は一一万一〇三八ユーロ、一九八八年は八六五億六〇〇〇万ユーロ、一九九二年は二三八六億八〇〇〇万ユーロ、一九九三年は四二一八億二〇〇〇万ユーロ

押収された株および不動産の表（単位：一〇〇万イタリアリラ）

年	押収件数	押収額
一九八二		
一九八八	四六	二万〇八五五
一九九二	四八九	五万三一三三
一九九三	五九一	一二万九九五八

ユーロ換算にすると、一九八八年は一一一〇万ユーロ、一九九二年は二八二〇万ユーロ、一九九三年は六八六〇万ユーロ

なお、最近のマフィア対策庁は、次のような成果を収めている。

押収・没収された財産（単位：一〇〇万イタリアリラ）

年	押収件数	没収
一九九四	七万五〇〇〇	
一九九五	二五五万六〇七七	二〇〇〇
一九九六	一〇〇万四九四二	三万一一一三
一九九七	一五万五九三九	五二万三七四七

押収とは、判決に従って司法または警察当局が捜査の間に物品や財産を司法の管理のもとに置く行為をいう。
没収とは、司法当局に限り、財産の所有権を国家に移し、元の所有者から所有権を奪う行為をいう。

これまで、イタリアの司法や警察が、マフィア対策で前代未聞の成功を収めた結果、「マフィアは消滅する」と捉える者も現われている。

だが、こうした発言は、マフィアというものに対する無知の現われといわざるを得ない。たとえ今後十年、当局がマフィア活動を徹底的に抑圧し、それが上手くいったように見えたとしても、コーサ・ノストラを根絶させるのは無理だろう。

しかも今日、イタリアではマフィアに対するムードが、かなり変わってきている。判事は孤立し、政界からも一般社会からも支援が得られないままだ。現に、政治的決断には衰えがみられる。

だが、こうした政治の参加がなければ、マフィアとの戦いは無意味も同然だ。裁判官、検察官だけが携わるのではなく、社会全体が取り組んでこそ、抜本的なマフィア対策になる。「マフィアが力を振るい、やりたい放題にできる場所は、ここにはない」――私たちがまず、こうした姿勢を断固見せることが大切だ。

相手は、こちらが少しでもひるめば、そこにつけこんでくる。これまで暗殺された判事や検事も、そのほとんどが社会から孤立し、なんの支援も得られていなかった。これはまことに残念なことだが、事実である。

現在提案されている法改正は、ぜひとも必要だろう。いずれにしても、今後数年、イタリアの情勢には注意してかかる必要がある。シチリアのマフィアが休眠したためしはないのだ。

歴史

フェニキア人、ギリシャ人、ルーマニア人、サラセン人、ノルマン人、アラブ人(原注269)、シュワーベン人、フランス人、スペイン人、英国人、そしてイタリア人――シチリアにはこれまで、いろいろな民族がやって来て、そのまま居ついたり、すぐ去っていったりが繰り返された。

こうした環境の中で島民が最初に身につけたのは、「頼れるのは自分だけ、シチリア人だけ」、つまり、自分たちを治めながらシチリアの土地やシチリア人のことなどまるで知ろうともしない、はるか遠くの当局者をはじめとする、よそ者を拒否する姿勢だった。

はるか昔に根づいたこうした姿勢は、やがて、「島に敷かれる法は、外国の法ばかり」という捉え方に発展。さらによその国の王子や領主が島で暴政を行なうようになると、法にもとる行動に出ることは、愛国心の現われか、そうでなくとも抵抗運動の一環としか考えられないようになっていく。

その結果、島にやってくる治世者に抵抗する「大衆の英雄」、シチリアの名誉ある「真の正義の味方」として語り継がれるようになったのが、地元の盗賊団だった。ウオーモ・ドノーレ（uomo d'onore）、いわゆる「名誉を重んじる男」の概念の一部は、こうした伝説をもとに形づくられている。

その後も、シチリアには支配者がやってきた。だが、彼らがやってくればやってくるほど、「我々シチリア人は、なにも、遠くのよそ者に治められずとも、島の名誉を重んじる地元の英雄たちを上座に据えて、我々だけでやっていける」と、島民たちはかたくなな態度を取るようになっていく。

もともと、よその統治者が治めきれない部分で力を行使していた盗賊たちが、大衆から英雄と捉えられ、島独自の権力者としてある種の特権階級に属するようになり、公的権力が十分な力を発揮できない部分で、影の統治者として当然のように機能するようになったのは、そんな背景があってのことだ。

だが、こうした影の統治者は、盗賊としてもトップレベルの者たち、つまり、もっとも凶暴で、もっとも残虐で、もっとも大胆不敵な盗賊たちでもあった。

かくて「マフィア」精神は、騎士でもあり盗賊でもある者たちの集団に流れる精神として、「名誉」と「正義」の意味合いを保ちつつ、悪の匂いも放ちはじめた。現在のマフィアに通じる組織は、この期に誕生したのである。

こうした盗賊団は、やがて「コスカ」(原注270・訳注58)(cosca)と呼ばれ、シチリアで本格的な影響力を持つ組織へと成長していった。二〇人ほどのメンバーからなる組織には、すでに規律があって階級制度も敷かれていたが、専門分野やカラー、手口、同盟関係は、各コスカによりさまざまだった。

そんな中で、各組織、各首領に共通していたのが、島の無秩序を調整する役割だった。例えば、ある者が財産を盗まれたとしよう。盗賊という立場柄、あらゆる前科者や無法者とコンタクトを取ることが比較的容易なコスカの首領は、「彼らから財産を奪い返してくれ」と被害者に頼まれる。コスカは、その影響力を使って、やがて奪われた財産の一部を取り戻し、その代わり、「盗人の罪状を大目に見させる」よう被害者に約束させるという、双方に遜色のない解決策を調整していたのである。

無秩序が支配する島において、社会のバランスを図る役割を担ったコスカのこうした一面は、今も生きている。これはつまり、公権力の横に存在するもう一つの権力、裏権力としてのマフィアのあり方だ。彼らは、表立った存在ではない。だが、遠くにあって形骸化していた公的権力より、時として力を発揮したのは事実だった。

一方で、島では、ガベロット（中間借地人）といわれる層も登場し、コスカとは別に影響力を持ち始めた。

シチリアの広大な土地は、多くは貴族に所有されていたが、彼らは、田舎のシチリアより、気晴らしの多い都会を好み、所有地（ラティフォンディ）から遠く離れて暮らすようになった。

それにつれ、農村の労働者の雇用や管理、農地の開拓、収穫方法といった日々の管理はないがしろにされ、実際の管理は「ガベロット」と呼ばれる代理人に任されるようになった。ある種の監督のような立場に立ったガベロットが、遠くの主人に代わって土地を管理し、地元で影響力を持つようになるまで、時間はかからなかった。

その後、いざ、所有者が土地を売ろうとする時は、土地が競りに出されないよう、ガベロットがコスカと結託して競争相手を排除し、結局は自分たちが買い手の座を獲得する、という具合にして力を強め、ガベロットとコスカはどちらも増えていった。

シチリアの田舎で起きたこうした現象は、やがてパレルモや中規模の街でも見られるようになる。「自分たちがリスクから守ってやる。その代わり、利益の一部を払え」と、保護を名目にしたゆすり

で金を得る「策略家」や詐欺師くずれ、軽犯罪者が、あっという間に都会のコスカの基盤となっていった。（原注271）

もちろん警察当局も動くには動いた。だが、コスカの機能や、構成員の臨機応変な対処力を、かえって鍛えたにすぎなかった。警察の取締りという試練を経る度に、コスカは、狙われた仲間をさらに巧妙に隠し、捕まる恐れのある仲間にはさらに強力なアリバイを立て、投獄された者には、さらにしっかりとした援助力を発揮していった。

コスカはその後も、それまで培った基盤を強化し続け、二十世紀初頭のシチリアでは、コスカ組織が咲き乱れた。

国内初の普通選挙（一九一二年開始）は、地元の経済をすでに牛耳っていたコスカの首領たちが、票の操作という形で自分たちの力を行使する絶好の機会だった。マフィアの政界への影響力は、その頃から明らかだったことになる。

第一次世界大戦直後には、若いマフィアとジイ（おじ）と呼ばれた古株マフィアの間で紛争が起こった。が、この戦いはマフィアの壊滅には結びつかず、単に、権力がある者から別の者へと移ったに過ぎない。

一九二二年にファシズムが到来すると、コスカは苦境に陥った。一九二五年、ムッソリーニは知事のチェーザレ・モーリにシチリアマフィア壊滅を命じ、モーリは、拷問、監禁、禁錮、国外追放、抑留など、大変厳しい手段を使いながら、積極的にこの活動に身を注いだ。この期のシチリアマフィアは、敗北を味わうたびに、自分たちの世界をひっそりと守りながらオメルタ（omerta）、つまり沈黙の掟を強化し、長年手がけてきた馴染みの非合法活動に戻っていった。島には、「水が押し寄せる。藺草《いぐさ》よ、身をかがめよ」ということわざがある。当局が厳しく取締りを行なう間は、それに抗《あらが》わず身を隠してじっと耐えよという意味だ。

一九四三年七月、連合軍がシチリアのオーガスタに現われた。マフィアはそれまでの苦境を何とか打破しようと諜報役を買って出、米軍は、シチリアのコスカの首領たち、中でもビラルバの街で暗躍し、広大な土地のガベロットでもあったカロージェロ・ビッツィーニ（ドン・カロ）と綿密に連絡を取り合いながら、シチリアに上陸した。一九四三年七月から九月まで、米軍と彼らは協力して作戦をスムーズに運び、連合軍のシチリア島、それからイタリアへの上陸は成功を収めた。

もっとも、シチリアマフィアがこの成功の立役者だ、と捉えるのは行き過ぎだろう。それよりも、彼らにとっては、「この作戦に参加した」という象徴的な意味の方が大きかったはずだ。それまでの彼らは、数年に渡って残酷な弾圧のもとにあった。それが数週の間に、米国人から反ファシストとして称えられ(原注272)、急に株を上げたのだ。身をかがめていた藺草《いぐさ》は、これを機に身を起こして動き始め、その後長きにわたって暗躍することになる。

敗戦を迎えたイタリアは、深刻な払底状態に陥り、あらゆる物資がただちに求められるようになった。前述のようなわけで連合軍に賞賛され、大衆に支持され、政界からのバックアップを得、力を取り戻した彼らの活動がうまく運ばないはずはない。

米国からは、やがて、豊かな犯罪経験を積んだルチアーノやビト・ジェノベーゼ(訳注59)ら大物も戻り、古風なシチリアのマフィアに新しい風を吹き込み、活力を与えた。おりしも、新たな市場がどんどん誕生した時代である。なかでも米国の麻薬市場の成長ぶりはめざましかった。戦争で海上が封鎖された時期、麻薬使用者はドラッグを手に入れられずに苦労した。それが、終戦を機にフラストレーションを一気に晴らそうとしてか、需要がどっと増えたからである。こうして現在のようなコーサ・ノストラができあがっていった。

参考数値

コーサ・ノストラのメンバー数は情報源によって多岐に分かれる。したがって、おおよそのイメージをつかむにも限界がある。

『レクスプレス』は、イタリア憲兵隊の一九九〇年の調査より、コスカ（ファミリー）は一四二存在するとしている（原注273）。パリ犯罪学研究所は、シチリアのコーサ・ノストラは約一三〇のコスカからなり、首領、幹部、兵士といった正式メンバーや、シンパ、協力者などを含め、四万人（以上）で構成されるとする。

マフィア対策庁によると、一九九五年時点で、一八六のコスカが確認されている。また、二〇〇二年初頭時点における同庁の数値を見ると、コーサ・ノストラには一九〇のコスカ（構成員五二〇〇人）があり、そのうち八九（構成員三二〇〇人）がパレルモ地域で活動しているとのことだ。

連絡司法官のミシェル・ドバックは、コーサ・ノストラの中核的存在、名誉を重んじる男たちは約五〇〇〇人いると推定する（原注274）。

ここでマフィアの経済事情について、ある博士論文（原注275）で取り上げられているので、そのまま抜粋してみよう。「二〇〇一年十一月、イタリアの社会政策調査センター（ＣＥＮＳＩＳ）が行なった調査によると、イタリアの地下経済は、国内総生産の二〇％にあたる。二〇〇〇年十一月のイタリア商業総同盟の報告では、イタリアマフィアの収益は八三四〇億ユーロ、同国の国民総生産の約一五％にあたり、マフィアが所有する資産は五五億ユーロで、イタリアの全財産の六〜七％にあたる。またイタリアの全企業のうち二〇％、製造業者の一五％がマフィアの支配下にある。売上高で見ると、産業復興公社に次ぐイタリア第二の企業はマフィアということになる」。だが、ここに上げられた数値は、かなり控えめだ。一九九六年、コルレオーネの一家のサルバトーレ・リイナが逮捕され、彼が不法に所有していた財産二〇六点が、二〇〇一年、競りに出されたが、提示された財産価値だけで数十万ユーロに及んでいる。

ちなみに、二〇〇二年七月、リイナから没収した土地からは、反マフィアの意味を込めたブランド「リベラ」（自由の意）のパスタ用に初めてデュラム小麦の収穫が行なわれた（訳注60）。もっとも収穫量は少なく、シンボル的活動に終わっている。

入会儀式と「名誉を重んじる男」

コーサ・ノストラは、リクルート活動に積極的だ。もちろん、選択を誤らぬよう、古参メンバーが候補者について厳しくチェックしている。こうして選ばれた者たちは、入会儀式を通して、完全なメンバーと化す。

では、入会式の内容は具体的にどんなものなのか。

儀式は、コスカの首領と名誉を重んじる男たちの立会いのもと、メンバー候補の紹介から始まる。その後、コスカ側から、入会にあたって守るべき規則が説明され、これから属する機構は「コーサ・ノストラ」であると言明され、今後守るべき義務として、次に列記する文言が唱えられる。

＊組織のメンバーの女性を欲しがったり、手をつけたりしない。
＊女性に売春をさせて収入を得ない。
＊他の、名誉を重んじる男と、争いごとを起こしたり、相手を責めたりしない。
＊警察をはじめ、誰にも、コーサ・ノストラの情報を与えない。
＊礼儀正しくまじめに振る舞うこと。

メンバー候補が「これらの義務を尊重する」と誓った後、儀式はクライマックスを迎える。候補者は、名誉を重んじる男の中から保証人役として誰か一人を選び出すよう言われ、それに従って、その人物の前に位置する。候補者は、引き金を引く時に使う指を、コスカの首領に差し出し、首領がそれに刃物で傷をつける。指の下には、あらかじめ神聖な像の描かれた紙が置いてあって、指につけた傷から、紙の上に血がしたたり落ちる。やがて、血の染まった紙に火がつけられ、新メンバーは、その火を消さぬよう、燃える紙を左右の手で交互に移しながら、「コーサ・ノストラの掟を裏切れば、自分もこのように燃えることになる」と厳かに唱える。

これが済むと、彼は、コーサ・ノストラの「名誉を重んじる男」として、晴れてコスカのヒエラルヒーに新たに加わり、直属の幹部（一〇人首領）に、正規メンバーとして、あらためて紹介される。新入りが入会式で名誉意識を植え付けられるというのは、意外かもしれない。確かに、普通、殺人を犯す組織に入るなど、誇れることではない。だが、「名誉ある社会」の構成員同士の、いわゆる名誉とは、一般とは違ったコンセプトに支えられている。

これまで歴史を追って見てきたように、名誉を重んじる男には、もともと、遠くの治世者には無縁の世直し役、島の正真正銘の正義の味方、という特性がある。

コーサ・ノストラ創設の神話と結びつく、こうした特性を持つ彼らは、自分たちの掟を厳しく守ればこそ、名誉を重んじる男としての対面が保てるようになっている。自分の名誉がかかっている以上、規則の遵守は絶対だ。それでこそ、掟の価値も高まる。

なお、コーサ・ノストラの首領の中の首領と考えられているベルナルド・プロベンツァーノは、最近、機構再編成の一環として、新入りも初めから組織の中枢に組み込み、完璧に、マフィア機構のシステムの一部と化すことにした。また、組織統括については、名誉を重んじる男たちの中でも、大学などで最高レベルの学問を修めた者に委ねるようになっている。

活動分野

まずは金の恐喝が挙げられる。

第一に「不法な取立てや脅迫からの保護の見返りとして、支払いを要求するケース」がある。もっとも、こうした「不法な取立てや脅迫」は、実は同じ組織が裏で手を引いてやっていることが多い。第二に、「個人の負債をめぐり、その個人が属する集団に、連帯責任として債務返済を要求するケース」がある。本人がイタリア国外にいるなど、マフィアから遠く離れている場合に、こうした口実で金を巻き上げる。第三に、「マフィアの縄張りで事業を行なう企業主から、割り当て金を巻き上げるケース」がある。コーサ・ノストラは、さまざまな理由をもとに、こうした仲介料、イタリア語でいうピッツォ（訳注61）（pizzo）を巻き上げているが、そのシステムは、表からは見えないものの、実に秩序だっており、こまかいところまで手落ちなくきびしく行なわれる点で他のマフィア組織を凌ぐものがある。

例えばこんな小話がある。――あるところに、建築現場で揉《も》め事が起きると困ると考え、マフィアに「分担金」を払った企業家がいたそうな。なのに、どうしたことだろう。現場の掘削機が毎晩のように爆破されるなど、困った事が起きたそうな。それもそのはず。ある時、誰かに「支払う相手を間違っている」と告げられた。企業家は、あわてて支払い先をあらためた。そしてようやく、工事は完成を迎えましたとさ――

高利貸しも、古くからの活動だ。

利子のおかげで何しろ儲かるビジネスである（金を貸す期間によって、利子は一〇〇～二〇〇％に及ぶ）。だが、財政状態の悪化した企業への金貸しは、マフィアが、事業を乗っ取る上でも都合よく働いている。もともと追い詰められていた企業主は、マフィアから金を貸され、「これで苦境をうまく切りぬけられる」とありがたがる。だが、借りた金と利子を返す段になって罠にはまり、その結果、破産に追い込まれ、結局、大変低い額で企業をマフィアに転売せざるをえなくなる。市場参入の機会を得て、合法的な経済活動を通してマネーロンダリングを行なえるようになったマフィアの下で、企業は、完全に彼らの操り人形、犯罪企業と化す。

土木工事の落札における詐欺も多い。イタリアの反マフィア委員会によれば、一九九三年現在、シチリアの建設業、土木工事、橋・道路工事に携わる中小企業の八〇%がマフィアと関わっているとのことだ。この世界はマフィアに牛耳られていると言い切る者もいる。

ワイン、漁業、柑橘類、オリーブ油の生産をめぐりＥＵ（欧州連合）から補助金をだましとる行為もここ数年増加し、収入源として大きくなるばかりだ。ＥＵは、生産過剰となった作物に対し補助金を出しているが、コーサ・ノストラはその制度を悪用し、架空の耕作地を申告するなどしてかなりの金を不法に受け取っているようだ。食肉がらみで詐欺事件が起こっている疑いもある。だがその実態を明らかにするのは、並大抵のことではない。

大きな利益が見込める麻薬密売も主要活動だ。この活動がいかにしてコーサ・ノストラ機構の一部となったかについては、これまで見てきた通りである。一般に、マフィア集団は、密売を通して収入を爆発的に増やしている。

シチリアマフィアは以前からトルコの犯罪集団と結託し、中東（アヘンのゴールデン・クレセント）産のモルヒネ・ベースをイタリアに運び入れては、ヘロインを精製して米国へ送っていた。「ピザ・コネクション」事件はその一例である。

だがその後、コロンビアの麻薬カルテルが勢いを増し、米国では、コカインが広まる代わりにヘロイン需要が減った。コーサ・ノストラは、麻薬市場そのものの変化に適応せざるをえなくなり、一九八〇年代、麻薬カルテルと合併事業を行なうようになった。

ちなみにイタリアでは、警察が一九九二年六月、国の北部、ベルガモ近郊でコカインの精製工場を発見したが、その活動を仕切っていたのは、工場からはるか遠く、シチリアのフィダンザッティというマフィアだった。

一九九七年六月に逮捕されたピエトロ・アグレリの証言からは、サンタマリア・デイ・ジェズ地区（パレルモ）のコスカがコロンビアの麻薬組織のリーダーと結託している疑いが生じ、捜査が始まった。なお、「名誉ある社会」であるコーサ・ノストラでは、賭博や売春で収入を得ることは誓いの義務と相容れぬとして、禁じられている。

世界の拠点

この数十年、シチリアのコーサ・ノストラは国際展開を強化してきた。なかでも活動の舞台は北米だ。もっとも、コーサ・ノストラといっても、米国版コーサ・ノストラとはまったく別ものであるので、その点、ちゃんと分けて活動をみていく必要がある。

FBIによると、米国各地には約三〇〇〇人のシチリアマフィアが散らばっているとのことだ。（原注276）一九八五～八八年のいわゆる「ピザ・コネクション」事件では、各州（イリノイ、ミシガン、ニュージャージー、ニューヨーク、ペンシルバニア、ウィスコンシン）のピザ屋がヘロインの売買場と化し、そこから得た収入を、貸し付けの複雑なしくみを通して、店主が巧妙にマネーロンダリングしていた事実が暴露された。

ボリビアではマドニア一家が活動している。同国発のコカインが、スペインやイタリアに流れていた件では、このコスカの首領サルバトーレ・チウラが逮捕された。

ベネズエラでは、クントレーナ一家とカルアーナ一家の同盟団が動いている。この組織はシチリア島アグリジェント県のアグリジェント近郊、シクリアーナ生まれで、まずカナダに進出し、それから南米に拠点を置くようになった。

コーサ・ノストラはドイツでも暗躍している。旧ソ連圏は「ベルリンの壁が崩壊すれば、かなりの利益が得られる地域になる」と前々から踏んでいた彼らは、崩壊後、現地にたちまち拠点を据えて、ネットワークを張り巡らせた。

その他ではオーストラリアにも拠点がある。

また、アルバニアでは、コロンビアの麻薬組織とコーサ・ノストラが実験的にコカを栽培する計画を立てているようだと、イタリアでマフィア裁判を担当する裁判官カタルド・モッタは言う。そもそも、旧ユーゴ戦争などで政情が不安定なアルバニアやコソボは犯罪組織の巣窟となっており、さまざまなイタリアマフィアがうごめいているが、コーサ・ノストラもその一つだ。

フランスで彼らが活動しているとの情報は摑めていない。だが、奇妙なパガーノ事件は、そんな中で起きた。（原注277）

一九九二年九月、コーサ・ノストラの二名の改悛者、アントニーノ・カルデローネ（カターニア県のマフィア一家の首領）とレオナルド・メッシーナ（カルタニセッタ県サン・カタルドのコスカの首領）の証言によると、フランス南東部のグルノーブル市にはジャコモ・パガーノを首領とするマフィア集団があったという。パガーノは彼らが証言した時点で五十九歳、引退していてもおかしくない年齢だが、その彼が一時、グルノーブルのシチリア人の間で凄みをきかせていたらしい。

ちなみにグルノーブルの街には八〇〇〇人のシチリア人が住んでいるが、彼のこのマフィア組織の存在については、実態を調べたオベール報告（原注278）が出るやいなや、マスコミを中心に一大事件となった。これを受けてパガーノは追放されたが、彼がシチリアマフィアの一員としてグルノーブルで活動を行なっていたのかどうかは藪の中である。

これまで述べてきた通り、コーサ・ノストラは近年、苦境に陥ってきた。だが、だからといって、イタリア当局がマフィア闘争で決定的な勝利を得たと考えることはできない。実際、イタリアでは政策がコロコロと変わる。司法官同士の不和も報じられている。改悛者の態度には、つじつまの合わぬ点もある。何より、マフィア組織自体が状況に順応してくる恐れもあり、事態は予断を許さぬ状況だ。

ジョバンニ・ファルコーネとパオロ・ボルセッリーノの同僚で、かつてマフィア裁判を担当したフェルディナンド・インポシマート（原注279）も、今後についてはまったく楽観視していないようだ。

「コーサ・ノストラは勢力を得て、マフィア界を牛耳っている。首領の中の首領であるベルナルド・プロベンツァーノのもと、イタリアで全能の存在だ。国家も、この状況に甘んじているのが事実である。プロベンツァーノはたいへん頭がよく、人を平気で殺せる残忍な男で、おまけに多数の政治家とじっこんだ。（中略）コーサ・ノストラは、これまでより緻密で洗練された体制をつくりあげている。

司法面でも財政面でも巧みに抜け穴を見つけて機構を防御しており、彼らの活動のどれが非合法でどれが合法なのか、見分けがつきにくくなっている。コーサ・ノストラが今ほど力をつけている時代はない。しかも世界のグローバル化は彼らに都合よく働いている。彼らは、国際貿易の世界やタックス・ヘブンを巧みに利用して、国際経済で重要な位置にのし上がっているのである」（原注280）

カラブリアのヌドランゲタ

ヌドランゲタは、イタリア中部カラブリア州で長きにわたって力を振るってきたマフィア機構だが、現代も、時流に乗りつつ、活発に犯罪活動を行なっている。

地方に古くからある民謡ムレッタをめぐる逸話が、その好例だ。かつてカラブリアでは、流しの歌手がこのムレッタを聞かせたものだが、その伝統は廃れ、昨今ムレッタといえば、古臭いイメージしかなくなっていた。だがヌドランゲタは、カラブリア社会の一つの価値観であるこの民謡を捨ててしまうのではなく、若者向けにディスコ風にアレンジして、世に広め直した。「マンマ（お母さん）がひよっ子マフィアに命令した。やつはマンマの言いつけに従った」――やがて何千というカセットテープが、小さな村のガソリンスタンドや市場の棚にも置かれるようになった。

この歌がサブリミナル効果を発揮して、若者たちの意識下に働きかけることがないなら、これは、軽く笑ってすませられるエピソードになるだろう。

だが、「古来の名誉ある社会への扉を叩き、マフィア界に『入門』したピチオッチ（若い衆）が、名誉を重んじる男を正義の味方として擁護し、警察や司法官、改悛者たちへの憎しみを新たにする」といった内容の、この曲にしたためられたメッセージはごまかしようがない。

もちろん、曲そのものは合法である。カセットテープにはイタリア著作者出版者協会の認定ラベルが貼られ、一見、どこにでもあるテープだ。売上からはちゃんと税金も引かれている。(原注281) だが、そうした装いはともかく、歌の背後に冷酷な事実が広がっている点は忘れてはならない。

「ヌドランゲタにちょっかいを出す者は、ただではすまされない」――これは、カラブリアの裁判所の検察局判事が、この組織から受けた脅迫のメッセージである。彼の田舎の別荘の鉄柵には、首を切られた猫が刺さっていた。

ちょっとばかり、ヌドランゲタのマフィアたちのここ十年のニュースを拾ってみよう。例えば、カラブリアのあるマフィアファミリーの首領と思しき人物のエミリオ・ディ・ジョビーネ。一九九一年、イタリアの刑務所から脱走したが、麻薬密売と偽造書類の使用で一九九二年六月、ポルトガルで逮捕され、今は同国のコインブラ刑務所で服役中だ。イタリアで刑期が残っている上、スペインでも他の犯罪容疑が問われており、今後の裁判によっては、終身刑もありうる身だが、事実、この二国の当局から、身柄を引渡される可能性があるとわかると、一九九六年六月末に、ハンガーストライキを起こしている。

ヌドランゲタに対しては、過去、大々的な掃討作戦が行なわれている。ミラノ検察局は、二年がかりの捜査の結果、一九九六年五月初旬、カラブリア州クロトーネ県クロトーネ近郊ペチッラ・ポリカストロにて、ミンガッチ一家とガロファーロ一家の同盟団を、憲兵隊を通じて摘発。ヌドランゲタの麻薬と武器、双方の密輸活動に携わる六〇人を尋問した。この掃討作戦により、司法官、改悛者へのテロ計画が暴露された他、反マフィア捜査の情報を一味に漏らし続けた容疑で、弁護士マルコ・デ・ジョルジオが逮捕された。

彼らの所有財産も、警察により一部が没収されている。一九九五年十一月、イタリア財務警察は、フランコ・ココ・トロバト率いるヌドランゲタの一味が所有していた九一五万ユーロ相当の係争物件（レストラン、ジム、店、バー、自動車、ボートなど）を一時的に差し押さえた（場所はイタリア北部）。一九九七年十一月にも、やはりイタリア当局が、今度はオッチナ一味の係争物件、三〇〇〇万ユーロ相当を差し押さえた。

二〇〇二年九月初頭には、フランスのカンヌで、同国の警察がルイージ・ファッキネリ(原注282)を逮捕している。ファッキネリは、若いながら（逮捕時、三十六歳）、ヌドランゲタのマフィア組織の首領で、殺人や金銭のゆすり、不法監禁、麻薬の密売などさまざまな犯罪に手を染め、イタリア司法から一三の逮捕状を食らったが、運よく地元カラブリアを逃れ、三年にわたってフランスに隠れていた。

その後イタリア司法の要請で身柄を引き渡された彼は、二つの裁判の被告となり、レッジョ・カラブリアの控訴院から、それぞれ九年と四年の禁錮刑を言い渡され、さらに、カンヌで同時逮捕されたカラブリア人ロベルト・ペリガリと共に、仏グラースの軽罪裁判所で裁きを受けた。このペリガリもいろいろと犯罪を重ねていた男で、逮捕時には偽造書類と武器を所有していた。

カラブリア州のマフィア組織が、勢力を保ち続けているのは明らかだ。それどころか、犯罪組織としての「危険度」は高まっていると断言する専門機関もある。

ヌドランゲタはもともと、アスプロモンテの山岳地帯で、苛酷な自然に囲まれ、貧しく惨めな暮らしにあえぐ住民の中から生まれたマフィアである。その組織が、今や山を抜け出し、イタリアの大型犯罪組織ばかりか、トルコや米国、オーストラリア、最近ではアルバニア系犯罪組織とも結託し、世界を股にかけて活動しているのである。

歴史、現況

ヌドランゲタとは、ギリシャ語で「勇敢で策略に長けた男」を意味するアンドラガトス（andranghetos）から来ている。十八世紀には、カラブリア州セミナラの憲兵隊の公的文書に、組織的に犯罪を行なう集団として、早くもその名を現わしている。(原注283)

組織としてのヌドランゲタは、アスプロモンテの山岳地帯やカラブリア地方に住む貴族階級、中産階級の者と、農民との社会的関係から生まれたと考えて間違いない。

その昔、この地の地主たちは、自分の土地を耕させていた農民から「ピエモンテの連中」(訳注62)と捉えられ、軽蔑されるとともに、忌み嫌われていた。そんな農民階級の人々にとって、資産家から自分たちを守ってくれるのは匪賊「ヌドランゲタ」であるとされ、彼らが英雄視された。だが、この匪賊が、自らの利益のために犯罪を行なうという、犯罪者としての実態を見せるようになるのは、時間の問題だった。

十九世紀初頭、領土回復主義運動が起こると、ヌドランゲタもそれに参加し、コーサ・ノストラを真似て「名誉ある社会」を構成するようになる。そしてカラブリアで、工業が発展し、観光業が盛んになると、もともと、盗みを生業としてきた彼らは、強奪を主とする凶暴な犯罪組織へと変貌した。一九六〇年代、ヌドランゲタは、まずは果物、野菜、油の闇市を牛耳り、後には、煙草の密輸入やゆすり、身代金目的の誘拐や不法監禁にも手をつけるようになる。

やがてヌドランゲタは、カラブリア州のカタンツァロ地域を席巻する。もと、レッジョ・カラブリア県の暗黒街に支配されてきたエリアだが、そこでの彼らの勢いはすさまじかった。この時期のカラブリア州の犯罪率は、南部イタリア全体でよりはるかに高い。

勢いを得たヌドランゲタは、功利主義にもとづく生来のビジネス感覚をさらに発揮し、イタリア北部ピエモンテ州の町からロンバルディア州、アルプス付近、そしてリグーリアの海岸地帯と、(原注284)地中海盆地を中心とした地域から国外へ、体制を強化していった。

活動はこうした地域に限られたわけではない。ヌドランゲタは、国内の他の地域でも商社を買収し、麻薬や武器の密売、EC補助金から不法に得た資金を、きれいな金に変える格好の道具として使った。

だが、土木工事がらみの犯罪で得た非合法資金の投資法をめぐり、ファミリー同士が対立した（一九七四年末）のを機に、ヌドランゲタ内部では、流血を伴う殺人事件が数々起こるようになる。こうして八〇年代、レッジョ・カラブリア県だけでおよそ七〇〇人が死亡、一九八七～九一年には、レッジョ・カラブリア県シデルノ市で抗争が勃発して四〇名あまりが死亡、さらに一九九五年の万聖節（十一月一日）には、モンテベロ＝ジョニコ（カラブリア州南部）で五人の死体が発見された。マフィア組織同士の抗争が原因と、警察は見ている。(原注285)

ヌドランゲタ内部で、こうした抗争が抑えられなかったのはなぜだろうか。コーサ・ノストラが中央機関で厳しく機構を取り締まっているのと違い、ヌドランゲタにはそうしたシステムがない、というのが理由の一端のようだ。現に、ヌドランゲタには、異なるファミリー同士の関係を律する決まりがつくられることが少なく、あってもほとんど効果を発揮したことがなかった。

そのせいで、危機に陥った彼らは、今や、自分たちより機構としての編制が整っていて中央集権化の進んだコーサ・ノストラや他の犯罪集団と積極的に手を組むようになっている。これには、他のマフィア組織の規則をまねて、自分たちの活動に活かしたいとのねらいがあるようだ。今ではコーサ・ノストラの助言も快く受け入れ、時には仲裁や和解役を頼んだりすることもあるようである。

それにしても、ここ数年のヌドランゲタの動向のうち、最も懸念されるのは、彼らが司法官や警官に対しテロ行為を繰り返している点だ。事実、これまで、マフィア対策に関わる司法官や改悛者の暗殺計画が明るみになり、六〇人が逮捕されている。一九九〇年代、当局がマフィア闘争を進め、度重なる法規改正で犯罪組織への取締りが厳しさを増した点を、ヌドランゲタは快く思っていないのである。もっとも、そのせいで彼らが苦境に陥っているとはいいがたい。

組織編制としくみ

兵士がチームを構成し、それを幹部が取り仕切り、首領が数名の側近に取り囲まれながらトップに座す――ヌドランゲタのファミリーは、コーサ・ノストラのコスカと同じ構造になっている。

ただし、地域ごと、地方ごと、あるいはカラブリア州全土で組織を取りまとめる機関はなく、イタリア全土での代表機関もない。レッジョ・カラブリア県に限っては、場合によって、シチリアマフィアを真似た「コミッション」が設けられているようだが、(原注286)それを除けば、ヌドランゲタの基盤はともかくにも、ファミリーということになる。

ファミリーのサイズは大小さまざまだ。そのうち最大規模は、レッジョ・カラブリア県ジョイア・タウロ市に拠点を置き、正規メンバー約二〇〇人を擁するピロマリ一家だが、最大の勢力は、レッジョ・ディ・カラブリア市を中心に活動するステファノ一家とテガーノ一家の同盟団、それからメルティ一家とコンデッロ一家の同盟団である。

一方でコーサ・ノストラと決定的に違うのは、物流と財政管理の点で、女性がかなり大きな役割を果たしている点だ。

またファミリー内部では、いわゆる「犯罪人同士の同族結婚」が行なわれ、メンバー同士が血縁関係にあることが多い。このため、ヌドランゲタでは同じ姓を持つ者が多く、沈黙の掟がよく守られ、捜査を厄介にしている。

犯罪活動をあらゆる角度からバックアップする意図からか、メンバーが会計士、弁護士、医師の資格を持ったり、銀行員、政治家、企業家になったりして、それぞれの業界で活躍を目指す傾向も強い。

参考数値

ファミリー数は、全部で約一五〇といわれる。(原注287)メンバーは兵士や幹部合わせて五六〇〇人、そのうち三五〇〇人がカラブリア州在住で、それ以外はイタリアの他地域や国外に散らばる。

なお、カラブリア州全人口に対するヌドランゲタのメンバーの比率は、南部イタリアの他のマフィア組織と比べて最も高い。

＊南部イタリアのマフィアのうち、シチリア州全人口に対し、同州のマフィアメンバーが占める割合は一%、カンパーニア州では一・二%、プッリャ州では二%。カラブリア州は二・七%と最高である。

＊レッジョ・カラブリア県の九七の市町村のうち、ヌドランゲタのファミリーが存在するのは八三。これは全体の八五・五%にあたる。

＊イタリアの反マフィア関連機関によると、カラブリア州の市町村議員の一五~二〇%は、ヌドランゲタと関わっているとのことだ(原注288)。

マフィア対策庁によると、一九九五年三月三十一日の時点で、ヌドランゲタ出身の司法協力者は一二九人だった。一九九三~九八年の間でみると、計二〇〇〇人を数えるが、機構の中核を揺るがすような改悛者はこれまで出ていない。組織はスリム化され、外部からの潜入が難しくなっている。今後については予断を許さない。

一九九〇年代初頭、ヌドランゲタの年間売上高は約三〇億五〇〇〇万ユーロだったが、その後、約

七六億二〇〇〇万ユーロに伸びている。(原注289)

ヌドランゲタの秘教的性格

新メンバーは、ヌドランゲタのルーツである古代ギリシャの伝説に端を発する、神秘的で異教色の強い儀式を通じて入会する。この際、新メンバー候補がまず証明しなければならないのは、勇敢かつ巧みに、はばかることなく殺人を遂行できるという点だ。ヌドランゲタで、周囲から「尊敬される存在」になるには、これが欠かせない条件となる。それが無事に済むと、新メンバーは、次のような「知恵の木」に喩えられる組織に組み込まれる。

＊ヌドランゲタで、仲間を生かすも殺すもできる中核メンバーは、幹にあたる。
＊ヌドランゲタで、会計・総務を担うメンバーは、大枝にあたる。
＊ヌドランゲタの一般メンバーは、中枝にあたる。
＊ヌドランゲタの新規メンバーは、小枝にあたる。
＊ヌドランゲタの将来のメンバーは、花にあたる。
＊ヌドランゲタの裏切り者は、(落ち葉も含め) 葉にあたる。

活動分野

ヌドランゲタは、身代金や恐喝を目的とする誘拐と不法監禁の二つを長年の主要活動としてきた。

非合法資金のロンダリングに都合のよい高利貸し業は、その次に来る。

誘拐における残虐さは悪名高い。米国の億万長者、石油王ポール・ゲッティの息子や、チューザレ・カセルラの息子（当時十九歳）も、かつてヌドランゲタから誘拐されている。カセルラの息子は首に鎖をはめられ、七百四十二日にわたって山の洞窟に監禁されたが、「いつか必ず自由の身になる」と考えて辛抱し続け、結局、母親が身代金を支払って解放された。一方、一九九三年に誘拐されたジャーナリスト、ロロ・カルティィサーノは、要求額が支払われたにもかかわらず、消息を絶ったままだ。

もっとも、こうした犯罪は減少傾向にある。(原注290) 一九七〇年代以降、ヌドランゲタが、麻薬や武器の密売、公共事業における詐欺行為に手を出すようになったからである。

公共事業といえば、一九八〇年代、カラブリア州のジョイア・タウロ港で、国営企業の製鉄所建設が企画された。その後、製鉄所は未完成のままだが、ヌドランゲタは、国から巧妙に金をくすね続けている。なお、土木工事では、コミッソ一家とコスタ・デ・シデルノ一家が、企業支配を通して市場を独占している。

マフィア組織として、非合法に獲得した資金をいかにきれいな金にするか、という課題に直面しているのは、ヌドランゲタも同じだが、彼らの間では、財政状況が悪化した企業をゆする方法が、解決策の一つとして取られる。彼らにとってこの方法は、非合法資金の投資に便利なばかりか、自分たちの「しま」や、そこの人間たちをコントロールするうえでも、都合がよい。

土地の強制買収という、古くからの手口も健在だ。気丈な男爵夫人テレーザ・コルドパトリ・デイ・カペーチェの一件はその一例だ。(原注291) 夫人は、所有する一二ヘクタールのオリーブ畑を地元マフィアに売却するのを拒んだため、一九九〇年のクリスマスに「今回の休暇はお楽しみ下さい。でも次回は、そうはうまく行きませんよ」としたためられた脅迫状を受け取った。それでも夫人が抵抗を続けたため、ヌドランゲタは、一九九一年七月十日に彼女の兄弟アントニオを殺した。夫人自身もその後、暗殺されそうになったが、銃の故障で難を逃れ、それ以来、警官一人に常時保護される身である。

こうした強制買収は、彼らの定番活動である。手口はいたって簡単だ。まず、土地の持ち主に非常に高い値段をオファーして売却を促す。所有者はたいていそれを拒否するので、その後、通常の値段をオファーしそうな買い手に脅しをかけて取引から追い払い、自分たちを唯一の買い手の立場へと持っていく。こうして、物件所有者がマフィアに売らざるを得ない状況に負い込み、契約を成立させる、というわけだ。かかる取引で売買された後、支払いがまったく行なわれないケースもある。こうした犯罪は単に利益を得るためだけではなく、組織の威厳を示すためにも行なわれる。

有毒廃棄物（場合によっては核廃棄物）を積む船の船員たちが沖で繰り広げるサボタージュにも、ヌドランゲタが一枚噛んでいるようだ。一九九八年、レッジョ・カラブリアの検察局がこの一件について捜査。マフィア対策に関わる検察局がその報告書を受け取り、調査が続けられている。(原注292)

世界の拠点

犯罪環境の大きな変化を受け、主要ファミリーは、拠点をイタリア国外に広げている。他国との密売活動が拡大していること、また非合法に得た資金をロンダリングする必要性から、海外展開は必至だ。

国外第一の活動拠点はカナダで、一九五〇年代以来、トロント、ハミルトン、オタワなどにカラブリアの「名誉あるメンバー」が複数いついている。トロントの「シデルノ」団は、イタリアと北米、オーストラリア間における麻薬の密売で暗躍している。

米国では、その昔からカラブリア出身者がマフィア活動を担ってきた。(原注293) フランク・コステロ(本名フランチェスコ・カスティーリャ)やアルバート・アナスタシアはその有名どころである。FBIによると、アルバニー、ニューヨーク、フィラデルフィア、スタンフォード、ウィルミントン、マイアミ、タンパ、ロサンゼルスを中心にヌドランゲタの正式メンバーが六五人、確認されている(一九九三年現在)。下部組織は、アルバニー、ニューヨーク、フィラデルフィア、スタンフォード、ウィルミントン、マイアミ、タンパ、ロサンゼルスにあるようだ。

欧州ではドイツ(バーデン・ウュルテンベルク、バイエルン、ヘッセン、ウェストファリア、ラインラント)が活動の中心で、オランダ、スペイン、ポルトガルにも拠点がある。南仏コートダジュールも、イタリア司法から追われる身となったメンバーの隠れ場として(カンヌでルイージ・ファッキネリとロベルト・ペリガリが逮捕された一件で見たように)、あるいは密輸マネーを投資する場として利用される。旧ユーゴとの兵器や麻薬、不法移民の密売取引では、サクラ・コローナ・ウニータ(原注294)と共同で動いている。

オーストラリアでは一九二八年以来、アデレード市とキャンベラ市を中心に、四ファミリーが麻薬や武器の密売、詐欺、かたり、恐喝、非合法賭博といった活動を展開し続けている。

カンパーニアのカモッラ

一九九七年一月一日から九月半ば、ナポリ市では地元マフィア間の報復事件が相次いで起こり、警察が殺人一一〇件を確認するに至った。事態を重く見た当局は、沈静化を狙って、五〇〇人編制の部隊を派遣した。

最近では、二〇〇二年五月二十六日、クラリッサ・カーバ、そのおばミケリーナ、クラリッサの義姉シベーリが、ステファニア・グラジアノとキアラ・グラジアノに待ち伏せされて殺された。

車で通りかかったフェリシエッタ・カーバとイタリア・ガレオタ・レンザも襲撃されて重傷を負い、一人は昏睡状態に陥った。グラジアノの孫娘たちも、車二台の銃撃戦で負傷している。

ちなみに、クラリッサらは、フランスで拘留されたビアージョ・カーバ一家の流れをくみ、ステファニアらはルイージ・サルバトーレ・グラジアノを首領とするナポリのグラジアノ一家の流れをくんでいて、女たちは遠戚関係にあった。

アベリーノ県ナポリ東方のラウロ峡谷の実権掌握をめぐり、一九七〇年代から長きにわたって続いてきたカモッラの内部抗争――この事件は、その抗争の新たな展開の一つに過ぎないが、投獄された一味の男たちに代わって、女たちが戦いの全面に出てきた点は驚きを呼んだ。

すべては、カンパーニア州アベリーノ県クインディチの市長に、カモッラの首領の一人フィオーレ・グラジアノがうまく取り入り、商業界の管理や市町村の落札、建築許可で力を握るようになってからの出来事だ。彼が、後に別の一味に殺され、グラジアノ一味と彼らとの間で、長きにわたり抗争が起こるようになったのである。

戦後、ナポリの「カモッラ」はマフィアとして大きく成長した。こうした飛躍の一因に、闇社会と自治体の結託があった点は否めない。だが、そこには、カンパーニア州の若者の間で失業率が上昇したこと、一九八〇年にナポリで地震が起こったこと（この結果、被害に見舞われた地域の再建活動にマフィアが介入を許された）、煙草に加え麻薬の密売が行なわれるようになったことが影響したのも事実である。

その後、報復につぐ報復で組織は弱体化。今やカモッラは末期を迎えつつあるとも言われる。ただし、マフィアの最期といった表現には、よくよく注意してかからねばならない。

歴史、現況

カモッラは十九世紀、地方社会のあり方とは無縁に、ナポリの下町から生まれた組織で、長年にわたり煙草の密売を行なって財をなしてきた。

戦後はドイツ占領軍からの解放後まもなく、果物や野菜の闇市で荒稼ぎをし、さらに一九七〇年代、煙草の密売と、当時上昇傾向にあった麻薬の密売でかなりの儲けを出した。

そんなカモッラの姿は、シチリアのコーサ・ノストラにとっても十分魅力的だったようで、「煙草の供給網で力を握れば、麻薬分野でも同様、力を握ることができる」という教訓を学んでいる。

カモッラでは、シチリアマフィアと同じで、ファミリーがそれぞれ独立して活動を行ない、厳しい掟のもと、上意下達が徹底されている。だが、一方でファミリー同士をまとめる規則はなく、無秩序がはびこり、それがファミリー間のいざこざを煽る原因となっている。

その代表的存在が、ヌオーバ・カモッラ・オルガニッザータである。この一味はもともと、サレルノ県ベスビオ山麓の本拠、オッタビアーノ町で恐喝を行なうだけの組織だったが、その後、首領ラッファエーレ・クートロの指揮の下、ナポリ郊外のごろつきを大量に採用し始め、事業面、組織面でコーサ・ノストラ化を進めた。やがて組織は、三五〇〇人あまりのメンバーを使ってナポリ郊外を席巻するとともに、サレルノ県、アベリーノ県、カゼルタ県で猛威を振るい、コーサ・ノストラとは距離を置きながら、カンパーニア全土を手中に収める野望を抱いていった。

この組織に対抗するようにして現われたのが、ヌオーバ・ファミーリヤ(原注295)という組織だ。こちらは、首領のミケーレ・ザザがアントニオ・バルデッリーノ、ロレンツォ・ヌボレッタ、カルミネ・アルフィエリ、パスクワーレ・ガラッソなどを率いた組織で、ナポリの中心街と郊外の大部分を牛耳り、コーサ・ノストラの主要ファミリーと協力しながら事を運んだ。

一九八一年、それまで「犯罪連合」をつくってなんとか協調してきたこの二つの組織が衝突。翌年にかけて三〇〇人の死者を出す激しい戦いに発展した。

警察の取締り強化やヌオーバ・ファミーリヤの反撃、裏切り行為の発生、激化する紛争、改悛者の出現を受けたヌオーバ・カモッラ・オルガニッザータのリーダーたちは、八二年以降、それまでの組織拡大策を諦め、勢力範囲を地元ベスビオに縮小、拠点もサレルノ県に限るようになった(原注296)。

やがて組織間の争いが終わると、どちらも、組織内部における自治権に再びこだわり始め、これを境にヌオーバ・カモッラ・オルガニッザータとヌオーバ・ファミーリャの「犯罪連合」は廃れた。その後、ケニア系、タンザニア系の小型密売グループが台頭。猛威をふるってナポリの地区すべてを勢力圏とするようになり、持ち場を追われたカモッラは、組織として後退した。

組織編制としくみ

カモッラには、もともと、分裂や解体をひきおこしかねない特徴があった。どんな一味や小集団のメンバーも、それぞれ活動の専門領域を有し、ナポリの一つの地区や、地方の一地域をあてがわれ、そこで動いているのが、カモッラの強みである。カンパーニア全土には、こうしたカモッラ構成員が散らばっている。

が、まさに「散らばっているだけ」と言ってもよく、組織としての一体感やまとまりには欠ける。そこにきて、ナポリの人間は個人主義が強い。カモッラの強みは、同時に組織の弱体化を引き起こす原因にもなっているのだ。

ヌオーバ・カモッラ・オルガニッザータ、ヌオーバ・ファミーリャという二つの組織は、カモッラのそうしたあり方を変えようと、一九七〇～八〇年の間、「犯罪連合」をつくって何度も組織改革を試みたが、さまざまな出来事に阻まれてどれも長続きせず、結局、内部抗争に明け暮れて(原注297)組織は弱体化している。

いずれにせよ、現在においても首領を中心とする一家でまとまり、マフィア系の企業家とコンビを組みつつビジネスを管理している点は変わらない。

カモッラのもう一つの特徴は、シチリアマフィアと違って、女性が責任ある地位にある点だ。組織の一つ、ヌオーバ・カモッラ・オルガニッザータでは、首領ラッファエーレ・クートロが逮捕された後、姉のロゼッタがトップの座を引き継いだ。その外見と強情な性格から「氷の瞳」の異名を持つロゼッタは、十年間、警察の目をくらました後、一九九三年二月に非合法活動を行なった容疑で逮捕されるまで、ずっと組織のドンだった。

他にも、「レディー・カモッラ」あるいは、目が青いことから「セレステ」と呼ばれるエルミニア・ジュリアーノの名が挙げられる。兄弟五人が逮捕され、家族で他に誰もトップに立つ者がいなくなったため、二〇〇〇年十二月まで組織を率いた女性だ。

ナポリ北の組織アリアンツェ・デ・セコンドグリアーノでも、リーダーだった夫が暗殺されると、妻のマリア・リッチャルディがグループを引き継いでいる。(原注298)

参考数値

一九九五年、イタリア内相の発表では、カモッラのファミリー数は一三五、メンバーは七二〇〇人だった。

同国の司法機関は一九九五年三月三十一日現在、一五八人の改悛者を確認。彼らの協力により捜査や起訴が進んでいる。(原注299)また同年、当局は、カモッラと共謀したとして三二の市町村議会を解散させた。

地元における密輸煙草の販売マーケット、および闇くじ（ロトとトトカルチョの闇くじ）(原注300)の売上高は、年間あわせて約一五億ユーロだ。

一九九七年九月、組織は、ナポリだけで三〇を数え（このうち一〇あまりが、それぞれ四〇〇人以上の構成員を擁する）、州内で六五が確認されている。(原注301) 数は以前より減っており、カモッラが苦境に陥っている点が窺える。

なお、二〇〇二年〜〇三年、カモッラには、ナポリを含むカンパーニア州全体で数百のファミリーが存在する。構成員はおよそ六〇〇〇人とのことである。

活動分野

昔ながらの煙草の密輸は、今でも大きな収入源だ。(原注302) 煙草の密輸をきっかけに参入した麻薬の密輸も主要活動である。カモッラは、大麻とヘロインでコーサ・ノストラの後を追う勢力で、南米、欧州ではコカイン取引も行なう。

こうした取引は最近とくに活発化しているようだ。一九九六年初め、ナポリ北部（ジュラーノ、メリート・サンタンティーモ・カサンドリノ、カイヴァーノ地区）では、マフィアメンバー八八人が、ヘロイン、大麻、コカインの密売をめぐる掃討作戦で逮捕されている。(原注303) 彼らの密売行為は一九八〇年代から続いていた。

ここ数年、欧州で差し押さえられたコカインを見ても、かつてこの業界を牛耳ってきた南米組織に代わり、カモッラが主要プレーヤーと化しているのは明らかだ。調査によると、南米（ペルー、ボリビア、ブラジル、ウルグアイ）での影響力も大きくなっているようである。

贅沢品（時計、カバン、香水）の偽造、贋金造り、非合法のくじや賭け事、金の恐喝[原注304]、売春、大がかりな窃盗活動（TIRのラベルを貼ったトラックを利用）、盗品隠匿といった活動も目立つ。

公共工事の落札詐欺にも長けている。一九八〇年、ナポリは地震に襲われたが、その後の復興活動で相次いで建物が新設された折、組織はかなりの収入を得た。ナポリの街では、系列企業を通し、役人や政治家の買収工作が進んでいる。

世界の拠点

第一に挙がるのは、米国の拠点である（アルバニー、ボストン、シカゴ、クリーブランド、ハリスバーグ、ヒューストン、ロサンゼルス、マイアミ、ニューヨーク、フィラデルフィア、ピッツバーグ、スプリングフィールド、タンパ、ワシントン）。

南米ではペルー、コスタリカ、コロンビア、ベネズエラ、ブラジル、ウルグアイに拠点がある（FBIの情報による）。

欧州では、主にドイツ、中欧に入り込んで幅広い活動を行なう他、ベルギー、オランダ、ポルトガル、スペイン、英国、スイス、モナコ王国に拠点を持つ[原注305]。

フランスも例外ではない。中でもよく使われるのが南仏のコートダジュールだ。

「私はしがない煙草の密輸人でして……」と自らを称したミケーレ・ザザは、実は麻薬密売の大物で、老年に入ってからも、コートダジュールはビルヌーブ・ルーベ村にある億万長者の丘に豪華な邸宅を建て、そこで悠悠自適の生活を送りつつ、生業を続けた[原注306]。一九九一年六月、煙草の脱税容疑で逮捕され、マルセイユの裁判所で裁かれた後、身柄をイタリアへ引き渡されたが、その後、服役中に死亡。煙草の吸いすぎによる度重なる心臓発作がその死因だったとは、何とも皮肉な話である。

「子蜘蛛」ことジョバンニ・タリアメントとつるんで、カジノ「ソレイユ・ド・マントン」の買収を図った疑いも持たれるが、真相は明らかではない。

バルカン半島の旧ユーゴや、ハンガリーでは、カモッラが精力的に活動を行なっている。東欧各国で、カモッラの一部が拠点を有している可能性も噂されている。

プッリヤのサクラ・コローナ・ウニータ

イタリア・プッリャ州のサクラ・コローナ・ウニータという機構も、昨今、活動目覚しいマフィアの一つだ。度重なる警察の捜査や逮捕にもめげず、他国の犯罪組織から不法移民、煙草、中欧の売春婦を、毎日のように受け取り続けている。

一九九九年、プッリャ州では、煙草の密輸入に関わったとして三四九五人が起訴され、三六六人が収監された。押収物件は、煙草四四五トン、装甲車七〇台、モーターボート五一艘だった。

だが、警察は、旧ユーゴとイタリアの間で行なわれる密売のペースになかなか追いつけておらず、今や、あらゆる物品が小艇で盛んに運ばれ、皮肉にも地元ビジネスを活性化する結果を生んでいる。マフィアや密輸業者の活動に便乗し、この地で超高速ボートを作り、一台あたり一五万ユーロ以上でアルバニア人に売りつけているイタリア企業家もいる。(原注307)

一九九六年十一月九日、イタリア警察は、サクラ・コローナ・ウニータの一ファミリーの首領で逃亡中だったアントニオ・パガーノを、ローマ近郊で取り押さえた。パガーノは一九九一年に、殺人、マフィア結社罪、麻薬密売の容疑で起訴されていたが、それ以外に、モンテネグロとの間で煙草の密売を先導した疑いも持たれていた。逮捕時は、ルーマニア女性三人と一緒で、警察は、彼が東欧各国に向かおうとしていたのではないかと見ている。

一九九六年一月十三日には、スペインのミハス村でジュセッペ・デンティーチェが逮捕された。当時三十六歳、この機構の犯罪集団「薔薇」の創設者と見られる人物で、逮捕時は、偽造パスポートを所有していた。一九八九年、イタリア当局に逮捕されたが、その後逃亡。スペイン、オランダ、イタリアにおける麻薬密売活動で、メンバー一六五人を統率していた。

ちなみに、プッリャ州にはマフィア機構が五つある。サクラ・コローナ・ウニータはその一つで、他より規模が大きく勢力も最大だ。

かつてシチリア、ナポリ、カラブリアの首領たちが自宅軟禁を命じられ、マフィア活動が衰えた時期があった。そんな中、先に見たカモッラの一組織ヌオーバ・カモッラ・オルガニッザータがプッリャ州で煙草と麻薬の密売に参入しようと意図（一九七五年）。彼らの庇護の下、一九八〇年にたまたま誕生したのが、ヌオーバ・グランデ・カモッラ・プグリエーセという組織だった。一九八一年、この組織のメンバーが、イタリアはバーリ県の刑務所で構想を練り、一九八三年五月一日、ヌドランゲタの正式メンバー、ジュゼッペ・ロゴリに率いられてスタートしたマフィア機構が、サクラ・コローナ・ウニータである。

いずれにせよ、イタリアの他のマフィアに刺激されて最近できた機構で、旺盛な独立精神が特徴だ。「精力的」で、アクの強い若者をメンバーに加え入れている。

機構内部は、ヒエラルヒーが一三段階と細かく分かれ、頂点には、シチリアのコーサ・ノストラよろしく「コミッショーネ」（委員会）が存在する。ただし機構としてまだ若いせいか、サクラ・コローナ・ウニータの「コミッショーネ」は、コーサ・ノストラの「コミッショーネ」と違って、指導部的な意味合いが強い。入会儀式はかなり込み入っている。

活動分野

まず、煙草の密売が挙げられる。イタリア国内ではプッリャ州のブリンディシ県、フォッジア県、バーリ県、また旧ユーゴで精力的な活動が行なわれている。

スロベニア、クロアチアでは、特に、麻薬の密売と、武器（携帯ロケット発射器やカラシニコフ）や爆発物の密売が合わせて行なわれる。二国とも、もともと地理的にみてこうしたビジネスに都合のよい場所にある。だが、この地域での事業展開には、それ以上に、アルバニア国内やアルバニア語圏、旧ユーゴの政情不安定が色濃く反映している。バルカンルートはサクラ・コローナ・ウニータの地元からさほど遠くない。組織はこのルートを使ってゴールデン・クレセント産の麻薬を運ぶ他、戦争で通商が禁じられた地域に、あらゆる手を使って物資を密輸している。

中国人、トルコ人、パキスタン人、アルバニア人などを欧州に不法に密航させるノウハウにも長けている。中欧から送られてきた売春婦を欧州へ届ける一端も担っている。

公共事業の落札における詐欺やEU補助金の横領も活動の一部だ。カンパーニア州の商業がカモッラに牛耳られているのと同じで、プッリャ州のバーリ県では商業の半分が恐喝の被害を受けている。なお、身代金目当ての誘拐は行なわない。

この機構は、脅迫や暴力に訴えることが多い。構成員は凶悪で、きわめて活発に犯罪を行なう。沈黙の掟が重んじられ、マフィアの教えがよく守られているのが特徴だ。(原注308)

参考数値

サクラ・コローナ・ウニータは、かつては地元で強盗行為を行なうだけだったが、徐々にそのカラーを変え、今や、れっきとしたマフィア型犯罪機構となっている。ファミリーは四七あり、構成員は一六〇〇人を数える。

不法取引によって得た金は、系列の金融会社が約六〇〇社を通してロンダリングされている。

活動の中心はブリンディシ県、レッチェ県、タラント県だが、稀に見るビジネス感覚に恵まれ、今後、犯罪組織として拡大する恐れがある。

シチリアマフィアの中では、ピエトロ・ベルネンゴ率いる一家と結びつきが強い。

アルバニアやコロンビア、モンテネグロの裏社会とも接触がある。

拠点は、すべてのマフィアにとって母なる海であるアドリア海沿岸のモンテネグロ、アルバニアにある他、組織メンバーで構成された、かなり大きなコミュニティーがドイツのバイエルンに存在する。

なお、一九九五年三月三十一日現在、イタリア司法はこの機構から改悛者を七一人得ている。

南部イタリアのマフィア機構のまとめ

イタリア当局が、それまで跋扈《ばっこ》してきたマフィアに戦いを挑み、犯罪対策で大きな成果をあげたのは事実だ。ただし、今後のマフィアの動きには、慎重になる必要がある。

確かに成果は上がった。だが、それは一時的な現象であり、マフィア壊滅という最終目標に至ったわけではない。犯罪機構同士が団結し、変革を進めている点も見逃せない。

いつの世も、マフィアは状況に順応してきた。今は、効果的に活動を行なえる組織として生き延びられるよう、柔軟な体制を作り出すべく、機構を再構築しているところと言えるだろう。連絡司法官ミシェル・ドバック(原注309)はこう語る。

一九八〇年代のコーサ・ノストラは、マフィア機構として増強を図りつつ、戦術や構造をめぐり、カモッラやヌドランゲタに手を差し伸べた。独自の機構展開を堅固にすすめていたカモッラ、ヌドランゲタも、有利になると睨んでそれに歩み寄った。南部イタリアのマフィア機構はこの時期、マフィアとしての能力に磨きをかけ、やがてイタリアの組織犯罪界を支配するようになった。(中略)イタリア南部のマフィア機構は、軍備力と資金力をもとに、大都市のギャング団を牛耳り、活動に利用しているのが特徴だ。(中略)南部には、もともとマフィアを生む土壌があった。そこで成長した複数のマフィア機構は、今や、イタリアの国家機関を脅かす存在になっている。

つまり、とても楽観できる状況ではないということだ。マフィア対策庁も、「コーサ・ノストラが将来に備え再編成している兆候が見られる」と指摘している。だいたい、機構が本当に壊滅していれば、今後に備えるはずはない。

カモッラやコーサ・ノストラが昨今、「ベビー・キラー」を内部に組み込んでいるのも、その証拠だ。カルタニセッタ県のジョバンニ検事によると、こうしたマフィアの新メンバー、ベビー・キラーは十歳を過ぎたか過ぎないかの子供で、犯罪について独自の機関で指導を受けているという。「教育は十一、十二歳頃から始まる。子供たちは、田舎で銃の使い方を学び、その後、スクーター一台とピストルが与えられ、やがて、マフィアから『殺人』という任務を与えられることになる。マフィアが運営するこうした教育機関は大変うまく行っており、公立の学校とこの機関と、どちらを選ぶか迷う者もいるほどだ」。

シチリアのジェラ市長は、こうした犯罪教育機関の実態に異論を唱える。だが、ナポリで未成年犯罪を担当する検事のステファノ・トラパーニは、ジョバンニ氏と同じ見解だ。なるほど、子供の段階からであれば、かなり思いのままにマフィアメンバーを「育成」できる。こうした教育は、マフィアにとって投資リスクもない。経済が沈滞し、就職口がほとんど見つからないような地域があり、しかもそこがマフィア組織にとって活動維持の必要な縄張りであるなら、地元で育った若い兵士はよい働き手になるだろう。(原注310) 彼らはマフィアの将来そのものだ。

あの大物サルバトーレ・リイナはとうとう逮捕された。だがそれをきっかけに、コーサ・ノストラの幹部たちは、それまで機構に欠けていた大切な要素に気付き、マフィアとして進化のきっかけを掴んだといえる。

それどころではない。コーサ・ノストラは、「水が押し寄せる。藺草《いぐさ》よ、身をかがめよ」というシチリアのことわざをよく噛み締めて組織を立て直し、より一層、状況に即した存在になっているようだ。今後、当局の取締りが少しでも弱まれば、そのすきをついて力を巻き返してくるに違いない。

（原注1）G. Falcone, M. Padovani, *Cosa Nostra*, Éditions N° 1/Austral (1992).

（原注2）Raufer et Xavier Stéphane Quéré, *La mafias albanaise; Comment est née cette superpuissance criminelle balkanique ?*, Favre, 2000. を参照のこと。本書で語られる情報や引用の多くは、ロフェルとケレのこの本をもとにしている。

（原注3）ベルギー政府の機関ＭＣＣ（les menaces criminelles contemporaines）は、パリ第二大学（Panthéon-Assas）にあるパリ犯罪学研究所と結びついている。ＨＰは www.drmcc.org.

（原注4）グス・ズドは犯罪学者として、アルバニア系マフィアの研究を行なっている。*Transnational Organized Crime*, Spring. 1996, vol. 2, n° 1, p. 1-20. の記事（Men of Purpose : Growth of an Albanian Criminal Authority）を参照のこと。彼のこの解説は、コソボが国際政治において注目される、はるか三年前に行なわれたものである。

（原注5）八一年の調査結果として、前掲の *La mafifa albanaise* で使われているこの数値は、信頼性が高い。

（原注6）新聞『ル・フィガロ』二〇〇〇年四月四日の記事（La mafias, premier employeur de Pristina）。

（原注7） レカ・ドゥカジニ（フランス風にいえば、ジャン・アレクサンドル公爵とでもなろうか）は、十五世紀、ダグモおよびザドリーナの領主でゲグ人だった（ゲグ人とは、アルバニア北部に住み独自の方言を話す人々のこと。アルバニアには、南部にも別の方言を使う人々が住むが、こちらはトスク人と呼ばれる）。ドゥカジニは、オスマン＝トルコ族が襲来する前にカヌンをまとめたが、この決まりの起源は古代国家イリュリアやエピルスのあった有史以前に遡る。代々、口づてに伝承されてきた古い規則の集成といえよう。

（原注8） 一九九九年六月二十九日火曜日の新聞より。前掲のグザビエ・ロフェルとステファン・ケレの本（一一〇頁）からの引用。

（原注9） 日本の暴力団についてまとめた章を参照のこと。

（原注10） 米国のこの機関は、米国麻薬取締局と連携しながら、麻薬をめぐるあらゆる問題について、分析とまとめを行なっている。

（原注11） 前掲の *La mafias albanaise.*

（原注12） ピザ・コネクション事件とは一九八〇年代、トルコからニューヨークに、ヘロインが大量に密売された事件のこと。この取引を牛耳っていたのはコロンボ一家で、活動は一九八五年にＦＢＩが阻止するまで続けられた。ヘロイン取引で得た金は、街のピザ屋のネットワークを使ってロンダリングされていたため、この名が付いた。

（原注13） 大抵、運転手のポジションには、ボスにとって信頼のおける側近など、右腕的存在がつく。アルバニア人ムスタファがその座にあったというのは、ボスからよほど信用されていたのだろう。

（原注14） 『クーリエ・アンテルナショナル』二〇〇一年二月十五日～二十一日号（五三七号）に掲載されたアルバニアの週刊誌『クラン』の記事（Deux barons de la drogue tombent à Tirana）を参照のこと。フレデリック・ヅルダは若い時分、盗みがもとで有罪を宣告され、その後、米国に逃れたが、米国でも麻薬密売をめぐって裁判沙汰になり、一九九〇年代初めにアルバニアに戻ってきた。アルベン・ベンバラは、元アルバニア将校で、のちに企業主に転向。兄弟ヅルダとカカオやコーヒーの運搬に従事するふりをしながら、実は麻薬密売に関わっていた。

（原注15）新聞『リベラシオン』二〇〇〇年八月三十日のピエール・ハザンの記事（Les Balkans, porte d'entrée dans illégaux）。

（原注16）雑誌『タイム』二〇〇一年二月十九日の記事（Human slavery; women for sale）を参照のこと。

（原注17）雑誌『レクスプレス』二〇〇〇年一月二十七日のマリー・ユレの記事（Prostitution: guerre des Balkans à Lyon）。

（原注18）『リベラシオン』二〇〇〇年二月四日のソフィー・ペリエの記事（La Belgique, vitrine de la mafias albanaise）。

（原注19）前掲の記事（Human slavery ; women for sale）を参照のこと。

（原注20）『ル・モンド』二〇〇〇年三月十四日のフィリップ・ブルサールの記事（Les réseaux albanais de prostitution prolifèrent en Europe）。

（原注21）『クーリエ・アンテルナショナル』二〇〇一年二月十五日〜二十一日号（五三七号）に掲載された、イタリアの雑誌『パノラマ』のカーメロ・アベイトとブルーノ・クリミの記事（Tobacco connection）を参照のこと。

（原注22）『ラ・リーブル・ベルジック』二〇〇〇年三月十七日に掲載されたクリストフ・ラムファルシの記事（Sous tutelle de l'ONU, le Kosovo redevient un point de passage de l'heroïne）を参照のこと。

（原注23）前掲の *La mafias albanaise*.

（原注24）まことに驚くべきことだが、アギム・ガシは、コソボ戦争が勃発してから数日の間に途端に商売気づき、武器密売に手を出していたことが、イタリア憲兵隊による盗聴でわかっている。

（原注25）国際刑事警察機構が行なった、コカイン密売についての第六回国際会議。

（原注26）米国連邦麻薬取締局は、一国を超えた麻薬密売を取り締まる。

（原注27）メキシコの新聞『エル・ユニベルサル』二〇〇三年四月十日の記事（Aumentan a 41 los narcopolicias detenidos en Ecatepec）を参照のこと。

（原注28）『クーリエ・アンテルナショナル』一九九六年四月十一日に掲載された『USニュース&ワールド・レポート』（一九九六年一月二十九日）の記事。

（原注29）一九九五年に危機が訪れるまで、この国は、GDP成長率が五年で平均四%という、立派な発展途上国であった。だが、こうした資金流出をきっかけに、経済は発展から停滞（ひいては後退まで）を味わうことになる。まさに、地下経済が国の経済に影響を及ぼした例といえよう。

（原注30）それぞれ、前者がメキシコ、後者が米国の土地名。

（原注31）このビセンテ・カリージョ・フエンテスについては、メキシコ国内で四六人を殺害した容疑で、本人不在のまま裁判が始まった。この件については、さらに十数人を殺害した疑いも持たれている。これとは別に、九人殺害を命令したとして起訴されている件もある。

（原注32）『リベラシオン』一九九九年十二月一日のファブリス・ルスロの記事（Mexique - États-Unis : guerre de la drogue, Des charniers contenant au moins 100 corps decouverts à Ciudad Juarez）。

（原注33）米国麻薬取締局の捜査員エンリケ・カマレナは拷問を受けて死亡。『タイム』特派員エレーン・シャノンは、一九八八年に出版した*Desperados*という本の中で、「メキシコの政治家と麻薬界の大物が親しい関係にあった事実をカマレナがつきとめていた」と暴露している。

（原注34）地方出身の「ラファ」ことラファエル・カーロ・キンテーロは、一九五二年生まれ。グアダラハラの麻薬カルテルの首領と疑われている。キンテーロは、武器密売と、農民をマリファナ耕作地で強制労働させた罪で、一九八八年九月二十四日、米国の裁判所から、三十四年の刑を宣告されている。

（原注35）体に二〇の銃弾を打ち込まれて死亡した枢機卿を巡っては、事件に巻き込まれた可能性もあり、誤って殺されたのだとする主張も根強い。二〇〇二年六月、メキシコの検事五人は、「麻薬密売でライバル関係にあった一味同士がグアダラハラの空港でかちあい、枢機卿の乗った車が、間違って銃弾を受けた」と公式に発表、陰謀説を一蹴している（『エル・ユニベルサル』二〇〇二年六月二十日より）。

（原注36）ヘスス・ラブラ・アビレスは、レストランやホテルの経営者で、ティファナでは名の知れた企業家だった。息子のサッカーチーム校で逮捕された時は、ピストル一丁と携帯電話四台を所持していた。

（原注37）『タイム』二〇〇〇年五月十五日号を参照のこと。イグエラ・ゲレーロは、アレラノ・フェリックス兄弟の代わりに、このカルテルで処刑や誘拐、麻薬の積荷、海上運送を取り仕切っていたようだ。

（原注38）ＣＮＮのスペイン語ＨＰ。

（原注39）『クーリエ・アンテルナショナル』二〇〇二年十一月七日〜十三日号（六二七号）に掲載された『ワシントンポスト』の記事。

（原注40）アレヤノ・フェリックス兄弟とは、ベンジャミン、ラモン、ハビエルに加え、フランシスコ・ラファエル、エドゥアルド、ルイス・フェルナンド、カルロスを含む、全部で七人の兄弟である。

（原注41）これは「赤ん坊」という意味で、童顔だったために名づけられた。米国当局に逮捕された彼は、「まさかつかまるとはな」と言ったという。

（原注42）アブレコは、米国に一五トンのコカインを運び、一〇五〇万ドル（約八〇〇万ユーロ）をロンダリングしたとして、一九九六年十月十六日、有罪判決を受けた。

（原注43）アマド・カリージョ・フエンテスの別名「空の帝王」をもじって名づけられたと思われる。

（原注44）このテーマについては、一九九六年八月の『ル・モンド・ディプロマティーク』に載ったハイメ・アビレスの記事（Main basse sur le Mexique）が参照になる。

（原注45）ＣＮＮのスペイン語ＨＰ（二〇〇〇年三月十五日、十八日）。

（原注46）ＣＮＮのスペイン語ＨＰ（二〇〇〇年三月二十四日）。

（原注47）カルロス・サリナスは、制度的革命党（ＰＲＩ）の政治家。一九八八〜九四年の間、メキシコ大統領を務め、現在はアイルランドに住んでいる。

（原注48）制度的革命党の幹事長フランシスコ・ルイス・マシュのこと。一九九四年三月、別のテロ事件では、次期大

統領に立候補していたルイス・ドナルド・コロシオが殺されている。

（原注49）ビセンテ・フォックスが大統領になる二〇〇〇年まで、制度的革命党は、メキシコで七十一年間、政権を握っていた。

（原注50）サリナス大統領政権下のメキシコの腐敗とカルテルとの結びつきについては、『カイエ・ド・エクスプレス』（三六号）に掲載されたクリストファー・ウェイレンの一九九四年十一月の記事（Le triomphe du narcosystème à Mexico）を参照のこと。

（原注51）『タイム』二〇〇〇年三月十三日号。

（原注52）CNNのスペイン語HP（二〇〇〇年四月十一日、三十日）。

（原注53）この武器は、その形から、メキシコで「山羊の角」と呼ばれている。

（原注54）「麻薬民主主義」国家とは、コカインマネーで腐敗したコロンビアやペルー、ボリビアを対象に、米国当局が言い出した表現である。

（原注55）メキシコの「コロンビア化」とは、よく言われることである。

（原注56）雑誌『ル・ポワン』一九九九年五月十四日（一三九一号）のアクセル・ギルデンの記事（Colombie : cocaïne, un labo ultra-sophistiqué）。

（原注57）コロンビア警察本部長だったロソ・ホセ・セラーノ将軍は、二〇〇〇年六月、「反麻薬密売闘争に関わった職員たちの葬儀にこれ以上、出席するのは耐え難い」と述べ、部長職を辞している（十年の間に、四〇〇〇人が命を落とした）。将軍は本部長時代、カリ・カルテル首領の逮捕や腐敗警官約八〇〇〇人の追放などに大きく貢献し、コロンビア世論から賞賛される他、米国からも高く評価された。なお、この本部長の任は、フランス系ルイス・エルネスト・ジルベールが引き継いだ。

（原注58）カリはコロンビア第三の都市。人口は一六〇万人。

（原注59）メデジンはコロンビア第二の都市。人口は一七〇万人。

（原注60）カリ・カルテルの元出納係ギレルモ・パロマリは、一九九七年七月、米国マイアミで裁判所の命令に抵抗し、「サンペールの選挙運動は麻薬マネーで援助されていた」との主張を繰り返した。

（原注61）民族解放軍は、チェ・ゲバラの思想に触発されてできたゲリラ組織で、メンバーは約五〇〇〇人。コロンビア革命軍同様、和平交渉を始めた政府から国内の一部を中立地帯として与えられ、アンティオキア州とボリバル州の奥、五〇〇〇平方キロメートル（約五万人の住民がいる）を確保した状態にある。この地域には、コカの栽培地が二万ヘクタールある。

（原注62）Xavier Raufer et Stéphane Quéré, *Le Crime organisé*, PUF, « Que sais-je ? », n° 3538. からの数値。

（原注63）『セマナ』二〇〇〇年五月八日～十四日号の記事（前掲）。

（原注64）この結論は、麻薬の押収件数、一九〇〇件をもとに、その製造法や材料の原産地などを調査した結果、導き出されたもの。

（原注65）一九九〇年代、コカの葉の生産量は、コロンビアで年間一万一〇〇〇トン、ペルーで二〇万トン、ボリビアで一四万トンだった。

（原注66）コカの葉が塩酸コカインになるまでには、三つの段階を経る。第一段階はコカ・ペーストの製造（コカの葉一〇〇キログラムあたり、一キログラムが取れる）、第二段階はコカイン・ベースへの加工（コカ・ペースト一キログラムあたり二〇〇グラムが取れる）、最後の第三段階が、コカイン・ベースを使ったコカイン製品の製造過程である（人間が、一人でコカの葉を一〇〇キログラム収穫しようと思えば、一カ月かかる）。

（原注67）二〇〇三年八月末、当時四十六歳のファビオ・オチョア・バスケスは、米国の裁判所から三十年の刑を言い渡された。一九九七年～九九年まで、独自のネットワークを用いてコカイン三〇トンを米国に運んだというのが罪状である。コロンビアの刑務所で、メデジン・カルテルに関わったとして六年の刑に服し、一九九六年に出所した後のことだった。

（原注68）一九九四年か九五年に放映されたテレビ番組「52 sur la Une」より。

（原注69）例えば法務大臣ロドリーゴ・ラーラ・ボニーラは二人のシカリオに殺された。この二人のうち、一人はほんの十五歳だった。ボニーラは、大密林に隠れるようにして建っていたコカイン製造工場、通称「トランキランディア」（静かなる土地）から一二トンのコカイン・ベースを発見して破棄する他、予備議員（正規議員が職務を遂行できなくなった場合、その役目を果たす）の座にあったエスコバールの過去をコロンビア議会に暴露した果敢な人物だった。

（原注70）シカリオたちの平均寿命は二十歳に満たない。

（原注71）これは二十八分に一人が殺された計算になる。ちなみに一九九六年には、一年間で二万六六一四人（二十分に一人）が殺されている。

（原注72）エスコバールは、警官は一五〇〇ユーロ、役人は四五〇〇ユーロで、殺しを請け負っていた。

（原注73）この「三ツ星」刑務所は、別名「大聖堂」で通っていた。刑務所は、パブロ・エスコバールの指揮の下、エンビガード地区（メデジン）のすぐ上に建てられた（内部には、筋肉トレーニング室やバー、友人接待室、客間などがあった）。

（原注74）ジルベルト・ロドリゲス・オレフエラは十四年の禁固刑に服していたが、刑務所での服役態度がよかったということで、入所から七年後の二〇〇二年十一月、仮釈放の身となり、コロンビアでスキャンダルを呼んだ。似たようなことが弟ミゲルについても起こりそうになったが、ぎりぎりになってコロンビア司法当局が検察局の要請を受け入れ、「裁判官の買収を図った」として、ミゲルに四年の刑を追加した。一方、警察は二〇〇三年三月十二日、麻薬密売の咎で、ジルベルトを再度逮捕した。

（原注75）この作戦では、一九九七年〜二〇〇〇年に四三人が逮捕され、二五トンのコカインが押収され、麻薬約六八トンの運搬に利用されたと思しきネットワークが破壊された。コロンビアのコカイン・ベースが、ベネズエラの森林まで空輸され、そこで袋詰めされた後、製品として輸出されていたというのは興味深い。

（原注76）『クーリエ・アンテルナショナル』二〇〇三年五月七日〜十四日号（六五三号）に掲載された『セマナ』の

記事（Une deuxième génération de trafiquants de drogue）を参照のこと。

（原注77）コロンビアの新聞『エル・ティエンポ』二〇〇三年九月一日の記事（Cuatro miliones de hectáreas están en poder de narcotraficantes）を参照のこと。

（原注78）コロンビア自警軍連合は、ガルボ・カスターニョをリーダーとする極右の準軍事組織で、メンバーは約五〇〇〇人。

（原注79）この作戦は大きな成果を上げ、八五のコカイン製造工場と一四〇〇ヘクタールの栽培地が破壊された。

（原注80）『リベラシオン』二〇〇〇年十一月十四日のマリー＝ロール・コルソンの記事（Le sous-marin perché）および『タイム』二〇〇〇年九月十八日の記事（A big can for coke）。

（原注81）『ニューヨーク・タイムズ』二〇〇三年八月五日の記事（Powell advises resuming Colombia anti-drug flights）を参照のこと。

（原注82）『エル・コロンビア』二〇〇三年七月五日の記事（Medellín, de frente contra la heroína）を参照のこと。

（原注83）一九九六年八月初め、ミラノでは、一〇四キログラムのコカインが押収され、コロンビア人二人とベネズエラ人一人が逮捕された。

（原注84）フランクリン・フラード裁判も、舞台はルクセンブルグだった。フラードは、同国を拠点に、一一カ国の六八の銀行の口座を使って、カリ・カルテル所有の三六〇〇万ドル（一億八〇〇〇万フラン）をロンダリングしていた（J.-L. Hérail et R, Ramaël, *Blanchiment d'argent et crime organisé : la dimension juridique*, PUF, coll. « Criminalité internationale », novembre 1996. を参照のこと）。

（原注85）二〇〇三年六月三日～六日、ブラジルの首都ブラジリアでは、「組織犯罪撲滅と民主主義の秩序を守るための戦い」と題する国際会議が開かれ、各国政府の関係機関が集まった。会議の開会演説は、本来ならブラジル大統領が行なうところを、法務大臣が代わりに務めた。

（原注86）シト・ミニャンコは、スペイン・ガリシア地方の麻薬王の一人と捉えられている。一九九八年以来、いつも

運よく裁判を免れてきた人物で、逮捕時も仮釈放の身だった（麻薬密売の罪で有罪判決を受け、二十年の刑を下され、七年の刑を務めた後のこと）。ミニャンコは他にも大麻密売がらみで起訴されている。

（原注87）新聞『エル・パイス』二〇〇一年八月十七日の記事（Detenido el capo gallego Sito Miñanco tras la requisa de 5 toneladas de cocaína）。

（原注88）『クーリエ・アンテルナショナル』二〇〇二年七月十二日に掲載された『エル・パイス』の二〇〇一年二月二十九日の記事（Escándalo por fuga de narcotraficanteante en España）を参照のこと。

（原注89）新聞『エル・ティエンポ』二〇〇一年十二月二十九日の記事（Escándalo por fuga de narcotraficante en España）を参照のこと。このサンタマリアという人物は、一九九九年、スペインに一二トンを持ち込んだ容疑がかかったものの、のちに釈放され、一大スキャンダルを巻き起こした。

（原注90）新聞『ル・フィガロ』一九九七年十一月十八日の記事（La pieuvre qui venait du froid）を参照のこと。

（原注91）米国の新聞『ダウン』一九九七年五月十三日の記事で、ビジネスマンのボディーガード役を務めるセルゲイ・ゴンチャロフは次のように語っている。「ロシアでは、行政権、立法権、裁判、マスコミ以外に、五番目の権力として強盗の世界が存在する」。

（原注92）*Pax Mafiosa*, Claire Sterling, Robert Laffont (1994) からの引用。

（原注93）一九九六年一月、ジム・ムーディは下院（米国）の司法委員会でこう述べている。「FBIは（中略）、組織力が高く、きわめて危険な、様々なタイプの（ロシアの）犯罪集団が台頭していると考えている。こうした集団が、かなりの犯罪活動を米国で展開しているようだ」。FBI長官ルイス・フリーはロシア系犯罪組織が今や、「規模においても勢力においても、イタリアの有名なコーサ・ノストラをかなり上回っている」と語る。

（原注94）Stéphane Quéré et Xavier Raufer, *Le Crime organisé*, PUF, « Que sais-je ? », n°3538, 2003.

（原注95）この辺に詳しい、ロシアのある自警団の団長によると、ボール・フ・ザコーネとは、厳密には「掟を守る泥棒たち」という意味になるようだ。なお、この掟とは、泥棒界における道徳律、つまりマフィア法典であって、

国家が定める刑法とは何の関係もないということである。

（原注96）エカテリンブルク市は、スベルドロフスク（一九二四〜九一年）の新称。

（原注97）クラスノダールは、コーカサス西部に位置するクラスノダール地方の中心都市。アゾフ海と黒海に接する。

（原注98）『ル・ソワー』一九九六年五月十日および二十四日の記事。

（原注99）トフタフノフが、テニスやフィギュアスケートサッカーの内幕に通じ、裏で手を引いていることが明らかになったこの事件は、マスコミから「スケートゲート」事件と呼ばれた。この一件については、さまざまな記事が書かれている。二〇〇二年八月三日および四日の『リベラシオン』の記事（Un parrain dans le patin）、二〇〇二年八月二日の『ル・フィガロ』の記事（La mafias russe gangrène le sport）、二〇〇二年八月六日の『リベラシオン』の記事（Patinage : le FBI souhaite entendre la juge française Le Gougne）、二〇〇二年八月三日の『ル・モンド』の記事（La grosse prise du FBI dans sa traque des réseaux mafieux russes ならびに Lobbyiste, négociateur, "intermédiaire de haut vol" ならびに Sport-pouvoir-mafias : une sainte trinité postsoviétique）を参照のこと。

（原注100）『レクスプレス』二〇〇二年八月一日〜七日（二六六五号）の記事（Mafias, les nouveaux parrains）を参照のこと。

（原注101）雑誌『レクスプレス』一九九九年九月二十三日のシルベン・パスキエの記事（Le tsar pervers et corrompu）、新聞『ル・モンド』二〇〇〇年一月二日及び三日のバベット・スターンの記事（La corruption a gangrené l'appareil d'État à Moscou et alimenté de vastes fuites de capitaux）。

（原注102）http://www.fbi.gov/mostwant/alert/mogilevichap.htm.

（原注103）イワンコフは、一九九五年十二月、総選挙に立候補し議員となった有名歌手ヨシフ・コブゾンと親しかった。米国は、コブゾンに対し、彼がロシアマフィアと関わっていることを理由にビザを与えていない（新聞『ラ・クロワ』一九九五年十二月一日）。コブゾンは九九年一月、パリで開かれたアリムジャン・トフタフノフ主催の催しに顔を出している。

（原注104）ロシアの泥棒は、盗みのテクニックに長け、泥棒同士で隠語を使う。また誰もが、泥棒界におけるランクや入った監獄などにより、違う刺青を彫っている。

（原注105）Claire Sterling, *Pax Mafiosa*, Robert Laffont (1994).

（原注106）一九〇六年と一九〇七年は、実際に多数の事件が発生した。中でも有名なのは、一九〇七年六月二十六日、ティフリスで財務省の車が襲撃された一件で、主導者のソッソという人物は、後にスターリンの同志となっている。

（原注107）一九一七年に政権を握ったボリシェビキ派は、その後、名の知れた泥棒たちをうまく味方に引き入れることができず、泥棒界との協調関係から後退。彼らを脅威と捉えるようになっていった。

（原注108）後にポール・フ・ザコーネとなったグルジア人オタリ・クワントリシビリは、正統派に対抗する新興タイプの泥棒として、一九八〇年代、シンボル的存在だった。クワントリシビリは一九九四年に暗殺され、すでに故人。

（原注109）一九七〇年代、ＫＧＢは、企業を利用して世界で活動を行なった。かつてソビエトでは、釈放すれば西欧に向かうと睨んだ当局により、ユダヤ人犯罪者が多数、監獄から出された時代があった。自由の身になり、やがてビジネス界に身を投じたこうした犯罪者たちが、ＫＧＢの国外活動を資金面で援助したのである。

（原注110）ロシア内相がまとめた統計によれば、一九九〇年から九三年まで、非合法活動から得られた利益の二五～三〇％が、国家の公務員の懐に入っているとのことだ。ただし、この数値は、現在把握されている非合法活動から引き出されたものに過ぎない。

（原注111）『ル・フィガロ』一九九七年十一月十八日に引用された情報（La pieuvre qui venait du froid）。

（原注112）『クーリエ・アンテルナショナル』二〇〇三年十月十六日～二十二日号（六七六号）に掲載されたドイツの雑誌『シュピーゲル』の記事（Vendues comme du bétail）を参照のこと。

（原注113）例えば、グランドインベストバンクの初代副頭取アレクセイ・ブーテンコは、一九九六年二月の初め、喉をかき切られて死んだ。その前にも、一九九五年八月に、イワン・キベリジが毒殺されている。

（原注114）金融犯罪取締ネットワークとは、一九九〇年四月に設立された米国財務省の機関で、ロンダリングをめぐる経済関連の情報調査とネットワーク分析を行なう。

（原注115）一九九六年一月二十七日の雑誌『ル・ポワン』（一二一九号）の記事（La mafias venue du froid）の中で、ジャン＝セバスチャン・ステフイは、「いったい、どこからこんなことを考えつくのか、まったく油断できない」と語るロサンゼルスの副検事アントニー・パチェットの言葉を載せている。

（原注116）ロシアマフィアのメンバーは大学出も多い。

（原注117）一九九五年七月一日に発効された米国上院法案八百四十のこと。

（原注118）フランスでも、投資面で魅力があることなどから、南部とパリを中心に、ロシアマフィアが活動している。

（原注119）『ダウン』一九九七年十月一日の記事（Russian, Colombian crime group join hands）を参照のこと。

（原注120）『リベラシオン』一九九七年七月一日の記事（L'État miné par la mafias, une série d'affaires dévoile les connexions entre crime organisé, police et politiciens）を参照のこと。

（原注121）アブドゥッラー・チャトゥルは汎トルコ主義集団「灰色の狼」のメンバー。殺人や麻薬密売に従事する他、タンス・チルレルの党のため、極秘の特別任務を行なっていたと言われる。一九八一年にローマ法王暗殺未遂事件を起こした国家主義活動家メーメット・アリ・アジャも灰色の狼のメンバーで、このチャトゥルと親しかった。

（原注122）クルド労働者党（トルコ語ではPartiya Karkaren Kurdistan）は、毛沢東主義の波が欧州を覆った一九六〇年代、その影響を受けて誕生。国民の権利の回復を唱え、流血を好み、リーダー崇拝に支えられた党だった。一九九九年には、名称を「クルド自由民主会議（ＫＡＤＥＫ）」に変更。指導者アブドラ・オジャラン、通称「アポ」が終身刑を宣告されて以来、アンカラでの戦いに一方的に停戦を宣言した。（訳者注：クルド自由民主会議は、二〇〇三年、さらに名称を「クルド人民会議」に変更した）

（原注123）トルコの新聞『ターキッシュ・デイリーニュース』一九九七年九月十六日の記事（Susurluk gang released, Ciller demands apology）を参照のこと。

(原注124)ハカン・アスラネリの記事(Turkey : The mafias republic)。

(原注125)『ターキッシュ・デイリーニュース』一九九六年六月一九、二十、二十一、二十二日の情報より。

(原注126)トルコのマスコミは、この事件を「チバンゲート」と呼ぶ。

(原注127)三五〇万ドルという説もある。

(原注128)アラアトゥン・チャキチは、一九九八年八月十七日、フランス・ニースの高級ホテルで逮捕された。偽造パスポートでフランス領に入ったことが判明し、即、ニースの軽罪裁判所に出廷を命じられたが、当時、彼については、トルコ人ジャーナリスト、ウラク・フンチャルに対する暴行事件と、エラムバンクの元頭取に対する事件で、トルコ当局から二件の逮捕状が出ていたため、まもなく、身柄をトルコに引き渡された。

(原注129)トゥルグト・オザルはトルコの首相になった後、一九八九年に大統領になっている。

(原注130)なぜ司法組織が麻痺してしまったのか。その原因は、二〇〇〇年七月、主任検察官がイスタンブールで交通事故を起こし、それがきっかけとなって、組織が混迷状態に陥った点にあるようだ。この車には首領メリク・ギライが乗っており、事故後、死亡。また、同検事の自宅には、「銀行家バコ」ことバルド・ゲンギズ・アイグンが泊まっていたことが明らかになった。アイグンは隠匿者として有名で、犯罪で得た金をロンダリングしていた疑いで警察に追われていたが、この「困った」事件が起こるまで、うまく逃げおおせていたのである。

(原注131)ババ(baba)の本来の意味は「父」または「祖父」。トルコのマフィア界では首領のことを指す。

(原注132)『ターキッシュ・デイリーニュース』一九九六年十月一日の記事(Nouveau chapitre sanglant dans la saga de la mafias)を参照のこと。

(原注133)Rapport 1994 (Hachette)より。

(原注134)「インチババ」は一九九三年十二月四日、自分のボディーガードが加わった小競り合いで、仲裁に入ったところを、間違って、彼から殺された。トルコの闇社会を牛耳り、工事の入札から恐喝まで、多大な影響を及ぼしていたインチババは、いずれは議員になるつもりもあったようだ。モットーは「手を借りられるより、手を貸す

方が、力を持つに決まっている」。

（原注135）大物マフィアとして尊敬されたベーチェット・チャンチュルクは、クルド労働者党のプロパガンダ新聞『オズグル・グンデム』の配布を管理する企業の経営者で、トルコのエスコバールと言われた。出身はキルギスの街リセ。一九九四年一月に暗殺された。

（原注136）「はったり屋」を意味する。喧嘩早いが、その腕力ゆえに敬われてもいる。

（原注137）アジアとヨーロッパ大陸を結ぶトルコは、地理上、モルヒネ製品が黄金の三日月地帯（イラン、アフガニスタン、パキスタン）から欧州に渡る際の通り道となっている。トルコは、六八〇〇キロメートル以上に及ぶ海岸線に囲まれ、山岳地帯には二八〇〇キロメートル以上の国境線があって、イラン、イラク、旧ソビエト連邦の国々と隣り合っている。

（原注138）オフは黒海の港である。

（原注139）ブルガリア諜報部（共産圏時代、ソ連のためにあらゆるテロ活動や革命運動を援助）とババは、諜報部がパレスチナの武装組織を援助するのにババを利用し、それをきっかけに親しくなった。ババたちはその他にも、武器をイランのアヤトラやレバノンのベッカー平原の活動家などに届けるなどして商売を続けてきた。このうち、ブルガリアを拠点に一九七〇年代、チェレンクと同じ密売活動を行なったアブゼル・ウールルは、トルコマフィアの首領の中で最高の地位にあり、大ババ的存在といわれることが多い。

ちなみに、一九八一年五月十三日に起こったローマ法王ヨハネ・パウロの暗殺未遂事件の犯人メーメット・アリ・アジャは「灰色の狼」のメンバーだった。かつて、イスタンブールの刑務所にいたアジャは、ウールルのお膳立てで脱走し、すぐブルガリアに向かっている。法王襲撃をめぐり「ブルガリア国家がババと結託していたのでは」と疑われるのは、そういった点が絡んでいる。

（原注140）ベキル・チェレンクは、自身、貨物船二艘の所有者で海運会社を営み、ロンドン、チューリッヒ、ミュンヘン、パルマ・デ・マヨルカに子会社を持っている。

（原注141）黄金の三角地帯とは、東南アジアのタイ、ラオス、ミャンマー、それから中国の雲南省を含む地帯である。

（原注142）ウールルは表情に乏しい目をした禿の大男だったという。

（原注143）ヤッサル・アブニ・「ムスルール」（イラク北部の町モスール出身）は、住まいのあるチューリッヒから犯罪ネットワークを指揮していた。

（原注144）オスマン・アヤモグロウの一味は「オヌル・チュルジム・デニズチリク」という海運会社を有し、二艘の船でビジネスを行なっていた。一九九二年十二月に彼が暗殺された後は、娘デルヤが、母グエジデ、兄弟ムラトに支えられる形で一味を率いている。


一九九二年十二月二十一日、トルコ当局が掃討作戦を行なった折、一味は所有のキスメチム1号から、船荷を大慌てで投げ捨てている。当局はこの船荷（三トンのヘロインと、モルヒネ・ベース六トン）を見つけることはできなかったが、翌年一九九三年の一月九日、ラッキーS号に積まれた一五トンのアヘン製品の押収には成功している。この捜査の後、デルヤは八カ月収監された。

（原注145）バイバスンは、クルド系トルコの町リセを拠点とする一味で、分離主義者や旧クルド労働者党員と親しいと言われる。この章の原注144で触れているアヤモグロウ一味の貨物船を使った麻薬取引に、大きく関わっていた。

（原注146）『ル・モンド』一九九八年一月四～五日の記事（La Turquie est embarrassée par les vagues d'émigrés clandestins partant de son territoire）を参照のこと。

（原注147）『ザ・ミドル・イースト』の一九九七年十月の記事（Losing the battle and the war against drugs）を参照のこと。

（原注148）ウルスラ・ゴーティエの記事（Triades, le nouvel âge d'or）。

（原注149）『リベラシオン』二〇〇〇年六月二十七日のアン・ルスアンの記事（Fujian, fief des passeurs clandestins）。

（原注150）『クーリエ・アンテルナショナル』二〇〇三年十月十六日～二十二日号（六七六号）に掲載されたトロントの『ナショナル・ポスト』の記事（Méfiez-vous de la Grande Soeur）を参照のこと。

（原注151）『ル・モンド』二〇〇〇年一月二十四日のフレデリック・ボバンの記事（La police chinoise démantéle un réseau de contrebande impliquant des dizaines d'officiels dans la province de Fujian）。

（原注152）『タイム』二〇〇〇年七月三十一日のエドワード・バーンズの記事（The two-faced woman）。

（原注153）雑誌『レビュ・ド・ラ・デファンス・ナショナル』（*Revue de la Défense nationale*）一九九二年十二月号（一二号）の記事（L'internationalisation de la mafias chinoise）。

（原注154）ナンバー4とは、九五～九八％の純度を持つヘロイン製品で、中和物を混ぜ、かさを増やした形で売られる。

（原注155）クレジットカード偽造による被害は激増している。この事実を重くみた欧州の銀行団体は、九五年九月、ブリュッセルのEU当局に対し、きわめて組織的にこの手の詐欺が行なわれる点を強調し、対策に乗り出すよう訴えた。

（原注156）『ル・モンド』二〇〇〇年七月十日のエリク・インチヤンの記事（Une affaire de blanchiment révèle une face cachée de la diaspora chinoise）。

（原注157）この数値は、改悛者たちの証言をもとに割り出された推測値である。

（原注158）福建の空港、複合物流に使われるシャイン島のコンテナ、貨物を運ぶ深圳《しんせん》の飛行機や船などが、黒社会《ヘイショーホエイ》の投資対象になっているようだ。

（原注159）一九九三年秋、新義安《サンイーオン》のお偉方と陶駟駒《タオシジユウ》が実際に会ったのではと、香港当局は見ている（前掲のパリ犯罪学研究所が定期的に出している覚書『ノーツ・エ・エチュード』より）。

（原注160）灣仔《ワンチヤイ》は香港の歓楽街。

（原注161）尖沙咀《チムサアチヨイ》は香港の観光地。

（原注162）葬儀には何百という人間が駆けつけた。

（原注163）Roger Faligot, *L'Empire invisible*, Éditions Philippie Picquier (1996) からの最新数値。

（原注164）和合桃《ウォホップト》は、サンフランシスコで大きな力を振るうアジア系犯罪組織。

（原注165）Xavier Raufer et Stéphane Quéré, *Le Crime organisé*, p. 65（PUF, « Que sais-je ? », n° 3538）を見ると、中国警察の発表値には、現実よりかなり小さく見積もられている疑いがついてまわるようだ。信憑性については、きわめて慎重にかかる必要がある。

（原注166）一般的に黒社会《ヘイショーホエイ》組織は、中国でも北部より南部に発達するといわれる。その理由が一つではないのはもちろんだが、南部一帯が首都からかなり離れている点が、少なからず影響を及ぼしているかもしれない。政策を決定し行政の中心となる首都から、南部の街は、はるか遠い。例えば北京からみて上海は一〇〇〇キロメートル、広東となるとその倍離れている。

（原注167）黒社会《ヘイショーホエイ》組織は、この二十年、麻薬ビジネスや移民流出（不法労働者、偽造書類など）の拡大に応えるようにして成長を続け、今や国際化している。この辺りのことについては、雑誌『ルビュ・ドゥ・ラ・デファンス・ナショナル』一九九二年十二月号（一二号）のリシャール・ソラの記事（L'internationalisation de la mafias chinoise）に載っている。

（原注168）『ル・ポワン』二〇〇〇年九月二十二日（一四六二号）のオリビエ・ウェベルの記事（Hong-Kong, les triades prospèrent）。

（原注169）一度の掛け金が最低一〇万フランスフラン（一万五〇〇〇ユーロ相当）でギャンブルが行なわれる部屋。『ル・ポワン』一九九九年十二月十七日（一四二二号）、二十四日（一四二三号）のカロリン・プエルの記事（Macao, l'adieu au Portugal）を参照のこと。

（原注170）エイズ感染を防ぐため、各種黒社会《ヘイショーホエイ》では、この部分を儀式から取り除いた。

（原注171）台湾の市長や地元の政治家の中には、マフィアメンバーが少なくない。その一人、ツァイ・クアンルンは「四海幇《スーハイバン》」メンバーであることを自ら明らかにし、一九九五年十二月の選挙で議員の座を狙ったが、あえなく落選した。

（原注172）新聞『The Farmer's Daily（中国農民日報）』一九九六年五月の関連記事より。

（原注173）『クーリエ・アンテルナショナル』一九九九年五月十五日のイーモン・フィッツパトリックの記事（A Wellington, les triades chinoises font quelques cartons et des affaires）を参照のこと。

（原注174）カナダで暗躍する新義安《サンイーオン》、和勝和《ウォシンウォ》は、（米国の場合と同じで）ビッグサークルボーイ、ロータス、越青《ベトチン》、レッドイーグルといった街のギャング団とつながっている。こうしたギャング団には、独自の活動を目指すベトナム系集団も含まれる。

（原注175）アジア系移民の最初の波は十八世紀に訪れた。

（原注176）「堂口《トンハウ》」または「党《トン》」とは、中国語で「集会所」を意味する言葉で、あらゆる団結、連合、結社を示す。中国国民党の「党」もここから来ている。

（原注177）例えば、クリフォード・ウォン・チファイは東安堂《トンオントン》のボスで、新義安《サンイーオン》の幹部でもある。

（原注178）一九九六年二月、米国政府は、ロンダリングと麻薬の密売を活発に行なうネットワークを四つ摘発した。そこには、フンムン連盟とサンジアントン、米国南東部福建共同連盟、そしてこの協勝堂《ヒプシントン》が含まれていた。

（原注179）フランイング・ドラゴン（飛龍《フェイロン》）は米国の他、カナダや香港にも存在する。

（原注180）一九九六年二月、ギャング団のメンバー六四人が、ニューヨークのマンハッタン、ブルックリン、クイーンズといった地区の中国系コミュニティーで恐喝や殺人、身代金目的の誘拐に関わったとして逮捕された。彼らはみな、福建省の出身だった。

（原注181）『ル・ポワン』二〇〇〇年三月十七日（一四三五号）のオリビエ・ウェベルの記事（Pègre, la noire saga des yakuza）。

（原注182）第一勧銀銀行の頭取宮崎邦次は、野村・第一勧銀事件をめぐって検察局の捜査官から事情聴取を受けた後、一九九七年六月二十八日、自宅で首を吊っている。

（原注183）組織犯罪の専門家、宮脇磊介《らいすけ》は、「ヤクザ不況」が日本を覆っていると警告している。宮脇は、かつて警察

庁で犯罪組織対策にあたっていた。

（原注184）ユーロ同額相当。

（原注185）日本の暴力団は、マフィア組織としては世界でも珍しく、帳簿をつけている。

（原注186）前掲の *Yakuza, la mafias japonaise.*

（原注187）渡邉芳則は、一九八九年四月に山口組の組長を襲名した。渡邉は実業家タイプの若い組長で、日本の闇社会にはそれまでなかったような、奸智に長けた犯罪を行なった。

（原注188）前掲の『Que sais-je ?』で、筆者は次のような数字を挙げている。一九六三年、暴力団団体数は五一二六、構成員は一八万四〇〇〇人、一九八八年の団体数は三一五五、構成員は八万七〇〇〇人、一九九〇年の団体数は三三〇五、構成員は八万八二五〇人、一九九二年の構成員数八万五〇〇〇人、一九九四年の構成員数八万一〇〇〇人。一九九二年の暴対法の効果について、一つの参考になるだろう。

（原注189）アヘンをベースにしたこの覚醒剤は、北朝鮮で大量に造られ、日本の若者が多く消費している。

（原注190）『リベラシオン』二〇〇二年三月七日の記事（Le Japon, terrain de chasse des mafieux de Pyongyang）を参照のこと。

（原注191）『クーリエ・アンテルナショナル』二〇〇二年十一月二十一日〜二十七日号（六二九号）の記事（Le trafic de drogue, une industrie nationale）を参照のこと。

（原注192）前掲の *Yakuza, la mafias japonaise.*

（原注193）『クーリエ・アンテルナショナル』二〇〇三年八月二十八日〜九月三日号（六六九号）に掲載された『週刊朝日』の記事（N'empruntez jamais d'argent aux yakuzas）を参照のこと。

（原注194）この言葉は、ヤミ金融被害者の弁護や相談にかかわる弁護士の溝呂木《みぞろぎ》雄浩《ゆうこう》の造語。

（原注195）『クーリエ・アンテルナショナル』二〇〇三年二月十三日〜十九日号（六四一号）の記事（Casser les couples, un métier d'avenir）を参照のこと。

（原注196）的屋《てきや》界は、とくに客から不当な利益をむさぼるべく、逃亡中の犯罪者を迎え入れた。

（原注197）木村篤太郎は日本の「ジョー・マッカーシー」と言われた人物で、戦後まもなく、愛国反共抜刀隊を構想した。

（原注198）前掲の *Yakuza, la mafias japonaise.*

（原注199）前掲の *Yakuza, la mafias japonaise.*

（原注200）『ル・モンド』二〇〇三年九月十七日の記事（Doigts de fée pour yakuzas）、および『クーリエ・アンテルナショナル』二〇〇三年四月三日（六四八号）に掲載された香港の『ファーイースタン・レビュー』の記事を参照のこと。

（原注201）『ル・モンド』二〇〇一年八月二十八日のフランソワ・ボネの記事（Rodéo à Vladivostok）。

（原注202）「モモ」または「ムーニー」ことサム・ジアンカーナは一九〇八年生まれ。一九七五年六月十九日、自宅で、側近の一人から銃で暗殺された。ジアンカーナはカポネの腹心で、トニー・アッカルドとポール・リッカの運転手も務めた。皮肉屋で、精神に破綻をきたした人物と評される。戦後、シカゴのアウトフィットの首領だった。

（原注203）『クーリエ・アンテルナショナル』一九九七年七月の記事（Le chaînon manquant entre J.F.K. et la Mafias）。また、そこに転載された米国の雑誌『バニティー・フェアー』（一九九七年一月）のリズ・スミスの記事（The Exner files）を参照のこと。

（原注204）『リベラシオン』二〇〇〇年六月十六日のファブリス・ルスロの記事（La pieuvre sur le grill à Wall Street）、および米国の新聞『フィナンシャル・タイムズ』二〇〇〇年六月十六日のアンドリュー・ヒルとジョン・ラバッツの記事（The Mob at the Wall Street casino）。

（原注205）米国の雑誌『ビジネス・ウィーク』一九九六年十二月十六日の記事（The mob on Wall Street）を参照のこと。

（原注206）この機関銃は、俗に「トミー・ガン」と呼ばれた。

（原注207）これまでの取り締まりの結果、ファミリーの多くは弱体化している。したがって、この二五という数字は、

現時点での推測に過ぎない。なお、FBIは、二五のファミリーが依然として存在すると捉えている。

（原注208）ラッキー・ルチアーノは一八九七年十一月二十四日にシチリアで生まれ、一九六二年にナポリで死亡。

（原注209）シチリアのコーサ・ノストラについて解説した章を参照のこと。

（原注210）この数値は、七八六社の企業を対象に行なわれた調査結果からのもので、一九八〇年代前半の状況を示している。

（原注211）初代ボスは、サルバトーレ・マランツァノの死後、三一年よりブルックリンを拠点に活動したジョー・「バナナ」・ボナーノ（二〇〇二年五月十一日に死亡）。ボナーノの力は、六〇年代にすでに衰えたが、ファミリーは依然、その名を使っている。

（原注212）コロンボ一家初代のドンはジョセフ・プロファチである。現在コロンボ一家と呼ばれるファミリーは、もともと、カステレマレーセ戦争（コーサ・ノストラを解説した章を参照のこと）で頭角を現わしたジョセフ・プロファチが率いた一家が基盤となっており、コロンボ一家と呼ばれるようになったのは、この一家が、ジョセフ・コロンボに引き継がれた後のことである。コロンボは一九一四年生まれ。一九七六年六月二十八日の殺人未遂事件で重症を負い、七八年に死んだ。

（原注213）ガンビーノ一家のガンビーノとは、大変な力を有しつつもその実態がよく知られていないカルロ・ガンビーノの姓を取ったもの。ガンビーノは一九〇二年に生まれ、一九七六年に病死した。

（原注214）ジェノベーゼ一家のジュノベーゼは、一八九七年に生まれ、一九六九年に死亡したビト・ジェノベーゼから来ている。

（原注215）ルッケーゼ一家は、ジョー・「ザ・ボス」・マッセリアに率いられた一家（二〇年代）が発祥。一家の名は、ラッキー・ルチアーノのボディーガードで、暗黒街で「三つ指」と呼ばれたトマス・ルッケーゼから来ている。ルッケーゼは、一九〇〇年にパレルモで生まれ、一九六七年七月十三日に病死している。

（原注216）ジョン・ゴッティは一九四〇年生まれ。さまざまなあだ名を持ち、これ見よがしの態度と洗練された服装か

ら「映画スターのゴッティ」、しゃれた振舞いから「ドン・ダップラー」、つまり「伊達男」と呼ばれた。他にも、有罪判決をいつもうまく逃れておおせていたことから、テフロン加工のフライパンで調理した食材が表面にくっつかないこととかけ、「ドン・テフロン」の異名もある。マフィアの首領でありながら世間でもよく知られて多くの人を惹きつけ、二〇〇二年六月十五日の彼の葬儀はテレビ中継された。

（原注217）ごみ回収業業に携わる職員たちのこの組合は、長い間、マフィアのサルバトーレ・アベリーノに牛耳られていた。

（原注218）パリ犯罪学研究所の『ノーツ・エ・エチュード』一九九四年六月号によると、ロサンゼルスの場合は一平方メートルあたり三ユーロ、シカゴは四ユーロとのことである。

（原注219）アウトフィット（outfit）とは、「組」「箱」「店」の意味である。

（原注220）アントニー・アッカルドは一九〇六年生まれ。もともとカポネの部下だった。アッカルドは大変頭が切れ、カポネが一日使って考えるようなさまざまな判断を、朝食の前にさっさとやってのけたという。

（原注221）ニコデモ・スカルフォは一九二九年生まれ。

（原注222）一九三〇年時点で、イタリア系米国人の七五％が、ボストン、ニューヨーク、フィラデルフィア、ボルチモアをはじめとする「リトル・イタリー」に住んでいた。

（原注223）イタリア移民の半数は、母国に戻っている。

（原注224）Francis A. J. Ianni, *Des affaires de famille ; la mafias à New York*, Plon, « Terre humaine » (1973).

（原注225）ヤコブ・「モン」・テンネスは、一八七四年一月十六日に生まれ、一九四一年八月六日に死亡。

（原注226）ジェームス・「ビッグジム」・コロシモは一八七七年にイタリアで生まれ、一九二〇年に米国で死亡。

（原注227）「ギャング団（gang）」という言葉が生じたのは、この頃のことである。

（原注228）ジョン・「ザ・ブレイン」・トリオは一八八二年、イタリアで生まれ、一八八四年に米国に移った。トリオは、アルコール密売をアル・カポネに最初にすすめた人物である。一九五七年、床屋の椅子に座っていた時、心臓発

作を起こして死んだ。

(原注229) ジョージ・「バグズ」・モランは一八九三年に生まれ、一九五七年に死んだ。

(原注230) オドンネル兄弟は二人だけではない。ウィリアム・「クロンダイク」、バーナード、マイルスはシカゴのウエウト・サイドを牛耳り、エドワード・「スパイク」・スティーブ、ウォルター、トミーは、サウス・サイドで幅を利かせた。

(原注231) 一九〇二年七月にポーランドで生まれたマイヤー・ランスキーは、本名をマイエル・スホヴラニスキという。ランスキーは、一九八三年に心臓発作で死亡している。

(原注232) ベンジャミン・「バグジー」・シーゲルは一九〇六年生まれ。ルチアーノの忠実な僕となり、のちにはコーサ・ノストラの顔として、映画界で幅を利かせた。男爵夫人ドロテ・デューディス・テイラー・ディ・フラッソをはじめ、女性の心を摑むのがうまかったバグジーは、俳優のクラーク・ゲーブル、ジーン・ハーロウ、ゲーリー・クーパー、ノーマ・シアラー、ジャック・ワーナー、ルイス・B・マイヤーなどとも親しくし、彼らを通してスターのプライバシーを知ると、それを盾にゆすったりした。バグジーは、一九四七年六月二十日、ビバリーヒルズで暗殺された。

(原注233) アル・カポネ(一八九九年生まれ)が指揮した報復事件のうち、最も有名なのは「聖バレンタインデーの大虐殺」である。一九二九年二月十四日木曜日、シカゴのノース・クラーク・ストリートの車庫で起きた事件で、この時、バグズ・モラン一味の七人が処刑されたが、カポネがうまく手を回したため、警察は何の証拠も発見できずじまいだった。その後カポネは、一九三一年に脱税容疑をかけられて十一年の刑に服することになり、初めはアトランタ、それから、悪名高いアルカトラスに収監された。一九三九年、健康上の理由で釈放されたが、体が不自由なまま、忘れ去られた存在として、一九四七年一月に死亡した。

(原注234) ジョセフ・「ジョー・ザ・ボス」・マッセリア(一八七九年~一九三一年)のこと。

(原注235) カステレマレーセ戦争の「カステレマレーセ」とは、シチリア西部のカステレマレーセ市出身の古参ギャン

グ勢「ひげのシチリア人」のことを指す。若手たちから「間抜け」、「ご機嫌とり」「自転車部隊旗」などと呼ばれていた彼らは、新しいやり方を取り入れたがっていた新手のイタリア系ギャングにとって障害だった。

（原注236）マッセリアは、一九三一年四月十五日、ビト・ジェノベーゼ、アルバート・アナスタシア、ジョー・アドニス、シーゲル・バグジーにレストランで殺された。ルチアーノはその時、トイレにいた。

（原注237）マランツァノは一八六八年、シチリア島生まれ。島では神学校に通った。一九三一年九月十日、米国で殺されている。

（原注238）フランスで「片手の盗賊（bandit-manchot）」の名で知られるスロットマシンが広まったのは、この頃である。

（原注239）この時期、米国マフィア界では企業精神が何より重視された。「自分は企業主と同じであり、企業主のように事業を進めるべきだ」というのが口癖だったルチアーノは、まじめな実業家よろしく、奇抜で派手な振舞いや装いを一切避けた。

（原注240）この選挙では結局、共和党員フーバーが当選した。

（原注241）当時、こうした破壊活動は大抵がナチの仕業だったが、この件に限っては、アナスタシアの手下たちの行為と見られる。

（原注242）ルチアーノの死をめぐっては、毒殺されたという説もある。

（原注243）巻末の参考文献を参照のこと。

（原注244）*Encyclopaedia Universalis*, vol. 10, p. 286 a.

（原注245）*Encyclopaedia Universalis*, p. 285 c.

（原注246）雑誌『イストリア』特集号の一九九三年十一月〜十二月号（二六号）からの引用。

（原注247）シチリアには、コーサ・ノストラだけではなく、スチッダ（Stidda）というマフィア機構もある。スチッダとはシチリアの方言で「星」を意味する。もともとコーサ・ノストラのメンバーで、後にそこを追われた者たちが一九九〇年代初め、シチリア島南部に集まってできた機構だ。拠点は当初、島の南西のジェラ市だけだったが、

今ではアグリジェント県やカルタニセッタ県、パレルモ県など、あちこちにあるらしい。活動分野はコーサ・ノストラほど厳しくなく、売春や麻薬の分野でも若干の活動が許されている。もっともそれ以上はあまりよく知られておらず、どれくらいのメンバーがいて、どんな仕組みになっているのか、実際にコーサ・ノストラと張り合える組織体なのかなどは、摑みきれていない。

（原注248）コルレオーネ一家（コルレオーネはシチリア中心部の村名）は、一九八〇年代からコーサ・ノストラを牛耳ってきたマフィアファミリーで、ジョバンニ・ブルスカとピエトロ・アグレリはどちらもこの一家の幹部。さらにアグレリは、サンタマリア・デイ・ジェス地区（パレルモ）のファミリーの首領も兼任していた。

（原注249）アントニーノ・ジュフレはベルナルド・プロベンツァーノの右腕だった人物である。プロベンツァーノはコルレオーネ一家で、サルバトーレ・リイナの後、首領を引き継いだ。

（原注250）ジュリオ・アンドレオッティは、イタリア首相を七回つとめ、外務大臣六回、防衛大臣八回を含み、大臣職に二一回就くなど、内閣で活躍した。一九九一年、「イタリアに多大な貢献をした」として、上院議長フランチェスコ・コッシガから終身上院議員に選ばれている。

（原注251）マルチェッロ・デッルートリは一九四一年、パレルモで生まれ。イタリア上院議員を務め、欧州議会のメンバーでもあった彼は、スペインにおける脱税と、私的および公的書類の偽造の容疑で起訴されている。スペインの裁判官バルタザール・ガルソンは、欧州議会に対し、デッルートリの議員特権剝奪を要求している。

（原注252）シルビオ・ベルルスコーニは、一九九四年四月〜十二月、二〇〇一年六月〜二〇〇六年五月の間、イタリア首相を務めた。

（原注253）『タイム』二〇〇三年一月二十日の記事（Who are you going to believe?）、『ル・モンド』二〇〇三年一月九日の記事（Un repenti de la Mafias met en cause Silvio Berlusconi）を参照のこと。

（原注254）「はじめに」を見よ。

（原注255）こうした起訴で検察官に協力する改悛者の信頼度については、異論も出ている。ジョバンニ・ブルスカも、

「司法協力をめぐるテクニックの信用を落とす」べく、意図的に改悛者のふりをしているのではと疑われている。いずれにせよ、一九九七年一月、イタリアの内務大臣は、司法協力者一三〇〇人とその親五〇〇〇人を、六一〇万ユーロを投じて保護するよう求めている。

(原注256)パリ犯罪学研究所は一九九四年六月、会合二〇回目を記念し、「Planète mafieuse. Atlas pratique de la grande criminalité organisée internationale」と題する調査を行なった。ここで示した三重円によるコーサ・ノストラの機能は、その結果が掲載された『ノーツ・エ・エチュード』の特集号からまとめたものである。

(原注257)組織のシステムを揺るがす結果を招く改悛者は、マフィア集団にとって最も危険な存在である。沈黙の掟を重視するコーサ・ノストラでは、とりわけその危機感が強い。

(原注258)これらの表は、前掲のパリ犯罪学研究所『ノーツ・エ・エチュード』特集号に示されたもの。

(原注259)コミッショーネ(委員会)は、例えば復活祭やクリスマスなど、宗教行事がある期間は、神聖であるべき時として、人の不法監禁をメンバーに禁じるなどしていた。

(原注260)『ル・ポワン』二〇〇〇年十月六日(一四六四号)のドミニク・デュングラの記事(Corleone entre mafia et repentance)。

(原注261)化学の専門知識を使ってモルヒネ・ベースを質のよいヘロインにうまく精製できる者は、きわめて希少価値が高く、イタリアの組織犯罪から「料理人」と言われた。イタリアマフィアが、こうした化学者を仏マルセイユのヘロイン精製工場に置きながら、米国マフィアと共同で行なっていた密売活動が、いわゆる「フレンチ・コネクション」である。

(原注262)赤い旅団とは、マルクス・レーニン主義を掲げた戦闘的な共産党組織で、一九七〇年~八〇年代、テロ活動に従事した。キリスト教民主党員のアルド・モロを暗殺したのも、この組織である。

(原注263)この大裁判は、ジョバンニ・ファルコーネの強い意志でもって決行された面が大きい。ファルコーネはコーサ・ノストラ対策で持ち前の知性を発揮し、特に、シチリア出身の名誉を重んじる男たちの心理把握に鋭い感覚

を見せた。

（原注264）引用はすべてミシェル・ドバック（ローマの連絡司法官）の覚書（*La lutte contre la criminalité organisé de type mafieux en Italie.Développements récents, bilan et perspectives*）より（訳者注：連絡司法官magistrat de liaisonとは、フランス司法とイタリア司法との関係をスムーズに運ぶべく、フランス政府から国外に派遣される司法官。現在、ローマ他、マドリードやベルリン、オタワなど、世界九つの都市に派遣されている）。

（原注265）ファルコーネについては、「はじめに」の訳注2参照のこと。

（原注266）この時、コーサ・ノストラは、五〇〇キログラムに及ぶ爆薬を、高速道路の上で爆発させた。

（原注267）イタリアにおける通信傍受は、公共の場において、対象とする相手が「問題の件」について説明したり話したりすることが予測される場合に限って許される。だが、司法官がその手段をうまく活用できるかどうかは場合による。実際、マフィアの首領たちはみな用心深く、普通、電話は持っていない。

（原注268）フランス人ミシェル・ドバックは、ローマで、イタリア司法との連絡司法官を務める。

（原注269）シチリアは一時期、ファーティマ朝（エジプト・イスラム王朝）に含まれていた。イスラム教異端であるイスマエル派の「暗殺教団」、いわゆる「ニザリ教団」が生まれたのは、この時期のことだ。

（原注270）コスカ（cosca）とはアーティチョーク（朝鮮あざみ）の意味で、集団はこの植物に似て外部から何重にも保護されていた。

（原注271）*Encyclopaedia Universalis*, p. 286 b.

（原注272）もっとも、ムッソリーニをめぐる一部のマフィアの態度には、怪しい点もある。例えば一九三六年、ラッキー・ルチアーノが米国で逮捕された後、同じく米国で暗躍していたマフィアのビト・ジェノベーゼはイタリアへ逃亡を図った。ジェノベーゼは、「統領」（ドゥーチェ）ことムッソリーニに対し、カンパニーア州ナポリ県ノラにおけるファシスト党支部の設立に必要な費用を、進んで援助している。

（原注273）前掲の『カイエ・ド・エクスプレス』（三六号）。

（原注274）前掲の覚書。

（原注275）グザビエ・ロフェル（パリ第二大学の法学部ＤＲＭＣＣ）指導によりまとめられたクラウディオ・ベリサリオの博士論文。この論文はインターネットでも閲覧可能。http://www.drmcc.org/html/archivcs/memoinco.

（原注276）特に、アルバニー、アトランタ、ボストン、バッファロー、シカゴ、デトロイト、ガルベストン、ヒューストン、ジャクソンビル、ロサンゼルス、マイアミ、ニューアーク、ニューヨーク、ノーフォーク、フィラデルフィア、ピッツバーグ、リッチモンド、ロックフォード、セントルイス、サンフランシスコ、サンノゼ、タンパ、トレド、ワシントンといった都市が挙げられる。

（原注277）雑誌『イストリア』一九九三年十一月〜十二月の特集号（二六号）を参照のこと。

（原注278）前掲の議会報告書より。

（原注279）フェルディナンド・インポシマートは、コーサ・ノストラから死の脅迫を受け取っている。兄弟のフランチェスコは一九八三年、コーサ・ノストラに殺された。

（原注280）『ル・フィガロ』二〇〇〇年五月二十五日のフィリップ・クサンの記事（Imposimato, un juge antimafia contraint de baisser les bras）。また、Ferdinando Imposimato, *Un juge en Italie*, Editions Fallois. も読まれたい。

（原注281）『クーリエ・アンテルナショナル』一九九八年九月二十四〜三十日号（四一二号）に掲載されたイタリアの新聞『コリエーレ・デラ・セーラ』のマリオリーナ・アイオッサの記事（Italie : la mafias calabraise et ses rites, version disco）。

（原注282）ルイージ・ファッキネリは、一九六六年十月十九日、カラブリアのチッタノバ生まれ。

（原注283）雑誌『アンテルナショナル・ド・ポリス・クリミネル』一九九二年三〜四月号（四三五号）のルイージ・パルミエリの記事。パルミエリは国際刑事警察機構の事務総局で専門官を務める。

（原注284）ヌドランゲタは、イタリアのアブルッツォ、エミリア＝ロマーニャ、ラツィオ、リグーリア、ロンバルディア、マルケ、ウンブリア、ピエモンテ、トスカーナ、トレンティーノ、バッレ＝ダオスタ、ベネトの各州に拠点を持つ。

（原注285）当局の調査により、一九九五年の一年間にカラブリア州で起きた殺人のうち、マフィア絡みは三五件だけだったことがわかっている。昨今のカラブリアのマフィア界は、一味同士の抗争もなく、比較的落ち着いた時期にあると言える。

（原注286）Stéphane Quéré et Xavier Raufer, *Le Crime organisé*, PUF, « Que sais-je ? », n° 3538, p. 56.

（原注287）この数値は、イタリア内務省による。

（原注288）ヌドランゲタが政界と深く関わっている事実は、パルミ市（カラブリア州レッジョ・カラブリア県）の裁判所が下した判決でも明らかだ。この判決では、七十九歳のジャコモ・マンシーニが、マフィア結社所属の罪で三年半の有罪判決を受けている。マンシーニは、所属の社会党が政権についていた当時、アンドレオッティとともに、影響力の大きな政治家であった。

（原注289）前掲の『コリエーレ・デラ・セーラ』の記事。

（原注290）数は減少したが、まったくなくなったわけではない。たとえばゆすりなどの恐喝や縄張りの支配など、マフィア定番の活動は相変わらず行なわれている。組織がさまざまな犯罪に手を出すようになり、活動項目が細分化されただけで、それぞれの活動が停止されたわけではないと捉えた方がよい。

（原注291）一九九六年五月二日、フランス国営テレビ局フランス２の番組「Envoyé spécial」で流された特別報道より。

（原注292）一九九八年四月十七日、フランス国営テレビ局フランス３の番組「Thalassa」で流された内容より。

（原注293）どちらもラッキー・ルチアーノの腹心だった。

（原注294）プッリャ州拠点のサクラ・コローナ・ウニータは、イタリアで最も新しいマフィア機構の一つ（このマフィア機構については、二四三頁以降を参照のこと）。

（原注295）この組織は、自治権を維持し、それぞれ影響力を持つ地域で活動を管理しながら、ヌオーバ・カモッラ・オルガニッザータと協力して戦っていた。

（原注296）『レビュ・アンテルナショナル・ド・ポリス・クリミネル』一九九二年三月〜四月号（四三五号）のルイー

ジ・パルミエリの記事を参照のこと。

（原注297）イタリア警察は一九九五年、カモッラ絡みで一二六人が殺されたことを確認している。

（原注298）『レクスプレス』二〇〇二年八月一日〜七日号（二六六五号）の記事（Mafias, les nouveaux parrains）を参照のこと。

（原注299）カモッラのメンバー、カルミネ・アルフィエリの甥ロザリオは、一九九六年二月二十日、オートバイに乗った二人の男から、ピストルで何カ所も撃たれた。アルフィエリは、この出来事を受けて改悛。彼の証言により、調査は大きく進展した。

（原注300）闇トトカルチョ（サッカー賭博）はトトネロといわれる。

（原注301）ジュリアーノ、コンチーニ、マリアノ、リナルディ、サルノ、リチアルディ、ロルッソ、マザレラが八大グループ。

（原注302）ナポリでは、非合法賭博で失った利益を取り戻すべく、密輸されたアメリカ煙草の販売で約二万五〇〇〇人が生計を立てているとみられる。一九九六年の欧州議会の報告書では、「密輸から末端の売人に至るまで、すべてに関わっているカモッラの活動（煙草密売：著者注）を、総合的な形で抜本的に取り締まる必要がある」と述べられている。

（原注303）警察が行なったこの作戦、いわゆる「燃える土地作戦」では、改悛者の証言が大きく貢献した。

（原注304）ナポリ都市圏では恐喝事件が日常化している。カンパーニア州の商業の五〇％、建築・土木業の一〇〇％がこうした恐喝の被害を受けているといわれる。

（原注305）パリ犯罪学研究所によると、旧東ドイツ、チェコ共和国にはどうやら二〇〇〇人のメンバーがいるとの噂を、ナポリ警察が嗅ぎ付けているようだ。

（原注306）ちなみにザザは、ビバリーヒルズにも妻名義で別荘を持っていた。その家は、在ロサンゼルスの仏領事に貸されていた。

（原注307）『ル・ポワン』一九九九年二月二十日（一三七九号）と二〇〇〇年一月二十一日（一四二七号）。ドミニク・デュングラの記事（Italie du Sud ; Mafias : Mad Max dans les Pouilles）。

（原注308）『クーリエ・アンテルナショナル』に載ったローマの『エスプレッソ』の記者アントニオ・カルルッチの記事には、サクラ・コローナ・ウニータを聖人化したユーモアあふれる挿絵が、「Je suis l'Italien dernier cri ; j'oubie les faits avant même de les connaître」というタイトル付きで載っている。

（原注309）前掲の覚書。

（原注310）『ル・モンド』一九九九年十月二十三日のサルバトーレ・アロイーゼの記事（Simone et Marco, les baby killers de Cosa Nostra）。

【訳注】

（訳注1）アルバニアで長年政権を握ってきた労働党は、一九九一年に社会党と名を変えて民主主義モデルを取り入れたが、以前のような力を失っていった。その代わりに台頭したのが九〇年に結成された民主党で、一九九二年の総選挙で単独与党の座を奪って初の非共産民主政権を成立させた。

（訳注2）シグリミ（Sigurimi）はアルバニア語で「治安」を意味する。

（訳注3）コソボ解放軍（ＫＬＡ）は、コソボ自治州のセルビア共和国からの分離を求め、セルビアの警察官や民間人の殺害や誘拐などのテロ活動を続けたアルバニア系武装集団。司令官はアジム・チェク。ＫＬＡがコソボで誕生した経緯をさらに知る手がかりとして、日本外務省のＨＰ http://www.mofa.go.jp/mofaj/area/yugoslavia/cosv/genjyo.html のうちコソボ史が説明された部分を、参考として以下に記す。

1　略史

（1）コソボは十二世紀末には中世セルビア王国・セルビア正教会の中心であったが、十四世紀末にオスマン・トルコに占領されて以来、多くのセルビア人が北方に移住し、一方、イスラム教に改宗したアルバニア系が大量に流入し、人口比は次第に逆転していった。

(2) 二十世紀初めにセルビアがトルコからコソボを奪回し、第二次世界大戦後のユーゴ社会主義連邦共和国（旧ユーゴ）では、セルビア共和国の自治州となったが、大幅な人口増を背景として一九八〇年代、コソボに共和国の地位を求めるアルバニア系住民の暴動が繰り返され、少数派のセルビア系住民が抑圧を受けるようになったこともあり、一九八九年ユーゴ・セルビア当局（ミロシェビッチ政権）がコソボの自治権の縮小を開始し、一九九〇年にアルバニア系住民が住民投票を経て「コソボ共和国」として独立を宣言した直後にコソボ州議会を解散するとともに、自治権を剥奪する等弾圧を強めた。

(3) 一九九八年二月にアルバニア系のコソボ解放軍（ＫＬＡ）とセルビア治安部隊との間に武力衝突が発生して以来紛争が激化し、ユーゴ連邦軍も介入。国際社会の和平案をユーゴ政府が受け入れず、コソボにおける人道的惨事が発生する可能性が高まったとして、一九九九年三月、北大西洋条約機構（ＮＡＴＯ）がユーゴ空爆を開始した。

(4) 一九九九年五月にＧ８外相間で合意された和平案を基に和平交渉が行なわれた結果、同年六月、国連安保理決議一二四四が採択され、武力紛争は終結した。

(5) 現在、コソボにおいては、安保理決議一二四四に基づき、民主的な多民族社会に基づく実質的自治を構築するために、民政部門を担当する国連コソボ暫定行政ミッション（ＵＮＭＩＫ）と、軍事部門を担当する国際安全保障部隊（ＫＦＯＲ）の下で和平履行が進められている。また、二〇〇五年十月、国連安保理においてコソボの将来の地位を確定するプロセスの開始が決定され、翌月より国連特使による仲介活動が開始された。

(訳注4) フランス人ジャーナリストで歴史研究家でもあるクリストフ・シクレは、バルカン情勢を中心にさまざまな記事を書いている。

(訳注5) ユーゴ爆撃が開始してからのＫＬＡの動向については、さらに説明が必要と思われる。参考に、同じく日本外務省のＨＰ http://www.mofa.go.jp/mofaj/gaiko/pko/unmik.html から、ＵＮＭＩＫ設立の経緯について記した部分を抜粋する。

1 設立の経緯

(1) ユーゴスラビア連邦共和国（当時、二〇〇三年二月セルビア・モンテネグロに改称）のコソボ自治州においては、一九九八年二月にアルバニア系武装勢力のコソボ解放軍（ＫＬＡ）とセルビア治安部隊との間に武力衝突が発生して以来、紛争が激化し、ユーゴ軍も介入した。国際社会の外交努力にもかかわらず、ミロシェビッチユーゴ大統領は国際社会による和平案の受諾を拒否したため、一九九九年三月、北大西洋条約機構（ＮＡＴＯ）は、さらなる人道的惨事の発生を回避するとしてユーゴ空爆を開始した。

(2) 一九九九年五月にＧ８外相間で合意された和平案を基に和平交渉が行なわれた結果、同年六月三日、ユーゴ政府が国際社会の提示した和平案を受け入れ、同月十日、安保理は「国際文民・安全保障プレゼンス」の派遣を決定する決議一二四四を採択した。同月二十日には、ユーゴ軍及びセルビア治安部隊のコソボからの撤退が完了し、翌二十一日、ＫＬＡは非武装化の履行に署名した。

（訳注6）右の内容を受け、一九九九年九月に解体されたコソボ解放軍は、二〇〇〇年一月、コソボ防護隊（ＫＰＣ）として生まれ変わった。司令官は、ＫＬＡ時代と同じくアジム・チェク。なお、彼は、二〇〇六年三月、国連の暫定統治下にあるセルビア・モンテネグロのコソボ自治州のセイディウ大統領の指名を受け、コソボ首相に就任した。

（訳注7）イタリアのカラブリア地方は、シチリア島の手前、イタリア半島のつま先に位置している。

（訳注8）民主化後まもなく、市場経済に慣れていなかったアルバニア国民の多くが、このねずみ講に加わったが、政府は何の対策も講じなかった。一九九七年一月、ねずみ講企業が相次いで破綻すると、反政府デモが南部で生じ、二月～三月には、国内各地で治安当局と武装市民が激しく衝突。メクシ首相が引責辞任した。

（訳注9）ブロラについては、すぐ後の四六頁を参照のこと。

（訳注10）オブゼルバトゥール・ジオポリティック・デ・ドロッグ（l'Observatoire géopolitique des drogues、通称ＯＧＤ）は、アラン・ラブルース（Alain Labrousse）が一九九〇年代、パリに設けた機関で、世界中に二〇〇人以上

の特派員を擁していたが、その後、名が高まるにつれて資金不足に陥り、二〇〇〇年に閉鎖した。文中、すぐ後に出てくる歴史学者、民俗学者のミッシェル・クトゥジスは、九七年までこの機関で調査部長を務めていた。

（訳注11）へスス・グティエーレス・レボージョ将軍は、ファレス・カルテルのアマド・カリージョに対して麻薬密売の便宜を図り、分け前を受け取っていた容疑で一九九七年二月に逮捕された。

（訳注12）ビセンテ・フォックス・ケサーダは、一九四二年、メキシコ・シティー生まれ。保守派の国民行動党（PAN）に所属する政治家で、二〇〇〇年十二月以来、メキシコ大統領の職にある（任期は二〇〇六年十二月まで）。

（訳注13）エテペクは、メキシコ州の州都トルカ近郊の町。

（訳注14）アンフェタミンは、メタンフェタミンとともに、世界で覚せい剤として乱用されている物質。

（訳注15）エルネスト・セディージョ・ポンセ・デ・レオンは一九五一年生まれの政治家。左派の制度的革命党（PRI）に所属し、一九九四年十二月〜二〇〇〇年十二月、メキシコ大統領を務めた（現大統領ビセンテ・フォックスの前任者）。

（訳注16）ホルヘ・カルピソ・マクレガーは、一九九三〜九四年、メキシコ検事総長を務めた。

（訳注17）サパティスタ民族解放軍（EZLN）とは、一九九四年にメキシコ南部のチアパス州で突然武装蜂起し、町や村を占拠した先住民主体のゲリラ組織。マルコス副司令官は、この組織の実質的な指導者。

（訳注18）コロンビア革命軍については、「はじめに」の項の原注2を参照のこと。

（訳注19）エルネスト・サンペールは、中道左派の自由党所属の政治家。一九九四年六月〜九八年六月まで、コロンビアの大統領を務めた。

（訳注20）複数の企業群を企業グループとして統制していくには、その中心となる会社が必要となる。その核となるのが持株会社だ。持株会社は、投資目的ではなく、その会社の具体的な事業活動を自社の管理下に置いて実質的に支配する目的から、他の会社の発行済み株式総数の過半数を所有する。持株会社自体は具体的な事業活動を行なわない。

（訳注21）民族解放軍については、この章の原注61を参照のこと。

（訳注22）アフトリチュートとは、ボール・フ・ザコーネとは違い、マフィアのボスとして力を持つが、他のボールからは正式に認められていない一般のドンを指す。

（訳注23）寺谷弘壬の『ロシアマフィアが世界を支配するとき』（アスキー・コミュニケーションズ）の四四頁にはこうある――ヴォールの称号を「戴冠」するには、最低二人のヴォールが、この男は「候補」の資格があると太鼓判をおしてくれないと始まらない。推薦場所は、刑務所内でもシャバでもどこでもよい。

（訳注24）詐欺と資金洗浄のスキャンダルを巻き起こしたニューヨーク銀行は、当局に対し罰金四五億円を支払うことになった。

（訳注25）オルガニザツィアについては、一〇四頁以降を参照のこと。

（訳注26）米国のコーサ・ノストラについては、一六六頁以降を参照のこと。

（訳注27）オブゼルバトゥール・ジオポリティック・デ・ドロッグについては、この章の訳注10を参照のこと。

（訳注28）ウールルは、武器や酒類、煙草の密売で一九八〇年代に暗躍したババで、大臣を買収する他、原注121に出ている、メーメット・アリ・アジャのローマ法王暗殺計画にも関わったといわれる。

（訳注29）香港の警察は、地元を基盤にする中国系マフィアを、まとめて「三合会」と呼んでいる。現地で暗躍する主流犯罪組織のルーツが、本書で後述される、「反清復明」を唱えた洪門《ハンモン》の流れを汲むことが多いせいだが、それを真似て欧米でも、中国系マフィア一般をtriad《トライアド》（三合会）と呼ぶことが多い。本著者クルタンも、中国系マフィアについて、triadというフランス語で統一している。

だが、中国系マフィアとは、厳密にいえば洪門《ハンモン》の流れをくむ組織ばかりではない。現に、クルタンが後に挙げている「大圏幇《ダイヒュンポン》」は、文化大革命後、中国大陸から香港に渡った者たちが結成した、比較的新しい組織である。マーティン・ブースの『龍の系譜』（中央公論新社）三八二頁には、大圏幇《ダイヒュンポン》（書中では「大圏仔《ダイヒュンチャイ》」）について次のように記されている。――大圏仔《ダイヒュンチャイ》は一九六〇年代後半に初めて現われた。厳密には〈三合会〉ではなかった。おおよそ〈三合会〉式に運営されてはいるが、儀式には頼らず、伝統とはつながりがないし、単一の結社ではなしに、犯罪集団のゆるやかな連合だった。創立したメンバーは文化大革命時代に暴れまわった元紅衛兵と、人民解放軍の復員兵だった――

これに従えば、大圏幇《ダイヒュンポン》は、マフィアの条件として「入会儀式」を強調するクルタンの定義から外れることになる。

右のような点から、本書では、原書でtriadeとある部分が、具体的に「反清復明」を唱えた洪門《ハンモン》の流れをくむ組織について、またはその独自の儀式について説明されていると思われる場合は「洪門《ハンモン》（系）組織」という訳語を当て、その一方で、儀式の存在が不確かな大圏幇《ダイヒュンポン》など、より広い意味で中国系犯罪組織一般を説明している場合は、「黒社会《ヘイショーホエイ》」という訳語を充てた。

なお「黒社会《ヘイショーホエイ》」とは、中国、香港、台湾の地元でチャイニーズマフィアを意味する一般的な呼称である。石田収『中国の黒社会』（講談社現代新書）五四頁には、「黒社会という言葉が中国で公式に用いられるようになったのは一九九二年頃から」とある。

（訳注30）スイフト（SWIFT）とはSociety for Worldwide Interbank Financial Telecommunication の略称で、国際間の金融取引を、コンピューターと通信回路を利用して行なうシステムとして、世界各国の銀行が参加している。

（訳注31）青幇《チンパン》は上海生まれの地下組織である。後の「歴史、社会背景」の項目にあるように、蒋介石政府の時代には杜月笙《トゥユエシエン》がリーダーとして力を振るった。青幇《チンパン》は、その後、香港へ逃れ、現在も活動を行なっている。上海時代の青幇《チンパン》や、その後の変遷についてはマーティン・ブースの『龍の系譜』（中央公論新社）に詳しい。

（訳注32）紅巾《こうきん》の乱とは、一八五四年に起こった反乱。秘密結社が起こした太平の乱に苦しめられた清朝は、その後、資金不足に陥り、住民に過度な税制を強いた。住民たちが当局への反感をつのらせるほど、当局は、「秘密結社である三合会《サンホップウィ》が彼らの不満を煽っている」と、メンバー探しに必死になり、しまいには各村に三合会《サンホップウィ》メンバー引渡しの命を下し、村がそれを拒めば村人全員を処刑するという事態が生ずるに至った。こうした暴政に対し、赤い

ターバン（赤巾）を巻いた部隊が反乱を起こし、清朝の管理する学校や地主などを襲い、一八五四年夏に、珠江《しゅこう》デルタ全体を支配した。

（訳注33）和利和《ウォレイウォ》は、香港を中心に活動する和《ウォ》グループの一つ。

（訳注34）シェンゲン協定とは、国境間を旅券なしで自由に移動できる旨を定めた協定。

（訳注35）当初の移民が住んだのは主に西海岸だった。

（訳注36）クラックは、安価で強力な吸煙用コカイン。

（訳注37）カポ（capo）とは、イタリア語で「頭」「リーダー」を意味する。米国マフィア界、イタリアマフィア界では、ファミリーの首領のことを指す。

（訳注38）米国のマフィア機構が、イタリア語で「我らのもの」を意味する「コーサ・ノストラ（Cosa Nostra）」と呼ばれるようになったのは、後述のカステレマレーセ戦争（一八〇頁参照）に勝ったシチリア出身のサルバトーレ・マランツァノが、自らを「ボスの中のボス」を名乗ったのがきっかけといわれる。なお、イタリア・シチリアのマフィアがなぜ「コーサ・ノストラ」と呼ばれるようになったかについては、訳注44を参照のこと。

（訳注39）米国のコーサ・ノストラでは、首領以下、副首領はアンダーボス（underboss）、幹部はカポレジーム（capo-regime）、兵士はソルジャー（soldier）と呼ばれる。基本的にはシチリアのコーサ・ノストラの項で示した組織の表と同じになる。

（訳注40）「コミッション」とは、米国マフィアのファミリー間で生じた問題を解決するため、一九三一年にラッキー・ルチアーノがニューヨークの五大マフィア、バッファロー、シカゴのボスを招集して創った最高幹部会で、現在も存在するといわれる。

（訳注41）パドローネ（padrone）とは、イタリア語で「主人」「支配者」という意味。イタリアの歴史家でマフィア研究を行なうサルヴァトーレ・ルーポの『マフィアの歴史』（白水社）二二〇頁には、このパドローネについて「就職や住居の斡旋《あっせん》、信用の供与といった面で、移民たちに対して指導的な地位を獲得し、移民を管理することを通

じて、利益の大きい事業を展開していった」と説明されている。

(訳注42) ウニオーネ・シチリアーナ（Unione Siciliana）とは、シチリア出身者だけで固められたシチリア人連合のこと。

(訳注43) マッセリアとの勢力争いに勝ったマランツァノは、戦いの二週間後、ニューヨークで数百名のギャングを集め、米国のマフィア組織を統一したこの新機構を「コーサ・ノストラ」と呼ぶとともに、ニューヨークを五つのファミリーに分け、自らを「首領の中の首領」として機構のトップに据えた。だが、ルチアーノは、非シチリア人のコーサ・ノストラ加入を禁止したマランツァノに反発し、彼の排除を決心。いわゆる「シチリアの晩祷の夜」事件を起こして、マランツァノ派を排除し、自らがコーサ・ノストラの頂点に立った。

　米国全土に散らばるマフィア組織を「コーサ・ノストラ」としてまとめるという案は、そもそもマランツァノのアイデアだった。その案をさらに進め、シチリア人以外にも門戸を開く形で、各地の犯罪組織をネットワーク化し、コミッショーネ（委員会）を創設して運営を合議制化したり、制裁制度を取り入れたりして組織の近代化を推進したのが、ルチアーノだったということになる。

(訳注44) スチッダという組織の存在が示すように、シチリア島のマフィア＝コーサ・ノストラという図式は成り立たないが、それでも、シチリアの大部分のマフィア組織がコーサ・ノストラに属しているのは確かだろう。ちなみに、シチリアのマフィアが「コーサ・ノストラ」と呼ばれるようになったのは、比較的最近のことのようだ。ルーポの『マフィアの歴史』（白水社）三七頁にはこうある。――マフィア組織全体を表す名称である「コーサ・ノストラ」は、かつてシチリアでは知られていなかった名称であり、アメリカから伝播したものと思われる。この言葉の響きは、理解できない「彼らのこと《コーサ・ローロ》」に対して、透明で明瞭な「我々のこと《コーサ・ノストラ》」を対置しようとした移民の姿を想起させる。他方、シチリアの組織を「コーサ・ノストラ」という言葉で呼ぶようになったのは、最近の改心者たち以降のことである。この事実は、シチリアが「古典的なもの《アルカイズモ》」を輸出するというなじみの図式を転倒させる。むしろ、一見古典的に見えるものがアメリカで誕生し、「旧世界」に輸出されたのではないかとすら思える。

これこそまさに、人間がシチリアからアメリアへ一方向的に移動したのではなく、アメリカからシチリアへも移動したことによって生じた相互作用の結果である——つまり、「コーサ・ノストラ」というイタリア語の呼び名は、まず、アメリカで生まれ、後にイタリアに逆輸入されたということになる。

米国のコミッション（委員会）制度も、コーサ・ノストラとともに逆輸入され、コミッショーネという名で作り直された（一九九頁参照）。ブシェッタの告白によると、委員会は一九五七年にはすでに存在していたようだが（ピーノ・アルラッキ『さらばコーザ・ノストラ』三四頁）、アメリカと違って、シチリア全土にあるコスカをまとめるのは並大抵のことではなく、同著八五頁には「州単位、あるいは地域間の委員会のアイデアが出されたのはずっと後の一九七五年、ピッポ・カルデローネによるものだった。一九七五年当時には州単位の機構など考えもつかなかった。シチリア人の考えを全員一致させるのは、万人の能力を超える企てであり、パレルモにあるファミリーをまとめるだけでさえ、困難きわまりない仕事だった」と記されている。

なお、米国のマフィアが「コーサ・ノストラ」と呼ばれるようになった経緯については、訳注38を参照のこと。

（訳注45）サルバトーレ・リイナは、一九九二年にファルコーネ判事らを爆殺したマフィアのドン。

（訳注46）シチリアのコーサ・ノストラの幹部は、兵士数十名を率いることから「一〇人首領」、カポデチーナ（capo-decina）、あるは単にカポとも呼ばれる。

（訳注47）筆者も一九頁で触れているが、ファルコーネ判事、ボルセリーノ判事は、マフィアとの死闘を繰り広げた当局側のシンボル的存在であり、それゆえにマフィアから殺されたといえよう。ジョバンニ・ファルコーネ判事は一九八七年、合計三四二人のイタリアマフィアに有罪判決を下した「パレルモ大裁判」の立役者だが、一九九二年五月、シシリー島のパレルモ空港近くの高速道路に仕掛けられた爆弾により、妻と護衛三人とともに殺害された。その五十七日後、今度はボルセリーノ判事が、パレルモ市街で車に仕掛けられた爆弾により、五人の護衛、一人の通行人女性とともに、殺された。

（訳注48）ピオ神父は、一八八七年、イタリアはベネベント県ピエトレルチナ生まれ。十六歳でカプチン・フランシス

コ修道会に入会し、一九六八年に死去。生前、数多くの奇跡を行なったといわれる。ヨハネ・パウロ二世は二〇〇〇年、世界中から集まった信者の前で、ピオ神父を聖人に列聖すると宣言した。

（訳注49）デルットーリは、前イタリア首相シルビオ・ベルルスコーニを党首とする新興保守政党フォルツァ・イタリアに属し、ベルルスコーニの片腕的存在でもある。

（訳注50）ステファノ・ボンターデは一九三九年生まれ。父フランチェスコ・ボンターデが六四年に病死すると、その後を継ぎ、二十五歳の若さでサンタマリア・デイ・ジェズ地区のマフィア一家の首領になった。七〇年代は、コーサ・ノストラのコミッショーネの一員で、ブシェッタとも親しかった。八一年、ピーノ・グレコに殺害され、一家の首領は、ミケーレ・グレコが引き継いだ。

（訳注51）トマーゾ・ブシェッタは、ポルタ・ヌオーバ・ファミリーの一兵士でありながら、コーサ・ノストラのカリスマ的大物で、一九九三年に逮捕された後、沈黙の掟を破って、マフィア組織についてファルコーネ判事に告白。コーサ・ノストラが実在することを世に知らしめた。その告白内容については、社会学者のピーノ・アルラッキが、当局に対するブシェッタの証言や、アルラッキ本人と彼との会話をまとめた『さらばコーザ・ノストラ』が参考になる。

（訳注52）ベルナルド・プロベンツァーノは一九三三年、シチリアのコルレオーネ生まれ。一家の首領リイナが逮捕された九三年、逃亡中にコーサ・ノストラのコミッショーネのトップになったとされる。なお、本書で「逃亡中」となっていたこのプロベンツァーノは、二〇〇六年四月十一日、地元コルレオーネで隠れ家としていた農家で発見され逮捕された。

この間、外部とのやりとりには紙のメモが使われ、電話は一切使用されていなかった。農家からは、彼が使っていたタイプライターも見つかっている。

（訳注53）シチリアのコーサ・ノストラのコスカ（つまりファミリー）の数（一三〇以上か）は、アメリカのコーサ・ノストラにおけるファミリー数（推定二五）よりはるかに多い。それだけに、委員会（コミッショーネ）も複雑だ。

シチリアのコーサ・ノストラでは、まず隣り合った三つのコスカの各首領（カポまたは代表―ラップレゼンタンテ）のうち、地区首領（カポマンダメント）が選ばれ、三つのファミリー間の揉《も》め事などを調整する。県内でこの地区首領たちが集まってできるのが、県委員会（県のコミッショーネ）である。この地区首領たちは県代表とも呼ばれる。さらにシチリア州各県に存在するこの県代表全員が集まってできるのが州委員会（州のコミッショーネ）だ。この州委員会（コミッショーネ）は、アメリカのコーサ・ノストラのコミッション（最高幹部会）とともに、クーポラ（coupola）とも呼ばれる。

いずれにせよ、中心的存在は、県委員会（その県の代表からなる）と州委員会（各県の代表全員からなる）の二つのようだが、シチリア州全土のうちコスカはパレルモ県に集中しているため、州委員会の顔ぶれも、当然パレルモのコスカの首領が多くなる。ちなみに、ファルコーネの『沈黙の掟』の補遺にある「各県にまたがる委員会」（クーポラ）の、時代による変遷を見ると、県代表のほとんどがパレルモの首領である。

（訳注54）ピオ・ラトーレは、すぐ後に出てくる法律六百四十六号の原案を作った人物。

（訳注55）カルロ・アルベルト・ダッラ・キエーザ将軍は、パレルモ県知事として赴任後わずか四カ月で殺害された。キエーザ将軍やラトーレをはじめ、マフィア闘争に関わったために殺された人物や一九八六年に始まったマフィア大裁判については、竹山博英『マフィア――シチリアの名誉ある社会』（朝日選書）や、サルヴァトーレ・ルーポ『マフィアの歴史』（白水社）が参考になる。

（訳注56）八六年の「マフィア大裁判」とは、グレコ、リッジョをはじめ、総勢四五六人を被告として行なわれたイタリア史上最大のマフィア裁判の通称。八七年に結審し三四二人が有罪判決を受けた。この裁判の行方に大きな役割を果たしたのが、トマーゾ・ブシェッタをはじめとする改悛者たちだった（竹山博英『マフィア――シチリアの名誉ある社会』を参考にした）。

（訳注57）ピッポ・カロはブシェッタの後にポルタ・ヌオーバの一家に入ったマフィアで、のちにこのコスカの首領になった。さらに、九一年推定で、コミッショーネの一人になっていたらしきことがわかっている（ファルコーネ

の『沈黙の掟』（文芸春秋）の巻末を参照のこと）。

（訳注58）コスカとは「組」や「一家」のことで、今でもシチリアマフィアの間では、ファミリーを意味する言葉として使われる。本訳では、シチリアのコーサ・ノストラファミリーについて、この「コスカ」という呼び名をあてて統一した。

（訳注59）ビト・ジェノベーゼについては、原注272も参照のこと。

（訳注60）このニュースについては、英国放送協会ＢＢＣのＨＰにある二〇〇二年七月八日の記事（Sicilians dish up anti-Mafias pasta）でも見ることができる（英文）。

（訳注61）ピッツォ（pizzo）とは、イタリア語で「ひとつまみ」の意味。

（訳注62）イタリアは、サルディーニャ王国のもと、一八六一年に初めて統一されたが、その新生イタリア王国の中心となったのがピエモンテ地方だった。ルーポの『マフィアの歴史』八七頁にはこうある――シチリアは、イタリア統一から十五年間、軍人出身の政治家からなる政府によって統治され、憲法に保証された自由を否定され、行政の「ピエモンテ化」〔イタリア統一の中心になったピエモンテ出身の官僚がシチリア統治にあたったことをさす〕の進行を見てきた――これはヌドランゲタではなくシチリアマフィアの立場を説明しているが、状況はヌドランゲタの場合も似たようなものではなかったかと思われる。

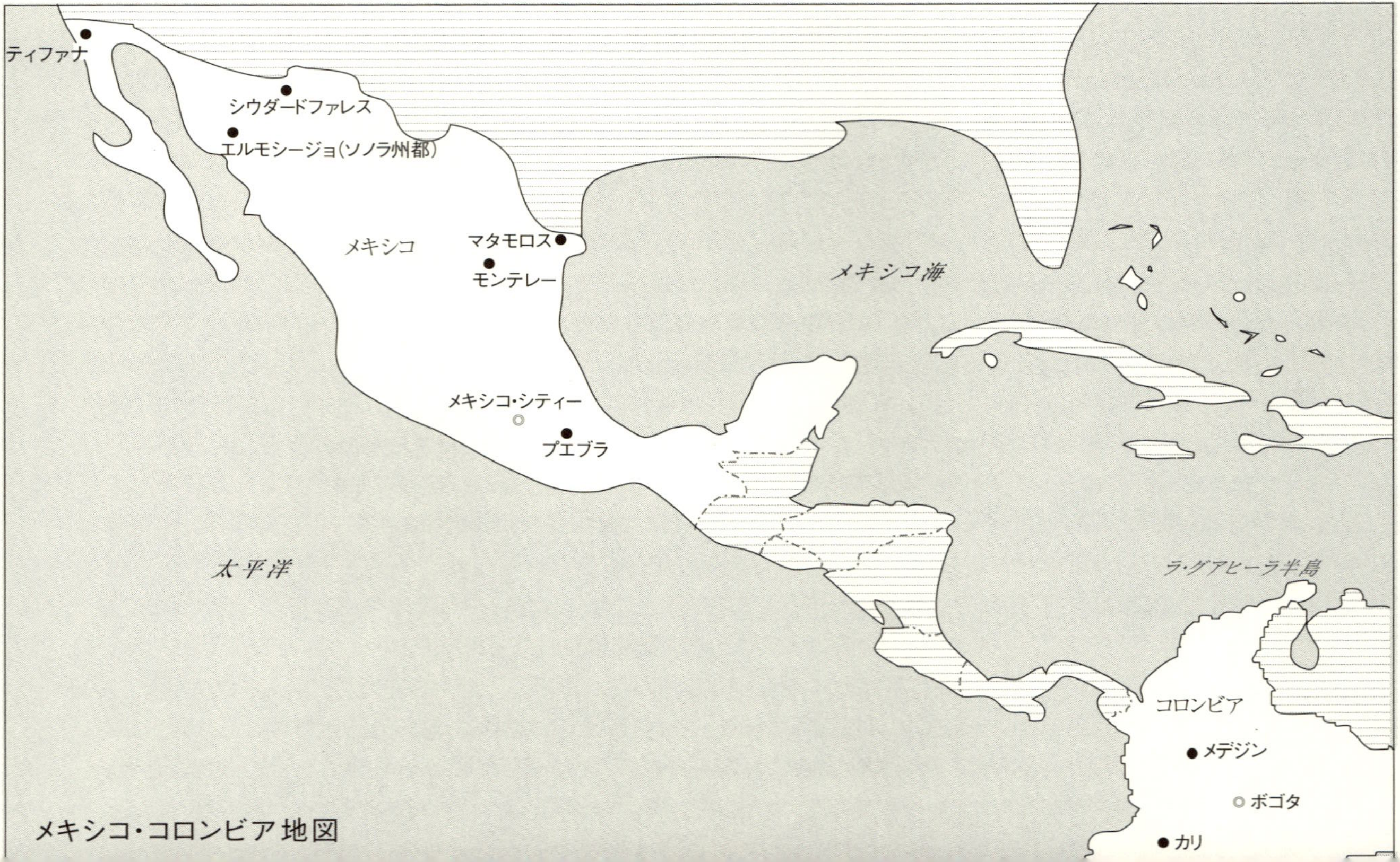

メキシコ・コロンビア地図

第二章・マフィアの定義

Chapitre 2　Définition des mafias

これまで世界各国の犯罪組織を見てきた。世界には、越境犯罪組織というものが複数あり、それぞれ独自のカラーを持っていること、マフィアと呼ばれるものが一つではないことが、わかってもらえたのではないだろうか。

犯罪を行なう越境組織は、多種多様な形で世界に存在している。ということは、厳密な意味で「マフィア」を定義するにしても、さまざまな組織を比較し、共通する特徴を引き出す必要があるということだ。

ちなみに世界には、「国際的な犯罪組織」について、すでにいくつか定義がある。例えばＦＢＩは、次のように述べる。

＊組織犯罪とは、貪欲さ（greed）から、組織の構造を用いて威嚇行為や買収行為を進め、継続的に共同謀議を働くことをいう。

＊国際的な組織犯罪集団とは、国をまたがる形で非合法活動を行ない、一国を超える影響力を有する犯罪結社をいう。

一九八八年以降、国際刑事警察機構は次のように定めている。

利益の創出を目的として、国境にこだわることなく継続的に非合法活動を行なう、あらゆる企業や、個人からなる集団をいう。

これらの定義には、ＦＢＩと国際刑事警察機構にある、組織としての双方の違いが反映されている。米国は、長年にわたって、外国生まれのさまざまな組織犯罪に直面し、実際にさまざまな経験を積んできた国である。ＦＢＩはそうした国の権威ある連邦警察だ。これに対して国際刑事警察機構は、国際犯罪を取り締まる警察機構であり、その役割は、一国を超えた犯罪について、情報を集中化させる点にある。

一方、欧州連合は、「犯罪組織」を次のように定めている。

(1) 組織が、二人以上のメンバーで構成されている。
(2) 組織が、各メンバーに一定の任務を与えている。
(3) 組織が、ある程度の長期間あるいは不定期間、継続している。
(4) 組織が、確立した一連の規則のもとで諸活動を行なっている。
(5) 組織が、重大犯罪の嫌疑を受けている。
(6) 組織が、一国を超えて活動を展開している。
(7) 組織が、暴力その他の脅迫行為に訴える。
(8) 組織が、企業またはそれに類する形態をとっている。
(9) 組織が、ロンダリング活動に関わっている。

(10) 組織が、政界、メディア、法曹界、財界に圧力をかけている。
(11) 組織が、収益または権力の獲得意図をもって行動している。

このうち少なくとも六つは基本点、とくに(1)、(5)、(11)は必須ポイントだ。

なお、フランスでは、土着のマフィア組織と呼べるものが存在しなかったからであろうか、今日に至るまで、大型犯罪組織について、正式な形での定義はなされていない。だが、外国のマフィア組織がフランスに侵入している以上、何ら定めることがないというのは、国家の怠慢であろう。そもそも、フランスがこの点について、国として参考となるような定義づけを欲しているのかという点はさておき、私自身は、フランス人のひとりとして、今後、正式な定義がなされるよう期待したい。これは法的な一貫性を保つためにも望ましいことだ。(原注1)

かつてある大臣が、「犯罪組織」について、『ノーツ・ブリュ・ド・ベルシー』(原注2)の中で論理立った定義づけを行なったことがあるので、その記述を挙げておこう。

「どのような組織を犯罪組織と呼ぶのか?」

犯罪組織とは、実際には、次に挙げるマフィア活動を行なう組織を含む。

＊人間または人間の尊厳を傷つけるような、きわめて重大な犯罪を行なう
＊組織ぐるみで、継続的に犯罪活動に従事する
＊犯罪から得た巨額の資金の洗浄を余儀なくされ、こうした資金を、一国を超えた形でロンダリ

ングする

一方、「マフィア」そのものの定義については、犯罪組織がらみでさまざまな事件が起こっていることを受け、犯罪研究を行なう国際権威筋が、昨今、それぞれ新たに定義付けを行なっている。

その一人、モーリス・クッソンは、犯罪組織のネットワークを重視する。(原注3)「マフィアとは、独立した形で犯罪を行なう組織の集合体であり、あらゆる犯罪遂行能力を備えていると見られるネットワークのことをいう。このネットワークは、ひとたび開始すると、継続的に略奪行為を行ない、地元の警察の目をうまくすり抜け、構成員同士で助け合い守り合いながら、手際良く力を発揮し続ける」。

欧州評議会(訳注1)は、組織犯罪対策の指導原理をめぐる勧告の中で、「組織的に犯罪を行なう集団とは、直接または間接に資金上その他の物質上の利益を獲得するため、威嚇、暴力、買収その他の手段を行なって重大犯罪を行なうべく、三人以上の者で組織され、一定期間存続する系統的集団をいう」と表現している。

一九九八年十二月二十一日、EU理事会は組織犯罪への参加を犯罪とする共同アクションを採択した。その第一条は「組織的な犯罪集団とは、三人以上の者で組織された集団であり、一定の期間継続して存在し、長期四年以上の自由を剥奪する刑またはこれより重大な刑を科されるおそれのある犯罪を遂行すべく、協力して行動して財産上の特権を得ている組織、場合によっては公権力を侵害する組織のことをいう」と明らかにしている。

また、国連がパレルモの会議で署名対象とした「国際組織犯罪防止条約」の第五条には、こう述べられている。

一　締約国は、故意に行なわれた次の行為を犯罪とするため、必要な立法その他の措置をとる。

(a)　次の一方または双方の行為（犯罪行為の未遂または既遂に係る犯罪とは別個の犯罪とする）

(i)　金銭的利益その他の物質的利益を得ることに直接または間接に関連する目的のため重大な犯罪を行なうことを一または二以上の者と合意することであって、国内法上求められるときは、その合意の参加者の一人による当該合意の内容を推進するための行為を伴いまたは組織的な犯罪集団が関与するもの

(ii)　組織的な犯罪集団の目的及び一般的な犯罪活動または特定の犯罪を行なう意図を認識しながら、次の活動に積極的に参加する個人の行為

a.　組織的な犯罪集団の犯罪活動

b.　組織的な犯罪集団のその他の活動（当該個人が、自己の参加が当該犯罪集団の目的の達成に寄与することを知っているときに限る）

(b)　組織的な犯罪集団が関与する重大な犯罪の実行を組織し、指示し、ほう助し、教唆し若しくは援助しまたはこれについて相談すること。

二　一に規定する認識、故意、目的または合意は、客観的な事実の状況により推認することがで

きる。（訳注2）

また、ある犯罪学専門誌はこう説明する。（原注4）「マフィアとは、極めて大きな実入りを求め、国際的規模で活動を展開する犯罪結社である。入会儀式を通して新メンバーを正式に迎え入れ、買収、影響力、暴力などに訴える形で、メンバーやそれ以外の人間の沈黙と服従を維持し、活動の手段を確保する。長い歴史を有することも多く、地元の社会に溶け込んだ存在である」。

こうしてみると、マフィアと大型犯罪組織が、ある点では似ているものの、全く同じものではないのがわかる。ＦＢＩや国際刑事警察機構の「犯罪組織」の定義は、入会方法については触れていない。強調されているのは、彼らが一国を超えた形で活動し、成果を執拗に追い求め、継続した組織構造をもち、周囲の者に対し、買収や脅しを利用するという機能を持つ点だけだ。『ノーツ・ブリュ・ド・ベルシー』の定義も多かれ少なかれ同じようなものである。

もちろん、かかる要素は、マフィア組織においても見逃すことはできない。だが、ＦＢＩ、国際刑事警察機構、『ノーツ・ブリュ・ド・ベルシー』の指摘は、いずれも、洪門《ハンモン》組織やコーサ・ノストラ、暴力団、ヌドランゲタなど、これまで見てきた犯罪集団の背後にある社会基盤や創始者神話、他人に不可解な入会儀式の存在などへの言及がない。

となると、「大型犯罪組織とマフィアとは、厳密には異なる」ということになる。この点で、『Les mafiass, puissances singulieres』と題されたテキストの「正真正銘のマフィアとは」という章でグザビエ・ロフェルが述べている点は、大変意味深い。

世界で正真正銘の超犯罪組織の数はそう多くない。厳密にいえば、シチリアのコーサ・ノストラと、海外に拠点を置く洪門《ハンモン》系組織の二つのみである。

古い時代から存在していたこの二つの組織体は、どちらとも縄張りを持ち、そこに住む人々を支配し、独自の掟や軍備を有してきた。単なるギャング団というより、国家の中の国家としての意味合いが強い。しかも、国家の弾圧などを受けて苦境に陥ったときも生き延びることができるしくみを持っている。ジョルジオ・ボッカ(訳注3)が、かっていみじくも言ったように、「マフィアのファミリーは消えることなどない。中の二、三人を捕えることができても、息子たちがファミリーを存続させる。仮に息子で不足するならば、野心にあふれた人物を外部から引き入れ、娘たちの配偶者にさせる」。

シチリアのコーサ・ノストラ、カラブリアのヌドランゲタ、カンパーニアのカモッラは、かつて、ファシズムの時代も二十年にわたって抵抗し生き長らえた。大規模な洪門《ハンモン》系組織も、共産主義四十年の時代をくぐり抜けてきた。特に、毛沢東が政権を握った十年、「文化大革命」で何千万という人間が犠牲になったが、そうした苦難を経て今の彼らがある。

こうしたマフィア組織が、長年の勢力圏である地場を抜け出し、今や、世界規模で活動を展開しているのだ。トルコの大型犯罪組織や日本の暴力団にしても同じで、世界に飛び出して積極的にビジネスを行なっている。

厳密な意味でいうマフィアとは何か、またマフィア的特徴を持たない犯罪組織とは何かについての考えが示されているのは興味深い。マフィアも大型犯罪組織も、凶徒の結社にあたる。だが、この二つは、厳密には別物である。その点を把握する必要があるということだ。

マフィアの特徴

コーサ・ノストラ、洪門《ハンモン》組織、暴力団など、これまでさまざまなマフィア型組織を見てきた。こうした組織では、ファミリーが中心となっている点、名誉という概念が重視される点、組織を裏切れば死が待ち受けるという、死の文化がある点、独特な儀式を持つ点、伝統を重んじる点、組織の創設者をめぐって神話が存在する点、そして、個人より組織の掟が優先される点が共通している。

入会儀式を通じた「名誉意識」の植え付け

メンバーを完全に服従させ、効果的に事を行なって、組織の安泰を図る、という三点を叶え、秘密裏に活動を行なうべく、マフィア組織ではきちんとした形で決まりが定められている。この点は重要だ。侵略者に抵抗する形で非合法活動を続けようと思えば、メンバーに服従を誓わせるのは当然である。なるほど、それでこそ初めて集団が集団として効率よく活動し、安全も確保できる。ということで、コーサ・ノストラも洪門《ハンモン》組織も、この基本に則って組織づくりを進めている。

組織を裏切れば、容赦なく制裁が加えられる。殺される場合もある。コーサ・ノストラや洪門《ハンモン》組織は、こうした制裁をちらつかせながらメンバーに絶対服従を誓わせ、組織に忠実である旨を約束させているわけだ。

その概念を植え付けるのが、入会式だ。伝統的精神を新メンバーに吹き込むこうした儀式はマフィアならではの特徴で、ロシアの犯罪組織やコロンビアの麻薬カルテルにはない点である。

入会式は、新メンバーにとって、それまでの社会から別の社会へと移行するプロセスである。一般社会にいた彼らは、マフィア組織に才能を買われてメンバー候補となり、この式を通して、マフィアの秘伝、マフィアの道を伝授され、優れた存在、全く新しい存在として生まれ変わることになる。

それは、いずれは死ぬことになる一般の人間世界とは違う世界、一般の人間には不可解な独自の伝達サインを通してわかり合う世界への「入門」といえよう。メンバーとなった彼らにとって、組織の外の人間は、文字通り「俗物（フランス語でいうprofane）[(原注5)]」でしかない。

入会は儀式を通して行なわれる。

儀式では、一般社会からマフィア界へとメンバーが新たに生まれ変わる過程が神聖化される。これを境に、新メンバーはそれまでの人生ときっぱり縁を切り、「自分はマフィア組織のメンバーである」との自覚を持つことになる。

儀式は、「今後、自分はこの組織に絶対を誓い、永遠に所属する存在だ」と確信する場でもある。「マフィア組織への入会は、宗教の道に入るのと似ている。ひとたび聖職の道へ進んだ者は、その後もずっと聖職者のままである。マフィアの世界も同じだ。一端この世界に入れば、後生マフィアである」(原注6)。

入会式は一種の契約でもある。新メンバーとなる者は、ここで組織への忠誠や伝統重視、服従、名誉、血の契りの尊重、団結心を誓う。もし、誓いが裏切られた時には容赦ない制裁が待ちうけている旨、念を押される。

例えば、洪門《ハンモン》組織の三六の誓いでは、「誓いを裏切ったメンバーには死が待ち受けるのみ」という点が説かれる。こうした、取り返しのつかない懲罰は、「無数の剣で刺される」のであれ、五回「雷に打たれる」のであれ、中国社会でそれまで行なわれてきた懲罰に発想を得ている。

シチリアのコーサ・ノストラでは、「組織入会が血をもって行なわれる以上、組織脱会もやはり血をもって行なわれる」というはっきりしたメッセージを新メンバーに伝え、裏切りを禁じる。

米国のコーサ・ノストラでも、入会メンバーは「入会は生をもって、脱会は死をもってのみ」という点が誓わせられる。

組織を裏切れば、赦しを請うことも、大目に見てもらうこともできない。その点は、入会時からはっきりしている。では、マフィア組織を裏切ればどうなるかというメッセージが、メンバーにいかにして伝えられるのか。

例えば、コーサ・ノストラでは、「裏切り者には懲罰つまり処刑が待ちうける」、というメッセージを、入会儀式の際、左右の手の中で燃やされる聖画の中に込める。小さかった炎が手の中で燃え盛り、最後には灰だけが残る――というのは、カトリック信者の多いシチリア人にとって決定的な抹消を意味し、胸にぐっと迫るようだ。

洪門《ハンモン》組織では、入会儀式において、雄鶏の首を斬るという劇的な演出を行なう。これは新メンバーの心を揺さぶり、後々まで強烈な印象を残す。象徴的な意味合いを伝えるには、たいへん効果的だ。

裏切り者は、どうなるのか。みせしめとして一般の人々の目につく形で報復を受けて街道を血で染めるか、まったく目につかない形で消されることになる。これは、たびたび紙面をにぎわす報復事件に明らかで、メンバーは、こうした事実を通し、組織を裏切った場合は制裁が必至であることを知る。

改悛者トマーゾ・ブシェッタは、かつてファルコーネ判事に、「コーサ・ノストラについて他人に口を開いた者には、自然な形であれ、突然であれ、例外なく死が待ち受けていた」と語っている。(原注7) もっとも、マフィア組織の方では、裏切り者をさっさと片付けたい時でも、チャンスがくるまでじっと待つようだ。その様は、巣を張って獲物がかかるのを辛抱強く待つ蜘蛛に似ていなくもない。

入会儀式は、「これまでと異なる世界の住人になる」ことに対する誇りを植えつける場でもある。名誉意識が、儀式で極めて大きなテーマとして取り上げられている点は、これまで見てきた通りだ。(原注8)

マフィアは、自分たちにとって決まりごとと捉えられる点を特に選び出して掟を構築し、殺人を最終的な解決策としてきた。この事実は、それはそれとして、東洋のマフィア、西洋のマフィア、いずれも、仲間の女を誘惑したり、組織に嘘をついたりすることは、たいてい不名誉な行為としてきた。

とはいうが、果たしてマフィアの世界において、果たして有言実行を通して名誉が守られているのか。そんな疑問が生じても不思議ではない。

が、実のところ、「正統派」マフィアの名誉を重んじる男は、嘘をつかない存在と捉えられている。この点は驚きを呼ぶかもしれないが、そう捉えられているのは、名誉を重んじる男たるもの、正しい存在でなくてはならぬという考え方がマフィア界を覆っているからだ。その結果、彼らは、しゃべらずに済ませられる場合は黙っていて、余計な嘘は語らない。これはマフィアの歴史を見れば一目瞭然である。

マフィアはもともと、正規の権力に抵抗した者たちが結託し、非合法の凶徒集団に変化してできた集団である。こうした組織においては、昔も今も、内部では真実と信義が幅を利かせ、その一方で、外部に対しては沈黙を武器とし、何も語らず秘密を漏らさぬという形で組織の安泰が図られている。あの有名な沈黙の掟と、（組織の構成員が）それを守れない場合は「脅しが待つのみ」という構図も、こうしたルールが形となって現われたものといえよう。

ファルコーネは、シチリアマフィアの改悛者から証言を集める際に、こうしたマフィア心理をうまく活かしたわけで(原注9)、その成果を前に、「名誉を重んじる男が沈黙を破って語り始める時は、彼らが本当に真実を語る瞬間なのだ」という気持ちにもなる。

だがこの現状認識は甘い。世界の各警察では、真の改悛者たちの司法協力を撹乱しようと、「みせかけの」改悛者が裁判にわざと紛れ込むケースが、最近、多々指摘されている。そもそも、主張の信憑性を確かめるというのは司法捜査の基本だが、マフィア界からの改悛者が「真実を語りたい」といった時には、本心からそう言っているのかどうか、しつこいほど吟味する必要がある。

それはそうと、口から発された言葉が、紙に書かれた文字とは違って跡に残らないというのは、マフィア組織にとって大事な点だ。跡に残ってしまう「書く」という行為は、マフィア組織にはタブーであり、その点でも、オメルタ（沈黙の掟）はプラス面が大きい。

沈黙の掟は、人を黙らせる苛酷な指令というより、マフィア社会の生活様式の一つと化している。こうした世界で暮らす者たちにとって、口の堅さは大事なポイントだ。現に、彼らの間で尊敬されるマフィアとは、たいていが用心に用心を重ねるタイプで、なかでも慎重なドンは、一般社会に紛れて目立たないように暮らし、よほどのことがなければしゃべらない。しかも、たとえ彼らが口を開いても要点はぼかされるため、聞き手は行間を読む術を磨く必要がある。

沈黙の掟は「疑惑にさいなまされ、謎に満ちた世界であるマフィアのコンセプトの中核にある」とは、犯罪学者グザビエ・ロフェルの弁だ。ファルコーネは、「合言葉やメッセージの読みとりは、名誉を重んじる男の主要活動の一つである」と言い切った。カラブリアのヌドランゲタや中国の洪門《ハンモン》組織をはじめ、マフィア機構はどれもこれも、多かれ少なかれ秘境的性格を有している。パラドックスの極みであるこうした組織では、沈黙や暗示、ほのめかしが多く、第三者には理解しがたい場面も多い。だが、内側にいる正式メンバーの間では、そうしたアプローチがまっとうなコミュニケーション手段として、積極的に活用されている。

「コーサ・ノストラは、中途半端な会話の王国である」（ファルコーネ）。ただ、その会話は、一般の人間からみて半端に感じられるだけなのだ。別の判事フェルディナンド・インポシマートなどは、こんな言葉を残している。「彼らの会話は、ほのめかしや暗示に溢れている。口数は少なく、時には沈黙で何かを伝える場合もある。言葉は慎重に選ばれる上、意味するところがあいまいなため、ほとんど暗号のようだ。なにしろ、不法活動は隠さねばならない。だからこそ、外部の者には何を話しているのかわからないようにしているのだ」。

事は、「隠語の意味がわかれば状況が理解できる」というレベルではない。彼らの会話は、暗号の決り文句一つ一つに訳語があるというよりは、マフィア文化を総動員して初めて、要点がつかめるものになっている。

こうして成される会話が、一般人にとって要を得ないのは当然だ。だが、もしかすると、マフィアメンバーにすら不可解なこともあるかもしれない。

ファミリー重視と掟の優位

マフィアを含め、大型犯罪組織では、ファミリーという形態が活動の基本だ。

例えば中国の黒社会《ヘイショーホエイ》では、ファミリーがすべてで、メンバーはファミリーに忠誠を誓わねばならない。中国本土は広大で貧困に覆われ、人はよるべない状況に立たされる。そんな中にあって、具体的に兄弟愛や愛情を感じ合えるのは、なんといっても、まずは自分の家族であろう。黒社会《ヘイショーホエイ》は、こうした身内の団結心を基盤にしつつ、出身が同じ村だったり同じ都市の区だったりという地縁、または共通の方言を話す民族同士の絆《きずな》をもとに、より広い意味でのファミリー概念を構築して、結束を保っている。

シチリアのコーサ・ノストラも、ファミリーを最重要視する。だが、彼らの場合は、家族を重んじるカトリック社会の影響がさらに加わるのが特徴だ。伝統的なカトリック社会のこの島で、父親の役割といえば、一家の価値を尊重し、妻や子供たちがつつがなく暮らせるよう気を配ることだ。シチリアマフィアもその影響か、本質的に保守的で、奇抜なものを嫌う。事実、コーサ・ノストラ界では、こうした価値観がきわめて大きな力を持っている。

例えば、恋愛沙汰の多かったトマーゾ・ブシェッタ（パレルモ市ポルタ・ヌオーバ地区のコスカに所属）が、大物と捉えられながらも、一家の首領のような責任ある立場にとうとうならなかったのも、そのせいだ。彼らの世界では、何かと自分を誇示したいタイプの男は、感情に左右されやすい弱い性格の持ち主とみなされる。自分たちを守れる存在かどうか――構成員はまず、相手のそこを見る。

メンバーの人格に、こうも厳しいのはなぜか。シチリアマフィアの道徳心が強いからではない。「こうした性癖がファミリー全体に都合の悪い結果を生みかねない」という現実的な判断が働くからである。

と、こうした厳しさはあるものの、マフィアのファミリーは、本当の意味の家族、つまり血縁関係で結ばれている必要はない。もちろん本来の意味の血で結ばれた者も構成員になるが、他人であっても同盟関係ができればファミリーとして受け入れるのが、マフィアである。例えば、シチリアのコーサ・ノストラの「コスカ」は、血縁や同盟関係で結ばれた者たちが、地方、村、町、都市の一角など、自分たちの勢力範囲を利用しながら権威を高め、事業で繁栄をめざす組織となっている。

米国ニューヨークのマフィアのファミリーについては、A・J・アイアンニがその組織展開に注目して社会人類学の研究（内容的には民族学の影響が色濃い）を行ない、遠縁メンバーやまったくの他人であるメンバーたちが、ファミリー至上主義のマフィア機構にいかに同化し、いかにして実権を掌握していくかを説き明かしている（原注10）。

そういえば、コロンビアの麻薬カルテルの模様を流したテレビ番組では、パブロ・エスコバールが収監された刑務所の門の前で、エスコバールの母親がジャーナリスト相手に説教をたれる場面があった。オチョア一家の正真正銘の家長としてファビオ・オチョアがいかに高い位置にあるかが、垣間見られるシーンもあった。彼は「息子たちが当局に拘束されるのは時間の問題」と判断すると、ファミリー一同を集め、我が子の身柄拘留令状を前に最後の晩餐を行なった。

日本も負けてはいない。暴力団組織には、親分を頂点に、兄貴分、弟分という関係がある。構成員はみな、一家にとって養子同然の存在である。親分と子分が擬似的な父と子の関係にあるのは、前述の通りだ。

こうしたファミリー重視は、マフィア組織が長年維持してきた特徴である。現代、一般には、夫婦を基本とした家族が増えている。だが、マフィア組織の「ファミリー」は、それと比べ物にならないほど規模が大きく、しかも、父権的だ。一切を取り仕切るのは父で、子は父に従う。女は母としての役割を担い、家事を担い、夫に従順な存在でしかない。夫の考えを変えたいと思った時も、せいぜい寝室の中で秘密裏に話し合えるだけだ。しかも、それで実際に夫の意志を変えられるかどうかは、かなり疑問である。

そもそも、マフィア組織のファミリーとは服従の掟という原則で結ばれ、ボス役が絶大な権限を持つ世界である。これは、例えばヤクザの親分と子分の間における、有無を言わせぬ主従関係を見ても、想像がつく。

いずれにせよ、こうした服従の関係が始まる（つまり、組織に入門する）のが、入会儀式である。この儀式は、「自分たちは不滅であり無敵であり、強力である」と捉えてファミリー内部で結束するうえで、象徴的な意味を持っている。

もう一つ指摘しておきたいのは、マフィアが構成員に対し、積極的に組織づくりに参加しようという個々の意思より、組織への従属を求めるという点だ。

マフィアの正式メンバーは、組織に所属しているという点でのみ、意味ある存在である。ひとたび入会したら、自分の個性発揮を優先することはできない。豊富な知識をひけらかすこともできない。己れの考えを通すことは許されず、ただひたすら、組織の掟に従う身となる。彼はすでに、自分を超えた存在に属する一兵士にすぎない。

シチリアのコーサ・ノストラでは、新メンバーがこうした所属意識を持てる者として入会を認められるかどうかは、入会式に同席した「名誉を重んじる男」の一人から、コーサ・ノストラ的に、「この男は、我々と同じだ」と認められるかどうか、それだけが頼りとなる。この機構では、ラテン語で言う「perinde ac cadaver」(原注11)、つまり、徹底的に個を殺して服従できる精神が、メンバーとして何より大切になる。そして、その素質を見極めるのは第三者だ。

暴力団の場合、メンバーが不祥事を起こした際の対処に、そうした点が見てとれる。問題を起こしたメンバーは、それを償う意味で小指の第一関節を刃物で切り落とし、親分に差し出す。自分の体の一部は、正義の一部である親分に属する、という点をこの行為で決定的に証明して落とし前をつけるのである。メンバーの肉体の一部が組織の一部となったことを象徴的に示すその指を、アルコール漬けにして棚に飾る暴力団があるというのは、こうした考え方を受けてのことだ。

中国系の黒社会《ヘイシヨーホエイ》と日本の暴力団に見受けられる刺青についても言及しておこう。皮膚の上を細かく彫る作業を通して、体の表面を精巧なデザインで色彩豊かに覆う刺青を行なうのは、黒社会《ヘイシヨーホエイ》より暴力団のメンバーの場合が多い。もちろん皮膚そのものを彫るため、激痛は免れない。だが、その痛みをこらえることこそ、男の証しとされる。一度彫った刺青は後まで消えないが、そのことは、ヤクザとして新生した証しとなるとともに、一生に渡って暴力団に属し続けるという意志表示にもなる。

マフィアのメンバーが本名で呼ばれるのは幹部以上で、下部戦闘員はそうではないという事実も注目に値する。洪門《ハンモン》組織のメンバーは、下っ端の四九《セイガウ》は四九《セイガウ》以外の存在の何者でもなく、各自、番号で呼ばれるだけだ。無名の四九《セイガウ》の本名が示されるのは、大規模な戦いが繰り広げられ、彼が死んだ時に限る。

このように、マフィア界においては、メンバーは組織への所属体でしかなく、個人としての存在は軽視されるという点が、さまざまな例でおわかりだろう。彼らにあるのは、掟に従う戦闘員としての役目だけで、個人が個人として存在できる場はない。マフィア界では、個人より、組織の掟が最優先されるのである。

マフィア型組織の中核はファミリー、という事実は、犯罪社会学の世界において、マフィアの大きな特性として既に知られている。大型犯罪組織の一つ、コロンビアの麻薬カルテルでは、なるほど、ファミリーという形態が中心に据えられているが、マフィア型組織に比べると、その磁力は弱い。

一方でロシアなどでは、一九九一年以来のナショナリズムの燃え上がりを受け、ファミリー意識ではなく、民族意識でつながったマフィア活動が活発化しており憂慮される。

死の文化

マフィアの世界をみると、殺したり、殺されたり、殺すぞと脅されたりと、何かと死に取り巻かれている。マフィアならでは、といえる死の文化は、組織への入会を皮切りに、すべての儀式に顔を出す。入門の際も、マフィア界では、殺人力があるという証しが既に立てられている状態が望ましく、過去の殺人経験が認定証代わりになる場合が多いようだ。こうして足を踏み入れたマフィア界を抜ける時があるとすれば、生によって贖われる他はない。辞職など問題外である。

そもそも、マフィアは死の文化と共に発展してきた。

自分の都合よりマフィアの掟が守られることを大事にし、自分の命を犠牲にしてまでその掟を守ろうとする、こうした態度は、洪門《ハンモン》組織、暴力団、コーサ・ノストラなどに例外なく見られる。掟に従う形で、威厳をもって暗殺される、あるいは、暗殺するならば、そのことで名誉を獲得する場合もある。これは気の滅入ることだが、事実だ。

かつてサント・インツェリッロとミモ・テレージ(訳注4)の二人がコルレオーネの一味に捕まり、なわで絞殺されることになった。インツェリッロは、共に死を運命づけられた仲間のテレージに対し、涙を浮かべつつも、厳粛にこう言ったという。「もう泣くのはやめろ。寝取られ男のこいつらに、とっとと殺《や》れと言え」――これはファルコーネが収集したエピソードの一つであるが、彼によれば、殺される側が、こんなふうにマフィアの掟に潔く従って最期を遂げた場合、そのマフィアの格は、死後、高められるらしい。殺された者の子供たちが、最期まで堂々としていた父を誇りに思うのはもちろんのこと。だがそれだけではない。りっぱな敵を殺せたのは栄誉なことと、殺した側の格も高まるようだ。戦闘集団として、勇敢さや強さについて独特の美学を持つマフィアの世界には、その世界なりの原始的な論理が働いている。

　マフィアの男たちは、死や恐怖、悲しみが蔓延する文化の中での生き方を受け入れているようである。そのそばにいる女たちはといえば、大概はこうした世界には一切、介入できず、母としての役割に徹するしかない。これは気が塞ぐ話だ。とはいえ、女性たちがそうした控えめな陰の存在から抜け出し、配偶者であるマフィアメンバーに新たな世界の扉を叩かせ、別の人生を歩ませるきっかけを与えることもある。フランチェスコ・マリーノ・マンノイアとアントニーノ・カルデローネといった改悛者がその例で、二人とも、女たちに背中を押されるようにして、口を開き始めた。かつて、マフィアの世界は忠義一色で、愛情が何かを変える余地はほとんどなかった。女たちの存在が何らかの影響力を持ち始めた証拠かもしれない。

　そういえば、判事のファルコーネ、ボルセッリーノが立て続けに暗殺された後、イタリアの女性たちの間で、「断食の女たち」、「シーツの会」という二つの運動が起きた。「シーツの会」では、反マフィアの意志を示す旗として、人間の暮らしや性の営み、生命の誕生、私生活などに関わるシーツ、しかも清潔さと潔白さの象徴である白のシーツが選ばれている。

南部イタリアのこうした女たちがマフィアのメンタリティを変え、壊滅に導けるわけではなかろう。だが、コーサ・ノストラでは、男たちばかりか、女たちも死の文化に晒された存在である。そのことを、こうした運動は教えてくれる。

創設者神話

一般社会に自分たちの存在を示すときも、マフィアはマフィアならではのアピールを行なう。そもそも、大型犯罪組織の目的は、何よりも貪欲に利益を追求する点にあり、彼らに対する一般のイメージは決して良いものではない。それをごまかすかのように、彼らは、過去の栄光や立派な伝統、虚栄心をくすぐるイメージで、一般に訴えることが多い。

一九九四年、フランスの民放テレビ局ＴＦ１の番組「52 sur la Une（1チャンネルでの52週）[訳注5]」は、メデジン・カルテルの大御所ドン・ファビオ・オチョア・バスケスの模様を流した（九八年収録）。巨額の富を得、カルテルのゴッドファーザーとして暗躍し、いまやコロンビア警察と米国警察から麻薬密売容疑で追われる息子二人を抱えるこの男が、いかにしてこうしたイメージを払拭するかが最も興味を呼んだが、番組の彼は、貧しい境遇で育ったのち苦労して成り上がり、今や、馬や闘牛を育てることに余念のない男として登場した。ドンは自伝も自費出版しており、その中で、祖父母、父母の暮らし、そして自分と、オチョア一族がこれまでたどった道のりを、大河ドラマさながらに語っている。身の毛もよだつ現実は、こうして神話で覆い隠してしまおうということだろう。ドン・オチョアのこの例は、具体的個人の例ではあるが、マフィアの特色を見事に表わしている。

「犯罪活動を行なう我々にもよい面はある」と、一般に対し自分たちを極力よく見せようとしてきた点では、ヤクザも負けてはいない。例えば、日本版ロビンフッド、清水の次郎長(原注12)はもともと無法者で、その後、日本の世界や社会で大きな影響力を持つ人物にのし上がった。彼らにとって、格好のエピソードだ。

ロビンフッドさながらに「貧民に尽くす頼もしい存在」として自分たちを演出するのは、マフィアの得意技である。歴史の中から、犯罪組織のルーツにつながるような神話的人物をもってきて自分たちを重ね、理想的な姿を全面に押し出す。こうして、自分たちが犯罪を通して利益を得ている現実から目をそらすわけだ。

その際に活用されるのは、「我々は、金持ちから富を奪い、貧しい人々に分配する存在である」という神話である。底辺にあるのは「真の正義の味方は自分たちである」という考え方だ。つまり、「遠くの治世者が作り出した現行法は、か弱き者を踏みにじる、本当の意味で公平な法ではない。その法に代わって正しい裁きを下すのは、我々である」というアピールである。

自らの立場に対するこうした意味づけは、これまで見てきたように、マフィアの歴史においてあらゆる糧となってきた。例えば、コーサ・ノストラの名誉を重んじる男たちは、何が本当に正しいかを自覚できる存在と捉えられてきた。国家の「ポリ公」は、彼らにとって嫌悪の的だ。中国の僧侶たちの場合も、侵略者である満州族に身一つで抵抗しながら、味方の裏切りによって征服され、自己犠牲、勇敢さ、名誉といった精神を踏みにじられた、という苦難の歴史が強調された。

ちなみに、歴史にうずもれた昔の無頼の逸話を収集し、その道の専門家となって、果敢な侍や正義の味方の物語を世に送り出す作家もいる。かつて東声会《とうせいかい》のメンバーだった藤田五郎(訳注6)はそんな一人である。こうしたテーマを題材にした映画や小説は日本に溢れている。それだけ、社会に浸透した文化になっているということだろう。

創設者神話には、こうした宣伝効果の他に、さまざまなプラス面がある。例えば、マフィアの入会式における秘境的性格は、こうした神話ですみずみまで覆われて正当化される。「マフィアとは名誉ある生活様式なのだ」とみなし、犯罪活動そのものを是認する態度も、この辺りから育まれている。

暴力の行使

一般に、マフィア組織をよく知らずとも、マフィアといえば暴力と結びつけて考える人が多いのではなかろうか。確かに、マフィアの精神や才知が何よりも現われるのは、この点だ。とはいえ、マフィアの暴力沙汰といえば、歩道で小型軽機関銃をバンバン撃ち合うイメージを持っているのであれば、それは勘違いである。

確かに撃ち合いになる場合も、あるにはある。が、こうしたシーンならマフィアに限ったことではない。それに、実際に彼らが行なう暴力行為や殺人は、プロ意識の高さから、もっと手がこんでいる。重視されるのは、いかに派手な形で殺すかということではなく、いかに手際よく殺せるかという点であり、そのために、現状で最もうまく事が運べる方法が取られる。

となると、映画に出てくるマフィアが行なっているお礼参り的な派手な殺人は、この際、忘れてしまう必要があろう。実際、本当のマフィアは、殺し方について倒錯した趣味はない。重んじるのは、ひたすらルパーラ・ビアンカ（lupara bianca）[原注13]、つまり、殺人後、死体を隠滅することであり、考えられているより、ずっと成果主義だ。その証拠に、彼らが行なう殺人は絞殺が多い。確かに、絞め殺そうとする相手は必死に抵抗するので、実行するには精神的にも肉体的にも強くなくてはならない。だがひとたび殺してしまえば、酸の入った缶で死体を溶かして、水に流すなり土に戻すなり自然分解させて死体を跡形なく消すことができる。あとで罪を問われる事態になっても、捜査官に証拠を握られることはない。

このように、マフィアの世界は、徹底した成果主義に支えられているため、意味もなく暴力を振るって楽しむという残酷さとは無縁だ。相手を死に至らせるため、結果的に、残酷な形で暴力が振るわれる場合はあろう。だが、そこに加虐趣味はない。人を殺す際に大切なのは、他人を痛めつけることではなく、マフィア内部の掟をまっとうし、筋を通すことだからだ。それどころか、わけもなく残虐な振舞いをしたマフィアは、組織で非難の的になるようである。

殺しは、マフィアの掟への服従という義務感から行なわれる——その点を忘れてはならない。彼らは、マフィアとしての使命を果たすために殺しを行なう。組織とメンバーを危険から守るべく、プロとして命令に従っているのだ。そこには何の迷いも情けも、一切入る隙はない。部外者の私たちからみればなんとも冷酷に見えるこうした態度が、マフィア内部では、「名誉を重んじる男」らしさの証しとされる。

もっとも殺した後、相手への侮蔑や、なぜこういう結果になったかを示すために、何らかのメッセージが死体に残されるケースはある。この点において、マフィア組織はいたって今風だ。例えばコーサ・ノストラ他の犯罪組織は、殺された者の口に本人の性器を突っ込んでおくことがある。これは大抵、名誉を重んじる男の女と関係を持つ、という許し難い過ちを彼が犯した、というメッセージだ。

　ある時、若いベトナム人が警察に密告を行ない、そのせいで黒社会《ヘイショーホエイ》メンバーから殺された。死体は両目に一発ずつ、両耳に一発ずつ、口にも一発、銃弾を受けていた。この男は、「見てはならぬことを見、聞いてはならぬことを聞き、言ってはならぬことを言った」から殺された、というわけである(原注14)。

　ちなみにこのメッセージは警察宛だったが、黒社会《ヘイショーホエイ》では、もっと陰湿な手が使われるケースもある。例えば、みじん切り用の大きな包丁を凶器に用いることがある（昨今は減少）。これは、相手を殺すためではなく切りつけるための武器であるが、残酷でないと思うのは大間違いで、これで背中の筋肉を断ち切られたら最後、彼の手は一生、ぶらぶらと使いものにならない。これも、「黒社会《ヘイショーホエイ》は人を不具者にする力を持っているのだ」という組織側からの立派なメッセージである。

　彼らにとって、暴力はウルティマ・ラティオ（ultima ratio）、つまり最後の最後の手段である(原注15)。脅迫や贈賄など他の手口を使ってもどうしても目的が達成できず、暴力が避けられない場合になって、初めて使われる。

　とはいえ、マフィア界の暴力というのは、なかなか一筋縄ではいかないテーマだ。犯罪学者クッソンによれば、マフィア界では、人を殺せる能力も大事だが、人殺しができるという評判（あるいは人殺しの命令を迅速に下せるという評判）は、それよりはるかに大切らしい。殺しがうまいとの評判が立ち、周囲ににらみを利かせられることが、実際に殺人を行なうことと同じくらい重要なのだ。もっとも、こうした評判が高まるのも、殺人をうまく処理した過去があればこそである。

ということで、殺人能力のあるメンバーが一目置かれるのは間違いない。マフィア界では殺しがどうしても必要だ。わけもなくやたらと殺しに取りつかれるのは困りものだが、メンバーとして、それがうまくできなければ、組織にとって、とんでもないことになる。クッソンはこんな風に言っている。「一般社会では、法や警察、裁判、契約書などを通して社会の安定が図れる。良心の呵責がブレーキになることもある。だがマフィアにはこうしたしくみはなく、組織内の安定を図る手段といえば、人殺しだけだ。（中略）マフィアメンバーの特色は、殺しの能力に長けていることである。その点からも殺人沙汰は避けられない。内部で衝突が起き、和解が不可能な場合、どちらの陣営においても、まず考えるのは相手を殺すことだ。そして、ひとたび殺すと決めれば、実行は迅速である。うかうかしていれば、こちらが殺されるだけだ。とはいっても、組織そのものの崩壊を招くようでは本も子もないので、兼ね合いが大切になる。いずれにしても暴力は暴力であって、いい使い方も何もない」。

凶徒の結社、大型犯罪組織、マフィア

凶徒の結社のうち、明らかに企業に似た性格を持ち、環境に臨機応変に対応し、非合法活動を国際

的に行なう組織は、「大型犯罪組織」といわれる。この大型犯罪組織の範疇には、マフィアも含まれる。だが例えば、南米の犯罪組織のことを、私たちはマフィアとは呼ばない。カルテル(機関)、麻薬密売人(構成員)といった言葉は、その活動をもとに自然発生してきたものであるからで、その点でいって、カルテルなどは、厳密にいえば、大型犯罪組織ではあっても、マフィアではない。ここでは、凶徒の結社、大型犯罪組織、マフィアのそれぞれについて、見ていくことにする。

凶徒の結社

フランスの刑法四百五十条の一では、「一または数個の重罪または五年以上の拘禁刑で罰せられる軽罪を準備する目的をもって、結成された集団またはなされた謀議はすべて、その準備が一または数個の客観的行為によって特徴づけられる場合は、凶徒の結社とする」(原注16)と定義されている。だが大型犯罪組織の実態を考えると、この定義は十分ではない。

まず、結社の「準備」行為に着目したい。この四百五十条は、いわば犯罪の阻止手段となっている。これこれしかじかの結社が違反行為を犯すより先に、フランスの裁判所や警察が、その動きに介入できるのは、この条文のおかげである。共謀され、準備された形で発生する犯罪が、社会秩序を大きく損なうのを、この国の立法者は以前から自覚していた。そこで、こうした犯罪の「共謀」に、国の機関が最大限対応できるようにしたわけだ。なるほど、この刑法は別のところでも、凶徒の結社という定義を再び取り上げ、十数種にわたる異なるタイプの犯罪を挙げ、(原注17)こうした犯罪が凶徒の結社によって行なわれた場合には、さらに刑が重くなる旨を明らかにしている。これは重要な点だ。フランスの実定法では、一人で犯罪を行なった場合と、複数で犯罪を行なった場合とでは、後者の方が、罪が重くなるのである。

だが、残念ながら、フランスの法はそれどまりである。フランス刑法の中で、マフィア結社について、何か明確な定義を探そうとしてもエネルギーの無駄になる。凶徒の結社という司法概念は、大型犯罪組織が行なう昨今の犯罪の実態、マフィア犯罪の実態への対応力はない。活動期間についても、その継続性についても、ネットワークをつくるという機能についても、何もまとめられていない。そもそも、マフィア型の犯罪結社は、それ自体存在せず、単に、一つ以上の犯罪を行なうという様式をもつ結社としか捉えられていないのだ。フランス刑法四百五十条の一とイタリア刑法四百十六条の二(原注18)との間には、大きな隔たりがあるといわざるをえない。

活動の越境性

大型犯罪組織とは、それまで周りを取り囲んでいた「壁」を越え、一国を超えた形で活動する組織を指す。第一章で登場した犯罪集団は、例外なくこの範疇に入る。

今や、私たちの社会では、交易が世界全般にわたってグローバル化している。麻薬取引をめぐっては、とりわけその傾向が強い。そもそも麻薬業界では長年にわたり、原料の生産地がはっきり局地化し、そこから隔たった場所で販売が行なわれてきたが、今や、生産地で大量に生まれた商品が、国境を越えてますます運ばれている。

犯罪活動のこうした越境性は、麻薬取引で得た巨額の利益をきれいな金に変える必要性からも、強化されている。今やロンダリングは、従来の犯罪シンジケートにとって、賭博やゆすり、高利貸しといった活動と並び、欠かせない作業だ。資金の素性にほとんど関心のない国やタックス・ヘブンを探すのは、現代マフィアの日常的作業である。

私たちの世界では、今日、あらゆる活動が国際化している。そうした現状に便乗して、犯罪組織は、国境を越えて活動を展開している。しかも他の国での犯罪は、自国の法では裁けない。彼らにとってはいいことづくめと言えよう。

企業性

法人としての性格が組織犯罪集団に備わっているなどというと、誤解を受けそうだ。通常、法人といった用語は、合法団体として届け出の済んだ商社や協会などの組織体について使われるものである。だが、首領が警察に逮捕された後でも生き延びる大型犯罪組織の性格は、ある意味で、法人と同じである。株式会社は、一般に、社長がいなくなっても存続する。それと同じで、あのサルバトーレ・リイナが収監された後も、パブロ・エスコバールが殺された後も、ニューヨークのマフィアファミリーが停滞期に入った後も、マフィア組織の勢いは衰えなかった。これが普通の悪党一味だと、リーダーが逮捕されればグループは解体し消滅する。だが大型犯罪組織の場合は、同じ問題に直面しても組織が消えることはない。マフィア型組織は、まさにこの点で法人と同じである。状況に即して臨機応変に動ける点も似ている。

状況への機敏な対応力

マフィア組織は、人の弱みにつけこんで活動を行なうのを得意とするが、一国を超えた形で活動を行なう大型犯罪組織も、環境に迅速に順応し、人心を掌握するのがうまい。

例えば洪門《ハンモン》組織は、エイズという病気が登場して以来、複数の人間の血を混ぜ合わせて飲む、という入会儀式の一つを即刻取り止めた。さらに、静脈注射をつかうヘロイン常用者のうちでこの病気が見られるようになると、すぐさま吸引用ヘロインの製造を始め、注射方式を中止した。エイズ怖さに、客がヘロイン使用を控えるようになったら、どうしようもないということだろう。

カリ・カルテルのドンたちも臨機応変さでは負けていなかった。メデジン・カルテルのメンバーは、これ見よがしの態度や「硬直した」機構のせいで、結局、苦境に陥った。こうした顛末を眺めてきたカリのリーダーたちは、同じ轍を踏まぬため、メデジン流を極力避けるようにして、自分たちの活動を進めた。その後現われたカルテリトたちは、さらにその上を行く慎重派で、コロンビアの社会に完璧に紛れた形で活動している。そういえば黒社会《ヘイショーホエイ》組織は、一九九七年の香港返還を睨んで、返還後もずっとかの地で活動が続けられるよう、抜かりなく準備を進め、組織の資本は、確信が得られるまで安全な場所に逃避させた。コーサ・ノストラも、ベルリンの壁が崩壊し、相次いで開放された中欧諸国へまっさきに乗りこんだ陣営の一つだった。

グザビエ・ロフェルの『Le grand réveil des mafiass』には、二〇〇一年九月十一日の米国テロ事件で世界に衝撃が走って以来、世界中がテロリスト対策に追われるようになってマフィア闘争が萎み、マフィアたちがこれ幸いとビジネスに着手した点、今でもそれが続いている点が、強調されている。

マフィアとの闘いにためらっている暇はない。相手は、変化に応じてどんどん装いを変えてくる、恐ろしい存在なのだ。

裏権力

「社会を支配する存在という観点からマフィア研究を行なっていると、犯罪や違反行為を通して、それを取り巻く社会のシステムについて、何らかの興味深い教訓が得られるようだ。例えば、研究の中で、人々がマフィア支配を完全に甘受している社会に出会うことがある。そして、そうした社会が構築される背後には、『危険から守ってほしい』という個人の欲求があるのがわかる。(中略) 結局のところ、その社会に見合ったマフィアが生まれるということだ」(原注19)。アイアンニは、かつてこんな文章を書いた。また、ドイツの社会学者ゲオルク・ジンメルは、大型犯罪組織とはある意味で「表権力に対抗し得る第二の権力」、つまり裏権力だと言っている(原注20)。

確かに、社会が窮状に陥った時期、あるいは混乱期に生まれた人間の護身欲が、マフィア組織を芽生えさせてきた点(ロシア、コロンビア、メキシコ、中国など)には、注目する必要がある。洪門《ハンモン》組織の誓いは相互扶助の義務に支えられてきた。こうした助け合いの精神は、特に誰かが投獄された時や死んだ時、実際に、残された家族を支える力を持ってくる。パブロ・エスコバールは、メデジン郊外のエンビガード地区の住民のため、自分の金を使って住居を再建(訳注7)。コロンビアの真の「社会保障」を構築しようとした。これも裏社会なりの相互扶助の精神から生まれたものだろう。

それはともかく、大型犯罪組織にとって、社会の不平等が暗躍の大きなチャンスとなっている点には驚かされる。現代社会では、人が自分の境遇から抜け出すための社会支援が減っている。最も貧しい人々の中には、よりよい暮らしを得るため、犯罪の道に進む者がいる。マフィア組織に採用されるというのは、彼らが生き延びるうえで、一つの大きな解決策となっているのだ。

これまでの点から、マフィアとは、よりかかった先から甘い汁を吸うという寄生虫的な性格を有し、日和見主義的で、相手に便宜を図る代わりに恩恵を得るという関係を作り出し、犯罪においては成果主義といった特徴があるとまとめることができよう。裏を返せば、そうした性質ゆえに力を持ち、影響力を発揮しているともいえる。

	マフィア型組織	大型犯罪組織	凶徒の結社
複数の人間による会合	あり	あり	あり
暴力の行使	あり	あり	あり
状況への機敏な対応力	あり	あり	稀
買収能力	あり	あり	なし
影響力の構築	あり	あり	なし
世界の拠点	あり	あり	なし
ヒエラルヒー構造	あり	あり	なし

個人に対する機構の優位性	あり	あり	なし
服従の掟	あり	あり	なし
機構への終生の所属義務	あり	あり	なし
ファミリー重視	あり	あり	なし
構造の継続性	あり	あり	なし
儀式を通じた名誉意識の植え付け	あり	組織による	なし
死の文化	あり	組織による	なし
創設者神話	あり	組織による	なし
入会式	あり	なし	なし
例	洪門系組織	カルテル	一般の悪党集団

(原注1) 一九九六年初め、投票による法改正で、フランス当局はロンダリング絡みの違反行為に対処することになり、組織犯罪の定義についても無関心ではいられなくなった。この定義については、のちに議会の場で討議された。

(原注2)『ノーツ・ブリュ・ド・ベルシー』一九九三年六月十六日～三十日号。

(原注3) Criminologie actuelle : PUF, 1998 からの引用。

(原注4)『レビュ・ド・サイエンス・クリミネル・エ・ド・ドロワ・ペナル・コンパレ』(*Revue de science criminelle et de droit penal compare*）一九九五年四月〜六月号にある「Quest-ce qu'une mafias ? Essai de définition des mafiass」。

（原注5）フランスの辞書『プティ・ラルース』によると、この言葉は、ある団体の部外者を意味するようだ（ラテン語で「前に」を意味するproと、「寺」を意味するfanum）。「寺に入ることを許されず、外にいる状態の人間」ということである。

（原注6）G. Falcone, M. Padovani, *Cosa Nostra*, Éditions N° 1/Austral (1992).

（原注7）一九九二年五月、ファルコーネの身に起こることを予言していたかのような言葉である。また、コーサ・ノストラは、ブシェッタが警察に寝返った報復として、彼の家族親戚を残忍にもつぎつぎ殺していった（息子を含み約三〇人）。

（原注8）第一章を参照のこと。

（原注9）ブシェッタの告白は、その成功例である。

（原注10）Francis A. J. Ianni, *Des affaires de famille*, Plon, « Terre humaine » (1973).

（原注11）本来は「死体のごとく、自らの意思を持たずに」という意味。イエズス会を創設したイグナティウス・デ・ロヨラが、修道士たちに対し、目上の者への規律と服従を記した規約の中にある。

（原注12）一八二〇年一月一日、船乗りの息子として生まれ、父の意向で養子に出された次郎長は、気風のよい商人に成長し、博徒の頭《かしら》として尊敬された。明治時代も持ち前の才覚で切り抜け、やがて勢力範囲を広げ、学校の創設や治安維持、土地の有効活用や監獄の建設に手をつけるまでになった大人物だ。九三年に死亡したが、今でも墓を訪れる人は絶えない。とはいえ、彼が暴力や脅しに訴え、私利私欲を求める無頼であったことには変わりはない。

（原注13）ルパーラ・ビアンカ（lupara bianca）は、「（死体が）静かに密やかに、跡形もなく消える形で」という比喩的意味で使われる言葉。ルパーラとは、シチリアの田舎で使われた伝統的な猟銃で、これで、殺人を含む一切が

行なわれていた。ビアンカは付加形容詞。

（原注14）Fenton Bresler, *La mafias chinoise*, Éd. Phillippe Picquer (1991).

（原注15）かつてルイ十四世は、自分の軍の大砲台に、「王者たちの最後の議論」（Ultima ratio regum）と刻ませた。世界のマフィアは、ちょうど、この格言を自らの使う刀剣類の刃や銃身に刻んだ存在といえるかもしれない。

（原注16）こうした予備行為に対しては、その犯罪の種類により、五〜十年の禁固刑と、七万五〇〇〇〜一五万ユーロの罰金が課される。

（原注17）ここでの「犯罪」とは、盗み、麻薬の密売、隠匿、贋造貨幣、売春業、ゆすり、詐欺、誘拐、監禁、爆発物や火事による破壊行為、マネーロンダリング、他人に物乞いをさせて搾取する行為をいう。

（原注18）イタリア刑法四百十六条の二にはこう述べられている。「三人以上からなるマフィア型結社は、結社しただけで、三〜六年の禁固刑の対象となる。また、かかる結社を教唆、指示、組織するものは、四〜九年の禁固刑の対象となる。マフィア型結社とは、犯罪を行なうため、経済活動、委託、許認可、落札、公共サービスを、直接的、間接的に関わらず、管理または支配するため、もしくは自らや第三者が不当な利益や利点を得るため、脅しや服従や沈黙の掟に訴える結社をいう」。

（原注19）Francis A. J. Ianni, *Des affaires de famille*, Plon, « Terre humaine » (1973).

（原注20）前掲の *Des affaires de famille*.

（訳注1）欧州評議会は、人権、民主主義、法の支配といった価値観を共有する西欧一〇カ国が、加盟国間の協調拡大を目的として、一九四九年にフランス・ストラスブールに設置した国際機関。協議対象は、政治、経済、社会、文化など。

（訳注2）以上の条文については、日本の外務省のＨＰにある国際組織犯罪防止条約の全文訳（http://www.mofa.go.jp/mofaj/gaiko/treaty/pdfs/treaty156_7a.pdf）から抜粋した。

（訳注3）ジョルジオ・ボッカは、イタリアのジャーナリスト。訳書に『地獄　それでも私はイタリアを愛する』（三田出版会）がある。

（訳注4）コルレオーネ一味のやり方に反発していたファミリーの一つに、サルバトーレ・インツェリッロ率いる一家がある。一九八〇年代初頭、彼がコルレオーネ一家に殺されたことをきっかけに、コーサ・ノストラ内部では第二次マフィア戦争が起こった。彼の弟サント・インツェリッロとその相棒ミモ・テレージは、この戦争の間に、コルレオーネたちに抹殺された。

（訳注5）「52 sur la Une」とは、その都度話題のニュースを毎週一度、年間五二回にわたって取り上げるTF1の番組。タイトルを単純に訳せば、「1チャンネル（la Une）での52週」になるが、la Uneとは新聞の第一面のことも指し、その意味とひっかけている。

（訳注6）藤田五郎の主な著作としては『仁義の墓場』『実録戦後ヤクザ史』などがある。

（訳注7）米国の新聞『フィラデルフィア・インクワイアラー』の記者マーク・ボウデンがエスコバールについて書いたノンフィクション『パブロを殺せ』（早川書房）の四二頁をみると、「パブロはメデジンでもっとも気前のいい雇用者のひとりとなり、コカイン工場の従業員たちに、家や車が買えるほどの給料を支払った。おそらくマリオ・エナオの影響だろうが、街の社会事業の改善に大金を出すようになり、街にひろがっているスラムから出られない貧しい人々のために、政府の従来の活動よりはるかに大きな貢献をした。寄付をしたり仲間たちに圧力をかけたりして、道路や電線を整備するための何百万もの金を調達し、街じゅうのサッカー・グラウンドを清掃させた。ローラースケート・リンクをつくり、公の場で気前よく金を出した。街のゴミ捨て場横のあばら屋にすんでいる人々に家を提供するため、〈パブロ・エスコバール地区〉と名づけた貧しいひとたちのための住宅団地の建設に着手した」とある。なお、マリオ・エナオとは、同書の前頁に、「アメリカの資本主義者、帝国主義者の影響を激しく非難する左翼インテリ」で、「パブロの密輸ビジネスを愛国的な動機で正当化する方法を教え、パブロが尊敬を受ける方策をあたえた」とある。

第三章・マフィアが社会に及ぼす影響

Chapitre 3　Le poids des mafias

「我々は、世の中に対し政治力を持ちたいのではない。世の中から利益を得たいのだ（原注1）」

この台詞はマフィアが発したものではない。こうしたテーマが、マフィア自身の口から語られたこともない。だがこれは、マフィアと、マフィアを取り囲む世界を説明するのにぴったりくる表現だ。彼らと権力者や国家の関係や、経済における彼らの立場や影響力は、「自ら実権は握らない。だが利益を得るためにうまく使う」という表現に尽きる。

マフィアと政治、国家

権力や当局との関係

調査ジャーナリストのクレアー・スターリングは『*Pax Mafiosa*』の中で、「一国を超えた形で暗躍する犯罪組織が、今や世界規模で権力を掌握しつつあるのか」という疑問を投げかけている（原注2）。

世界におけるマフィアの強力な展開を見て、こうした考えを抱くのは自然かもしれない。確かに昨今のマフィア組織の中には、軍事力、経済力などの点で、現存の弱小国家に負けぬ力を持つものもある。九三年三月、国防高等研究所（ＩＨＥＤＮ）の第一一三回目の地域会議でも、「欠けているのはプロトコル（外交儀礼）のみ」と言われたほどだ。

なるほど、マフィアは大きな力を持っている。とはいえ、彼らが権力を握ろうとしているという確証はない。

そもそも、彼らは国家そのものになることを望んでいない。自らの利益のために国家に寄りかかり、国家を活用するだけなのである。

その様は、他の木に頼って生き、頼った先の木を死なすことさえある宿木に似ている。宿木は頼る木があって初めて生きることができるのであって、逆の立場、すなわち頼られる側にはなれない。それと同じでマフィアも、表の世界における支配者としての特質には恵まれていない。彼らは、他から甘い汁を吸い取る存在だが、自分自身が世の中を統治するつもりはないのだ。

日本の暴力団はこの五十年間、大きな財力を有し、政治の面でも、いわゆる「黒幕」(原注3)を介し、自由民主党とじっこんだった。暴力団は、組織に属さない犯罪者に対し、「自分の縄張り」を侵すなと睨みをきかせ、彼らが跋扈《ばっこ》するのを抑え、結果的に日本の犯罪率を抑えて与党に貢献した。とはいえ、暴力団は、自分たちに都合のよい政治が行なわれることを望んだだけで、首相の座を奪おうと考えたわけではない。

コロンビアでは、カルロス・レーデルとパブロ・エスコバールが実際に大統領選に打って出たが、自分の持ち場から離れた政治の世界に、その後、長くとどまりはしなかった。なるほど、パンチョ・ビリヤやサパタといった、かつてのメキシコ革命の英雄は、政治活動において彼らの精神的よりどころとされたようだ。だが、彼らの政治への情熱は、見掛け倒しの感が強かった。

正直なところ、コロンビアの麻薬密売人たちは、国家権力そのものを欲しがったわけではない。「米国へ身柄が引渡されて処罰される」という政策が適用されることなく、自分たちがつつがなくビジネスを行なえるよう、望んでいただけだ。

確かにマフィアは、国家やその代表をからかう機会を決して逃さない。シチリアでも、公務員、警官官、裁判官はみな「ポリ公」とみなされ、国家の非力さは笑い物にされる。

だが、国家に立ち向かおうとするより、国家に寄り添って存在するのを好むのが、彼らの本質である。つまり、国家を助けるよう振舞い、そこから利益を得ている組織であるということだ。国家の弱みに付け込んで、そこから甘い汁を吸うわけである。

マフィアはいつでも、国家が自らカバーしきれないジャンルや土地に目をつけ、法の「抜け穴」を利用して私腹を肥やそうとする。いったん甘い汁が吸えるとなれば、国家から大きな利益を得て、国家の弱みをさらに握り、さらに甘い汁を吸おうとする……。彼らは決して国家と戦う組織ではない。国家の存在を利用し、国家権力が手薄になっている部分につけこむ組織なのである。

マフィアにとって最大の関心事は、自分たちの活動が、いかに能率的に、いかに合理的に運べるかという点である。その活動を他人と分かち合おうなど、考えていない。よりにもよって国家となど、いわずもがなである。

なるほど、マフィアは権力を必要とする。だが、これは一般に通用する表権力そのものの獲得を意味しない。彼らが欲しているのは、自分たちの組織が非合法機関として存続し、他の存在から甘い汁、つまり利益を吸い続けるのに必要な裏の秩序であり、それを保証するような、表の権力なのである。

そうした特性からか、マフィアという存在が、裏社会の秩序の番人と捉えられ、一定の評価を受けることもある。だが、こうしたマフィアの役割については、決して過大評価してはならない。

治安面で模範的な国といわれる日本では、暴力団が存在しながら、ここ最近まで、都市部の暴力沙汰など、犯罪率が低く抑えられてきた。その結果、警察の一部には「都市の治安を守るうえで暴力団は欠かせない」と、暴力団に恩義を抱く者、一般市民の一部には「安心して暮らすには暴力団が欠かせない」といった意識を育む者もいる。治安の良さが、かえって暴力団の必要悪を認める材料となっているのだ。

だが、実際の彼らは、社会にとって何より大切な理想も、平和への意図も、社会正義も追い求めていない。あるのは、自らに都合のよい秩序の重視だけだ。日本の闇社会は、こんな具合に、治安の見張り役としてのブランドイメージを周囲に植え付け、安心感を与えることによって、自分たちの利益を確保してきた面が否めない。

いずれにせよ、自分たちの活躍の場となる社会組織や政治をコントロールし、予期せぬ出来事を避けたり取締りを抑えたりしながら、自分たちの目標を達成しようとするのが大型犯罪組織一般の特徴である。その点、一番手っ取り早いのは、政治家や役人に「取り入って」、政界内幕や決定機関への影響力を行使させ、犯罪組織に都合のよい政策を行なってもらうという方法であろう。マフィアの権力と表裏一体のこうした買収者としての特性について、次に見ていくことにしよう。

買収活動とその影響

一九九六年六月初め、コロンビア議会は、大統領エルネスト・サンペール（当時）の、上院における弾劾裁判実施を、反対一一一、賛成四三で否決。このスキャンダルに、コロンビアでは数カ月にわたり動揺が走った。大統領は、一九九四年の選挙戦で、カリ・カルテルからコカインマネーを受け取り、ロンダリングに関わった疑いが持たれていたのだ。

選挙の翌日から広がっていたこの疑惑（九五年の第４・四半期と九六年の第１・四半期にピークを迎えた）をもとに、同国の主任検察官アルフォンソ・バルディビエソは、大統領を選挙違反と不法利得で告発していた。主な材料となったのは、選挙本部の出納係サンチャゴ・メディナと、国防相フェルナンド・ボテロの証言だった。メディナは、「自党本部から、プレゼント用包装紙に包まれた箱を持ち出し、その中の資金[原注4]を使ったが、サンペールはそれを承知していた」と発言。サンペールの選挙本部参謀を務め、事件に関わったとメディナから名指しされたボテロも、五カ月の収監後、「大統領は知っていた」とつい口をすべらている。だが、「８０００訴訟」と騒がれたこの一件は、議会の否決により、実際の裁判に発展することなく終わった。

イタリアでは、戦後五十年にわたり政界に君臨したジュリオ・アンドレオッティ[原注5]に対する訴訟が起きた。結局、アンドレオッティは無罪放免になったが、フリーメーソン団体であるＰ２[原注6]（プロパガンダ・ドゥーエ）の集会や、銀行家マフィアのミケーレ・シンドーナ[原注7]が関係した銀行の破綻、アルド・モロ[原注8]事件などで、二七回も喚問された後のことで、マスコミからは不死身のアンドレオッティと揶揄された。まったくもって、物騒な疑惑の数々である。

ブラジルでは一九九九年九月、ペルーとボリビアに隣接するアクレ州にコカインの麻薬カルテルが存在すると、マスコミがすっぱぬいたことがある。その後、二年にわたる捜査の結果、アクレ州検事とブラジル連邦警察は合同で証言や証拠物件を集め、連邦議員ヒルデブランド・パスコアールを、いわゆる「死の部隊」[訳注1]と結託して高度レベルで組織的に麻薬の密売に関わっていたとして法廷に喚問した。

九二年から活動を行なっていたこのカルテルは、アクレ州に七〇〇にわたる飛行機滑走路を有し、七〇トンに及ぶ同地のコカイン市場を牛耳っていた。その取引額は年間約七一五〇万ユーロ、アクレ州の予算の三倍だ。この麻薬組織の周辺では、それまで二〇〇人が暗殺されていたが、それもパスコアールの死の部隊の仕業とされる。国会では彼の罷免をめぐり投票が行なわれたが、集められた証言は、その実現に十分功を奏したようだ（罷免にたいする賛成は三九四、反対は四〇で、賛成票は全体の九〇％だった）。

ちなみに、このコカイン密売では、彼以外に、元知事二人、次官二人、リオブランコ裁判所の司法官七人のうち三人、ブラジルの主要企業家五人、その他市長や警官（下士官や警察署長を含む）が複数関わっていた事実も明らかになった。検察局によると、組織内部には、企業組織をモデルとした徹底したヒエラルヒーがあって、上意下達で活動が行なわれていたらしい。企業家や政治家、司法官がトップに据えられ、企業家が自分の保有する企業の会計を通してロンダリングを行なう一方で、政治家と司法官は、活動が罰されることがないよう、ネットワークを調整していた。パスコアールは、警察の日頃の手入れや摘発を避けるべく、司令部のレター・ヘッドを使って通行証などを発行、偽の署名も行なっていた。

これ以外には、例えば、パナマの国家元首だったマヌエル・ノリエガ将軍（原注9）がいる。ノリエガは、禁止商品や非合法資金を運びたがっていたコロンビアの密売組織に対し、便宜を図った事で知られる。

こうした例は、マフィアがいかに買収力を持っているかを如実に物語る。だが、それはともかく、彼らの買収活動は、どれも機能本位で、かつ防衛的であり、その二点が互いに支えあっているのが特徴だ。（原注10）

つまり、買収作業はまず、情報を持っている者、特例措置を下せる者、取引を決定したりその許可を与える立場にある者から、その恩恵を被るべく、機能本位に行なわれる。マフィアたちは、まるでそれ自体が存在理由であるかのごとく、その機会を伺う。

と同時に買収工作は、マフィア側の自己防衛の手段である。つまり、国家の行動を麻痺させ、起訴取り下げや無罪放免に持ち込んだり、収監時の処遇改善や刑の軽減など、司法上の罰則を軽減したりして、マフィア側で懸念される事態を未然に防ぐ、あるいは緩和するためにも行なわれているわけだ。

いずれにしてもプラグマティズムを重んじるマフィアのこと、買収工作においても常に要所を抑えようとするため、取り入る相手としてまず標的にするのは、各種分野で決定権をもつ政治家である。それに次いで多いのは公務員や警官の買収だが、これは主に自己防衛の点でいまひとつ不安がある場合が多い。先に述べた二点を両方とも叶え得るのは、政治家の方だ。

その具体策として、選挙で、狙いをつけた政治家が当選するよう、票の操作を行なうマフィア組織もある。例えばパレルモでは一八万票がコーサ・ノストラの支配下にあると言われる（原注11）（二〇〇三年版『プティ・ラルース』によると、パレルモの住民数は六七万九二九〇人）。マフィア機関は、資金を貸すことでも政治家の選挙活動をバックアップする。

こうして政治家に貸しをつくったマフィアは、直接的に金という形で借金を返済されるだけでなく、政治家が手にした利権を通じ、その見返りを得られるよう期待する。公共工事の優遇措置や、邪魔な司法官や公務員の更迭、「適任者」の指名は、その例だ。

この借りを返せない場合、政治家には、暴力という制裁措置が待ち受ける（まずは脅しがあり、最悪の場合は殺される)。

なお、こうした腐敗は、かつてフランスの哲学者アラン・エチェゴジェンが説明したような、二者間で進行する従来型の腐敗ではない(原注12)。

普通、理解されている腐敗とは、権力を握ってはいるが金の欲しい人間と、金は持っているが権力はなく、自分に都合のよい決定を既存の権力者に下して欲しいと思っている人間のあいだで展開されるものである。だがマフィア型の腐敗は三者の間で起こる。政治家は、例えば公共工事をめぐり自分の権力を使って企業に便宜を図るとともにマフィアも助け、その代わりに恩恵を被る。

そもそも、マフィア組織は、形態が形態ゆえに、あらゆる制約に縛られている。それゆえ、直接、国家に取り入って、取引であからさまによい思いをしたり利益を得たりする、ということはない。マフィア型腐敗におけるマフィア組織は、企業と権力者の間に介在する存在、いわば仲介者の役割をなす。権力者からは、望み通りの決定を得る。だがそれをもとに、例えば落札企業に対し、上納金を支払わせたり、組合を操作したり、指定の人間を雇わせたり、下請けを義務付けさせたりして、支配力を強めていくのである。

「この図式では、誰もが利益を受けるようになっている。なるほど、政治家は、犯罪活動の便宜を図ることを通し、選挙で毎回マフィア票が確保できる。マフィアは、政治的な保護や、ビジネス面での恩恵を受ける。そして、ひとたびマフィアと関わった企業は、さらに非合法活動(ゆすりに対する支払いや賄賂を処理するため、貸借対照表を改竄したり、機密費を設けたりなど)に足を踏み入れていくことになるため、マフィアの保護を必要とするようになって、ここでも利害が一致する」(原注13)

マフィアはこうして、政治と企業、両股をかけながら、どちらとも手なづけ、経済界に侵入していくのである。

マフィアと経済

資金源

世界のマフィアは、非合法活動で、年にどれくらい収入を得ているのだろうか。約一兆ドルと言われることもあるが、(原注14)だいたい七五〇〇億ドル（共にユーロ同じ）とみるのが妥当であろう。何分、推定値が相手なので、議論も空しいものになりがちだが、およその額(原注15)でよしとせねばなるまい。ちなみに、一兆ドルとはフランス国家予算の三倍、(原注16)七五〇〇億は二倍を越える額である。

この点で、公式数値を発表しているのはイタリアのグワルディア・ディ・フィナンツァ（財務警察）で、国内マフィアが牛耳る資金は、毎年、二五八億二〇〇〇万〜三六一億五〇〇〇万ユーロになると発表している。

この調査によると、コーサ・ノストラの投資の六〇％は金融で、不動産は一七％、商業が一一％、農業食品部門が四％だ。

カリ・カルテルの場合は、国内における牛の飼育や食肉市場、不動産、建設、製薬、運輸、金融、会計事務所など、経済全体を牛耳ってきた。(原注17)

彼らの後を引き継いで、こうした経済界を支配しているカルテリトのリーダーたちは、遠謀深慮に基づき、資金を国外へ持ち出して、中南米で活況を呈する事業に投資している。

日本の警察は、一九八九年現在、暴力団の収入源は九五億米国ドルで、そのうち七七億ドルが非合法活動によると報告している。

これまで述べてきたようなブラックマネーは、なるほど、世界全体でみればわずかな額に過ぎない。だが「世界の地下経済(原注18)」であることには変わりない。しかも、こうしたブラックマネーから成る利益が、投資を通して新たな利益を生み、さらに生みが繰り返され、年を経るたびに膨らんでいけば、一般経済に悪影響を与える可能性は大である。第一章で述べた、日本の住専スキャンダルを思い出せば納得がいこう。

マフィアが大きな経済力を有しているのは現実である。そしてこうした組織では、犯罪活動で得た巨額の現金を投資に活かすべく、きれいな金にロンダリングする作業が欠かせない。

ロンダリング

世界のマフィア集団にとって、資金洗浄は欠かせない作業だ。なにしろ、彼らが犯罪を通して得る収入の大部分は現金である。麻薬使用者はディーラーから麻薬を買うのに小切手では支払わないし、銀行のカードも使わない。売春でも非合法賭博でも、現金払いが常である。非合法に「獲得した」そうした現金を、活動資金としてつつがなく使えるようにするには、一般の金として銀行に預金できなければならない。ということで、マフィアにとってロンダリングは切っても切り離せない活動なのだが、資金洗浄に対する彼らの鋭敏な感覚は、実は、麻薬取引の発展とともに磨かれてきたと言っても過言ではない。なるほど、マフィアたちが麻薬を通して得ている売上高は、世界全体でおよそ五〇〇〇億ドル（ユーロ同額相当）になる。麻薬は、マフィアにとって、利益をもたらす無尽蔵の宝庫なのだ。

かつて世界の警察が共同で行なった「グリーン・アイス作戦」では、二〇平方メートルにわたる札束の山が捜査官によって、英国国内で押収された。コロンビアのガチャなどは、敷地内にドル札をビニール袋に入れて敷地内に埋めていたが、ある日、川が氾濫してその「蓄え」の一部が流された。警察が駆けつけるより先に、流れてきた金を手にいれた周辺住民たちは大喜びだった。

ロンダリングのしくみは非常に複雑で、そのからくりについては専門書を見ていただくしかない。とはいえ、犯罪組織が、いかに現行法の目をかいくぐって巧妙に作業を行なっているか、その一端を知ってもらうためにも、ここで、配置、重層化、統合というロンダリングの三段階についてざっと触れておこう。

「配置」とは、さまざまな犯罪活動を通して得られた現金を、同価値の他の形態に変えるという、ロンダリングの第一段階である。名義を借りた形で銀行口座に振り込まれたり、売り物になりやすい貴重品（金、宝石類、美術品、コレクション貨幣など）を購入したり、と、現金が生まれ変わる先はいろいろだ。ロンダリングの前段階として、現金を得た土地から資本を逃避させることも多い。こうすれば法の厳しい目を逃れ、秘密裏に事が行ないやすくなるからだ。資本逃避を含むこうした配置段階は、ロンダリング全過程中、最もリスクが大きい作業だが、コロンビアのカルテルは、メキシコのカルテルやカモッラなどに「袋」単位でドラッグを売り、収入も小口の現金が多かった時代、この作業を向上させた。

その次にくるのが「重層化」で、他の形態に変えられた資金を金融操作によって複数口座に振り分け、元の形をわからなくしてしまう段階だ。その点で理想的なのが銀行ネットワークで、大抵は、架空の営利組合か、まったく合法のオフショア口座複数に資金を振り分けるという手口が使われる。[訳注2] 情報処理システムを使えば、取引のタイプ次第で資金の振り分けは至って簡単だ。この商取引のインボイス（送り状）は実際には偽のインボイスなのだが、明らかに不自然でない限り、実際に偽物だと証明するのは難しい。

最後にくるのが「統合」といわれる段階で、資金はここで複雑な処理を経てきれいな金となり、完全に合法化され、他の一般の金と見分けがつかなくなる。

だが、フランスのジャン・ド・マイヤール司法官は、こうしたロンダリングの段階区分を批判する。この分類では、まず各作業の役割とそのステップがいっしょくたにされている。あてはまるのは、単純で基本的な循環のみであるし、現金の場合の説明にしかならない。しかも「ロンダリングを支えるしくみは案外単純なのだ」との印象を与えてしまう、というのが彼の言い分だ。[原注19] 確かに、典型的なロンダリングの説明として紹介したこの三段階解説では、ロンダリングにおける目的、すなわち、非合法に得た利益を、(a)合法財産として示し、(b)合法取引として操作し、(c)合法活動として統合する点については触れていない。その点でみて、彼の批判はまことに的を射ている。

どのようなロンダリング方法が選ばれるかについては、第一に、元の資本の性質（資金の種類、入金周期）、第二に、その資本を取り囲む制約（法律上の規則、実際の作業の行ないやすさ）、第三に、ロンダリングが実行できる可能性（技術的な知識の有無、身近なところで実行手段が獲得できるか）、第四に、資金の最終的な使用目的（消費が目的であれば流動性の高いものでなくてはならないが、投資が目的であれば流動性がそれほど高くなくてもよく、蓄財が目的であればさらに重要でなくなる）に左右されると、ド・マイヤールは強調する。

ロンダリングを行なう者にとって、さまざまな事情から問題が複雑化するのは当然だ。であるならば、前述のような段階を額面通り進めて、彼らがロンダリングを行なっているとは思わぬ方がよい。現に、やっかいな事情の数々をクリアして彼らが成功させたロンダリングは、その分、部外者にすぐに見抜けないものになっている。はたして、ロンダリング捜査は、複雑な迷路をどうやって抜け出せるかを探るような、きわめて難解な作業だ。資金洗浄の実行者にとって、複雑な事情を抱えるというマイナスは、相手をけむにまくうえでプラス要素にもなっているのである。

捜査官や検事にとって、最大の関心事は資金の素性である。だが、それを割り出すのは並大抵のことではない。ロンダリングに関する訴訟手続きがとてつもなく長引くのは、そのせいだ。[原注20] ロンダラーたちは、資金を海外に逃避させ、一部の国で許される法的契約（フランス法律用語でいう fiducie、つまり信託）や治外法権をよいことに、法の抜け穴を最大限に利用し、金融操作を巧妙に行なって、資金の素性を完全にかき消し、大きな利を得ている。

ところで、今、「法の抜け穴を利用する」と言ったが、こうしたロンダリングが、例外なく、商法その他の法を駆使して行なわれるのは言うまでもない。マフィア組織が、企業という形態を積極的に悪用して犯罪を進めている点については、大いに注意する必要がある。

また、ここで説明したロンダリングとは、一般に、犯罪組織によるロンダリングを意味する。つまり、本書でいえば、マフィア組織がその組織活動で得た巨額の利益のロンダリングを指し、末端で利益を享受する者たちのロンダリングは、話に含まれていない。だいたい、犯罪組織と、末端で利益を得ている個々の犯罪者では利益の差があまりにも大きい(原注21)。

いずれにせよ、こうした資金の流れが毎年繰り返されれば、利益は雪だるま式に増加し、マフィアが勢力を強めるうえで大きな支柱となる。世の国家にとっては、国内の治安問題も重要だ。だが、それに加え、マフィア組織が、新たに、国の経済や政治、軍事を揺るがす大きな脅威となっている点は、はっきりしている。

グローバル化がもたらすチャンス

グローバル化とは「活動の舞台を地理的に拡大することを目的としたり戦略としたりする組織体がもたらす現象(原注22)」と定義されるが、こうしたグローバル化によって、世界は、あらゆる活動組織体(資源に恵まれた組織化集団すべて)が営利活動を行なう場となった。

だが、それをチャンスにするのは清廉潔白な企業家ばかりでない。事実、グローバル化は、悪事を行なうことだけを考える者にも門戸を開き、企業家精神に溢れた犯罪者を登場させている。

彼らは、これまで見てきたようなロンダリング上の制約から、そして、効率よく活動を進められるから、儲けを確保できるから、法人と個人が分離できるから、社会的地位を得てうわべを取り繕えるから、「企業家」的アプローチが好都合である――と計算したうえで、つまり必要に迫られるとともに私利私欲に駆られて、国際的な企業活動を行なっている。犯罪を目的とするこうした企業家が、悪党としての名誉など古臭いと袖にあしらい、ひたすら儲けだけを追求するのは目に見えている。

グローバル化は非合法の経済活動、金融活動を有利にするだけでなく強化し、その結果、犯罪組織における経済・金融がらみの犯罪を増加させている。司法界の住人にはすでにお馴染みの存在であるこうした犯罪企業家群に、私たちが対峙する時が来ているといえる。

グローバル化はまた、犯罪組織のプロ化ももたらした。今や、経済が自由化され、世界中、どことも通信ができ、どこにも移動ができるようになっている。至る場所で携帯電話が使える時代が到来、コンピューター環境はますます整いつつある。これは、世界を舞台に、あらゆる犯罪が行ないやすくなっているということでもある。犯罪者にとって、動きやすい時代になっているのだ。

マフィアと防衛

一九九五年九月、軍備高等研究所(原注23)の調査分析チームが、「二〇〇〇年に向けた防衛と治安」をテーマに研究報告を出した。

その冒頭では、「今や、軍の枠を越えた戦略脅威が世界を覆っている」と述べられ、テロ集団やマフィア組織を相手にした場合に、今の防衛力で本当に太刀打ちできるのかが、疑問視されている。「麻薬もマフィアも、テロ行為と同じで、社会にとって害でしかない。国家、あるいはEUのような連合体の利害を大きく揺るがす存在だ」。

懸念が発せられたのはそれが最初ではない。一九九四年七月のG7では、すでに国際的な組織犯罪にいかにして協力して取り組むべきかが討議されている。一九九五年四月、米国で行なわれた国際刑事警察機構の「アメリカ」地域会議では、世界四七カ国の警察責任者が一同に会し、麻薬密売やロンダリング、意図的な環境侵害が議題として取り上げられた。カイロで開催された第九回国連犯罪防止会議では、犯罪防止及び犯罪者の処遇について検討された。マフィアからの防衛というテーマが、国民国家がそれぞれ定めた規則の範囲で対処できる問題でなくなっているのは明らかだ。彼らが国際社会に及ぼす脅威は広がっている。さまざまな国が協力して戦う必要が出ているのだ。

世界協調が必要不可欠とみた国連機関は、具体的な取り組みを行なうべく、二〇〇〇年十二月、組織犯罪の象徴的な街であるパレルモで、越境犯罪組織について国際会議を開いた。これには国連加盟国一八九のうち一二〇カ国が参加、次の四テキストが採用された。

(1) 組織的な犯罪集団への参加、ロンダリング、買収（公務員に係る贈収賄）、司法妨害の犯罪化規定などを定めた本体条約
(2) 不法移民議定書
(3) 銃器議定書
(4) 売春、強制労働等を目的とした女性及び子供の密輸議定書

国連は現在、マフィア対策に欠かせない協調体制を推し進めるべく、腐敗をめぐる取決めに着手している。

なるほど、意欲に満ち、建設的な動きだ。だが、一部の国がさっそく批准しても、批准を引き延ばす国が他にあればどうしようもない。

二〇〇三年八月の時点で、署名国は一四七にのぼるが、締結した国は四七に過ぎない。マフィア犯罪の影響を多大に受けている中国やコロンビア、イタリア、日本、ロシア、米国は、署名はしたものの、締結国にはならなかった。

こうした協調が欠かせないのはなぜか。私たちがこれまで抱いてきた国家の概念が退化し、その代わりに、ミクロ国家（家族、氏族、民族）やマクロ国家（宗教、民族共同体）といった別モデルが台頭、正式な領土は持たぬが軍事力を誇る非国家体が、世界で力を持つ恐れがあるからだ。マフィア闘争はその好例で、これまでの軍事技術で戦おうとしても、なかなかうまくいかない。なにしろ従来の軍事論は、国民国家のありかたと強く結びつき、国境の概念から抜けきれない。マフィアへの爆撃あるいはマフィアの侵略といった発想には弱いのである。

国家の防衛は、別の意味でも、深刻な危機にさらされている。冷戦が終結した今でも、旧ソ連圏は大量の核兵器の宝庫だ。戦略的核兵器など、なんと二万を超える数である。今やロシアは、放射性物質の密売ビジネスが蔓延する地域と化している。確たる証拠はないが、この市場を掌握しているのは国際的犯罪組織の数々ではないかと危惧される。

私たちは「政治犯」が「単なる犯罪者」へと変化してきた事実にも直面している。国家に対峙し宣戦布告をしてきた解放軍、民族運動、統一戦線は、ことごとく悪党一味へと堕落していった。「ついこの間まで政治活動を行なっていたどこそこの団体が、いつのまにかギャング化した例は、枚挙にいとまがない」(原注24)。反国家を唱えた存在は、今や犯罪者と化している。しかも、マフィアは、暴力を通して脅しをかける形で政治を変えようとするため、社会への影響は甚大だ。一九九三年にイタリアでコーサ・ノストラが、一九八〇年代末にメデジン・カルテルが行なったテロ行為は、その例である。社会の主権という問題について、日々、不安は増すばかりだ。治安をめぐるアプローチについて、私たちが考え直すべき時が来ているといえよう。

他にも、次の点に留意したい。

＊世界の地下経済において、麻薬・武器・ロンダリングの三つが徐々に融合している。こうした総合的な犯罪活動に対処するには、警察や憲兵隊がこれまで用いたコンセプトを武器にしても効果がない。

＊混沌に陥った地域で「雨後のたけのこのように生じたゲリラ」が、やりたい放題にあらゆる密売を行ないながら資金を得ている(原注25)。その一方で、都会のコンクリート「ジャングル」が犯罪集団の巣窟となるケースも出ている(原注26)。

フランス当局もこうした点を踏まえ、新たな問題に適応する必要がある。マフィアは、国境など平気で飛び越えてくる存在だ。恐ろしいほど順応力があり、必要な情報をまたたく間に関係各所に伝え、欲しいものを手に入れる。それに対し、司法や警察の方は、相変わらず国境に活動を阻まれている。

この障害はなんとしても解決しなければならない。

だが、それが解決をみるまでの間、手をこまぬいてもいられない。マフィア闘争における防衛を含め、これまでにない形の総合的な行動形式を、従来のパラダイムを越える形で検討するのが火急の課題であろう。とはいってもこれは、彼らと実際に武器を従え全面戦争を繰り広げるためというより、私たちの世界の基礎となる価値、民主主義を守るためである。

その一策として、犯罪に関する諜報活動(原注27)を世界各国が協調して専門に行なう機関の創設が挙げられよう。かつて諜報活動といえば軍事的な観点から行なわれてきたが、越境犯罪においても、こうした活動が必要だ。

それには理由が二つある。こうした優れた敵を相手にする場合、こちらが物理的に接近するのはきわめて難しい。彼らの上を行く力を持たなければ、問題は解決できない、というのが一つ目の理由で、二つ目は、民主主義にとって何より大切な人権尊重の観点からだ。ある人間を、証拠不十分のまま逮捕することは、私たちの社会では決して許されることではない。そのためにも、明らかな証拠を摑むことが大切になる。この、大変苦労の要る、しかも必要不可欠な作業に、諜報活動は大きく貢献してくれるだろう。

マフィアと法

裏権力である犯罪組織集団は、構成員に対し厳しい規則を敷いている。メンバーがその規則を裏切れば、待ちうける制裁は死であることが多い。だがそんな厳しさに溢れたマフィアたちが、一般の法律理念も受け入れるかといえば、話は別である。実際、彼らは自分たちの掟は尊重するが、一般社会の法秩序はものとも思っていない。もちろん法によって裁かれることは恐れるが、それよりも、彼らが注目するのは法律の弱点である。

自分たちが、容疑をかけられても、毎度のごとくすり抜けられ、近道ができ、生存し続けられるのは、細かい点に一切こだわらず躊躇なく残忍な行為を行なう力があるからだ――マフィアは、自分たちのことをそんな風に考え、民主主義の法秩序のもつ力はかなり弱いと侮っている。実は、警察の報告書でも、その点について強調しているものが多い。私たちの世界で行なわれる訴訟の数々は、マフィアたちの間では、彼らを保護するザル法程度にしか、捉えられていないのだ。

そういえば、一九八八年九月二十三日、米国マフィアの首領の一人、ジョー・ガンビーノとイタリアマフィアの一員との間で交わされた会話をFBIが通信傍受に成功したが、その内容は、法に対する、とくに、施行段階前の法律に対するマフィアの侮《あなど》りを見事に示している。(原注28)

G(ガンビーノ)「何でも話じゃ、イタリアで新法が承認されたらしいな」
A(伊マフィア)「ああ、今晩の閣議でな」
G「もう適用が可能なのか」
A「いや、一年以内にってことだ」
G「なるほど」

A「一年待つってことだ。なにしろ、四十四年前から、施行するのしないのって、言われてきた法だからな」

G「四十四年？　俺はまた、新しい法だと思ってた」

A「一応、そう言われちゃいるがね。とにかく、米国法よりは、俺たちに都合よくできてる」

G「へえ、そうなのか」

A「弁護士の話だと、これからは、起訴するのに証拠が要るらしい……だが、こちとら証拠は握られてないからな。奴サン、起訴しようにも、しようがないってわけだ……」

G「じゃ、家に戻れるってことか！」

A「この法が適用されるようになったら、何しろ判事の責任が重くなる。結局は、奴らをうまく、いじめればいいってことだな……実はもう、イタリア法務相のワッサから責められてるよ……どうしようもない連中さ。判事のやつら、これからは、この法にがんじがらめになるってことよ」

G「そりゃまったく、笑えるな！」

A「まったく」

G「その法で連中、もう手も足も出なくなるってわけか。傑作だな」

A「まあ、芋でも拾ってりゃいい」

この会話が言わんとしている点について、あらたまって解説する必要はなかろう。彼らのこうした冷笑的な態度を知れば、マフィア闘争を行なう司法や警察が甘い姿勢を一切絶つべきことがわかる。マフィア闘争では、どんな思想や理想にもまして、鋭敏な現実感覚を持つことが何より大切だ。そうでなければ、闘いには勝てない。

だからといって、現在の訴訟原理を放棄するべきだといいたいわけではない。ガンビーノが先の会話でイタリアの法をせせら笑った後、イタリアはさっそくマフィア闘争の実定法をつくって、それに堂々と応えた。そこが大切なのだ。

本来なら、世界各国が、イタリアと同じ姿勢でマフィア対策を行なわなければならないところである。だが、現時点では、世の立法者は、まだしかるべく機能していない。

何しろ相手は、状況によってどんどん姿を変えてくる。こちらも状況に即して絶え間なく闘い方を常に変えていかねばならない。マフィア闘争の課題は山積みである。

マフィアと娯楽産業・興行界

国を問わず、時代を問わず、いつの世も、マフィア組織は興行界と関わってきた。ギャングたちは日頃、世間ではどうしても評判が悪い。だからこそ、脚光を浴びるスターの代理人となって、知名度を上げるのは魅力だ。しかも興行界では、当たれば荒稼ぎができる。娯楽産業の住人たちが「悪に染まり、すべての要素が噛み合った時、興行界におけるマフィアの影響力は絶大になる。

かつて日本では、第二次世界大戦直後、当局が、それまで博徒集団の収入源だった「賭博」を、新たに国家収入に組み込むという大きな変革があった。案の定、当局で賭博が合法化されるやいなや、ヤクザたちはそれまでの収入源を奪われてしまった。彼らが、バーやレストランの他、プロスポーツ（相撲、野球）、劇場、大型映画産業をはじめとする興行界など、別の部門に乗り出したのはそれがきっかけだ。ちなみに、戦後の有名な黒幕である児玉誉士夫も、映画制作会社から利益を得ていた疑惑が持たれている。さらに、日本のマフィアは、こうした活動からかなりの儲けを得るだけでなく、過去の伝説に基づく形で、ヤクザ精神を鼓舞する映画を次々作り出していった。

黒社会《ヘイショーホエイ》もこの業界で暗躍している。その中で一番目立つのは新義安《サンイーオン》で、娯楽産業や映画産業での影響力は大きい。しかも、産業本来の活動から利益を得るばかりではない。新義安《サンイーオン》は、飛行機で芸能人を移動させる時に、麻薬密売を行なう組織メンバーも乗り込ませているのでは、と疑われている。飛行機に、大勢の人間だけではなく、たくさんの麻薬を積荷として極秘で運んでいるらしいのだ。

もともとこの組織は、将来を睨んで、香港返還前から、中華人民共和国での映画及び娯楽産業に多大な投資を行なってきた。現に、こうした市場は非常に大きく、莫大な利益が期待できる。

かつて、一九九三年十一月にアンドリー・チャン（陳耀興）が暗殺されたのも、未曾有の儲けが見込めるこのビジネスをめぐり、利権を争う新義安《サンイーオン》と大圏幇《ダイヒュンポン》の冷酷非情な抗争の結果と言われる。実際、芸能人と関わっていたマフィアメンバーをめぐり、事件が起きた例もある。俳優ジョン・シャム（岑建勲）やバラエティー歌手のアニタ・ムイ（梅艶芳）など、芸能人の活動をバックアップしていたと見られる新義安《サンイーオン》の四二六《セイイーロク》ウォン・チェオンインが、タイで交通事故死したのは、その一例だ。彼の葬儀には、何百という俳優（ホー・カーキン、シン・フーオン）の姿が見られた。

興行界の有名人とマフィアが関わりを持つ例はアジアに限らない。例えば、米国の歌手フランク・シナトラ（原注29）とマフィアのつきあいは有名だ。そもそも一九四〇年代初め、ニュージャージーのマフィアファミリーの首領ウィリー・モレッティの肝煎でデビューしたシナトラは、ハバナでラッキー・ルチアーノと初めて顔を合わせた後（おそらく一九四六年）、シガレットケースに「親愛なる友ラッキーへ、フランク・シナトラ」と文字を彫って彼に贈るほどの間柄になっていく（原注30）。

シナトラのこうした交友は一九五七年、組織犯罪を追っていたキーフォーバーの調査委員会が報告書をまとめる前段階で取り上げたほどで、シナトラとラッキー・ルチアーノ、フィシェッティ兄弟（アル・カポネのいとこ）、マイヤー・ランスキー、フランク・コステロ、ジョー・アドニス、バグジー・シーゲルといったマフィアたちとの関係が俎上に載せられたが、彼が証言者として呼ばれることはついぞなかった。

いずれにせよ、シナトラがラスベガス、リノの賭博場に関わるさまざまなマフィアメンバーと親交を結んでいたのは事実である。一九六二年、シナトラはネバダにカジノホテル「カルネバ・ロッジ」を開き、芸能人とたてつづけに契約を結んでいったが、その中には、同施設の共有者サム・ジアンカーナ（一六七頁も参照のこと）の愛人フィリス・マクガイアやその姉妹も含まれていた。その後、ジアンカーナはカジノ経営を禁じられ（一九六三年）、シナトラが免許を引き継いでいる。一九七六年には、ウエストチェスター第一劇場で、中央に座したシナトラ（左右横の二人の肩に腕をのせている）が、ポール・カステラーノ、カルロ・ガンビーノ、ジョセフ・ガンビーノ、ジミー・フラチアノ（ロサンゼルスのファミリー）ら七人に囲まれて映った写真をマスコミが入手している。

サム・ジアンカーナの名は、シナトラを語る際に付いてまわるだけではない。女優シャーリー・マクレーンは、メキシコで映画の撮影中、ジアンカーナとパスタを一緒に食べるのを拒んだところ、彼から暴力を振るわれたが、撮影に居合せたサミー・デイビス・ジュニアが中に入ってとりなし事無きを得たと、回想録の中で語っている。(原注31) マクレーンのこのエピソードは、娯楽産業とマフィアがきわめて強く結びついてきた事実を示す一例だ。一九六三年、ジアンカーナ一味の非合法賭博事件に、シナトラ、ディーン・マーチン、サミー・デイビス・ジュニアが巻きこまれたこともある。

マフィアと関わりがあったのは往年の芸能人だけではない。フリオ・イグレシアスはポール・カステラーノ（ニューヨークのガンビーノ一家の首領、一九八五年に暗殺された）と、ミッキー・ロークはジョン・ゴッティ（カステラーノの後目を引き継ぎガンビーノ一家の首領となったが、現在は終身刑で服役中）と、マリリン・モンローはサム・ジアンカーナと、ロバート・デニーロはニコデモ・スカルフォ（フィラデルフィアのファミリーのゴッドファーザー）と関わってきた。

芸能人がみなマフィアと結びついているというのは言い過ぎであろう。だが、興行界が、彼らの収入源としてだけではなく、自分たちのイメージを高める手段や投資分野として、利用され支配されてきたのは明らかだ。第二次世界大戦が始まる前、ラッキー・ルチアーノの「命」を受け、「バグジー」ことベンジャミン・シーゲルがハリウッドに派遣された事実は、その最たる例である。(原注32)

（原注1）フランスの雑誌『マニエール・ド・ボワ』（『ル・モンド・ディプロマティーク』の記事を集めたもの）二八号に載ったクリスチャン・ド・ブリの記事（Les nouveaux maîtres du monde）。

（原注2）Claire Sterling, *Pax Mafiosa*, Éd. Robert Laffont (1994).

（原注3）黒幕という言葉は、もともと歌舞伎界で使われていた。歌舞伎では、黒い幕を張って観客からは見えないところで舞台を操る裏方がいるが、その人物が黒幕と呼ばれる。政界の黒幕とはそれをもじった表現で、政界と暴力団、財界、役人の間を画策する人物のことをいう。具体的には、頭山満、児玉誉士夫、笹川良一、岸信介などが挙げられる。

（原注4）サンチャゴ・メディナによれば、その額は約六〇〇万ドル（約四五〇万ユーロ相当）、別の筋では、三五〇万ドルともいわれる。

（原注5）ジュリオ・アンドレオッティは、イタリア解放後、四十五年にわたってイタリア政界の中心にいた政治家で、現在、終身上院議員。

（原注6）P2はフリーメーソンのロッジ（支部）の一つで、代表はリーチョ・ジェッリ。コーサ・ノストラや極右テロリストとの関係、イタリア政府への潜入工作が疑われ、一九八〇年代以降、マスコミを賑わしたが、起訴されるには至っていない。

（原注7）ミケーレ・シンドーナはイタリアの銀行家で、法王庁とシチリアファミリーの双方に対し、財政面での相談役として、各種便宜を図ってきた。だが、彼が保有していた複数の銀行のうちの一つが破綻した（一九七四年）のをきっかけに、シンドーナが担っていたその役回りは、アンブロジアーノ銀行頭取のロベルト・カルビに引き継がれることになる。

カルビはその後、一九八二年六月十八日に、ロンドンのブラックフライアーズ橋に吊るされて死んでいるのを発見された。

実はその一週間前、彼はアンブロジアーノ銀行を一〇億ドルの負債で破産させていた。大口顧客である法王庁とコーサ・ノストラに被害をもたらし、窮地に追い込まれたカルビは、イタリアから逃れていた。

（原注8）キリスト教民主党の党首アルド・モロは、一九七八年に極左テロリスト「赤い旅団」の部隊に誘拐され、暗殺された。

（原注9）パナマの独裁者マヌエル・ノリエガは、一九八九年に逮捕された後、フロリダのマイアミ近郊にある連邦刑務所で服役。二〇〇二年三月、裁判所に出頭して仮釈放を訴えたが、検察はそれに反対した。ＣＮＮのスペイン語ＨＰにある二〇〇二年三月十九日の記事（Recomiendan no otorgar libertad condicional a Noriega）を参照のこと。

（原注10）『レ・プティ・アフィシュ』一九九六年三月二十日（三五号）のアンドレ・ボサールの記事（Crime organisé, entreprise et corruption）を参照のこと。

（原注11）『レ・プティ・アフィシュ』一九九六年三月二十日（三五号）のファブリツィオ・ヒルマ＝ダネシの記事（Mafias, politique ; entreprise）から引用の数値。

（原注12）*Le corrupteur et le corrompu*, Julliard を参照のこと。アラン・エチェゴジェンは、「腐敗は、ある期間、一方が他方に決定権を与え、他方がそれに対して金を払うという、二者間で起こる一種の便宜交換制度である」とした。

（原注13）『レ・プティ・アフィシュ』一九九六年三月二十日（三五号）のファブリツィオ・ヒルマ＝ダネシの記事（Mafias, politique ; entreprise）。

（原注14）Thierry Jean-Pierre et Patrice de Meritens, *Crime et blanchiment*, Fixot.

（原注15）ＩＭＦの統計局は、数値は七〇〇〇億〜一兆ドルになると推計している。

（原注16）一九九六年のフランス国家予算は一兆五〇〇〇億フラン、つまり二二八〇億ユーロである。

（原注17）コロンビア国家麻薬局の報告によれば、コロンビアの耕作地のうち、麻薬組織の管理下に置かれているのは

四〇〇万ヘクタールとのことだ。

（原注18）J.-F. Couvrat et N. Pless, Editions Haijer, 1989. の本のタイトルより。

（原注19）二〇〇三年六月三日〜六日、犯罪組織撲滅をテーマにブラジリア（ブラジル）で開催された国際会議の際、ブラジル当局の依頼でジャン・ド・マイヤールが行なった講演の一部より。ロンダリングのさまざまな手口を解説したマイヤールの本も参考になる。参考文献を参照のこと。

（原注20）この点については、二〇〇一年七月五〜六日、パリのメゾン・デ・シヤンス・エコノミック（Maison des sciences économiques）で行なわれた会議のテキストを参照のこと。ウンベルト・サンティノが提唱したこの会議は、「マフィア、企業、そして関連システム」というテーマで行なわれた。テキストはインターネットから入手可能（http://www.centroimpastato.it/otherlang/mafias_et_impresa.php3）で、具体的な例を通し、一九五〇年から現在までのマフィアと企業の関係が明らかにされている。

（原注21）本書では、こうした末端でのロンダリングついて触れていない。だが、大都市の無法地帯のヤミ経済を作り出していることには変わりなく、憂慮される。

（原注22）『ランセ二〇〇〇』一四頁、ティエリ・ド・モンブリアルの記事にある定義を参考にした。

（原注23）この研究所は、フランス国防省の兵器総局の管轄下にある。

（原注24）Hans Magnus Enzensberger, *La grande migration, Vue sur la guerre civile*, Gallimard-L'infini (1995).

（原注25）コロンビア革命軍やペルーのセンデロ・ルミノソといった組織、クン・サーが率いた軍閥モン・タイがよい例である。例えば、ミャンマーのシャン族と中国人の混血である頭領クン・サーは、政治活動（シャン民族の解放）を装いながら、実は三十年にわたって麻薬密売を行なっていたようで、国家主義的な活動家を引き入れては、黄金の三角地帯で採れたアヘンの密売ビジネスへと手を染めさせ、徐々に商売を広げて、ついには組織を麻薬の密売軍団に変えた。軍閥内部には二〇〇〇人が複数の小さな集団をつくって活動を行ない、ミサイル発射装置や大砲も装備していたが、一九九六年に降伏した。

（原注26）パブロ・エスコバールは、警察から逮捕されないよう、都市圏メデジンのエンビガード地区の造りにさまざまな手を加え、そこに身を隠していた。

（原注27）ここでの「諜報活動」とは、アングロサクソン的な意味での諜報活動、つまり情報収集にとどまらず、相手とうまく戦うべく、相手の状況を把握する活動と捉える必要がある。

（原注28）*Les fossoyeurs d la justice*, Albin Michel でディディエ・ガロが示した対談部分より。

（原注29）フランク・シナトラは一九一五年十二月十二日生まれ。九八年五月十四日にロサンゼルスで死亡した。

（原注30）このシガレットケースは、一九四七年、ラッキー・ルチアーノが所有するイタリアのフラットで押収されたようだ。

（原注31）*Les stars de ma vie*, Presses de la Cité, mars 1996.

（原注32）本書の第一章、米国のコーサ・ノストラの歴史について述べた部分を参照のこと。


（訳注1）「死の部隊」とは、ブラジルにおいて、ストリート・チルドレンなど社会の最下層にいる人々を「余計者」と見なして殺していく非合法のグループを指す。死の部隊の活動には、警察が一枚噛んでいるといわれる。

（訳注2）オフショア（タックス・ヘブン）とは、税金が無い、または税率が著しく低い国や地域のことで、オフショア口座とは、こうした国や地域にある非居住者口座を指す。

結論

Conclusion

これまで、さまざまな角度からマフィアについて語ってきた。だが、「世のマフィア組織とはとんでもない存在だ」とあわてて騒いでも何にもならない。もちろん、甘く見るべきでもない。私たちに必要なことは、現実を直視すること――それに尽きる。確かに、現況は楽観できるものではない。だが、物事の本質を見極めるためにも、冷静な姿勢を保ち続けることが必要だ。

まず、世界の異なる犯罪集団同士が合体し、一大組織として変貌を遂げる、などという幻想は排除しよう。というのも、これまで述べてきたマフィアファミリー、カルテルなどの犯罪組織は、現実には、あちこちで「契約を結び合って」いるというのが正しいからだ。彼らは、特定の活動をめぐって互いに合弁企業を設立し、タイミングを摑んで狙いのビジネスに参入し、世界情勢の変化を味方につけて海外に飛び出し、母国にいれば罰せられるところを、うまく逃げおおせている。

既存のマフィア組織が、昨今の情報化やグローバル化と歩調を合わせて増殖しているのは、これまで本書で見てきた通りである。しかも最近では、新タイプの犯罪集団も台頭している。ここで二つの例を挙げよう。

＊ジャマイカには、流動化の激しい武装集団「ポシー」があり、一九八〇年代以降、自国や他国に拠点をもって犯罪を行なっている。

ポシーはそもそも、一九六五年、人民国家党（左派）とジャマイカ労働党（リベラル）の二党連立政権をめぐるギャング団同士の「政治」抗争に、部族意識が絡んで生まれたギャング団で、当局が厳しい取締りを行なったが、功を奏さず、その後、ジャマイカの犯罪率は急増した。

一九九四年現在、組織は約五五を数えるが、そのうち四大組織とされるのが、ダンケルク・ポシー、ジャングル・ポシー、シャワー・ポシー、スパングラーズ・ポシーだ。

彼らが米国に密売するガンジャ（インド大麻）は数千トンで、一九八五年以降は、クラック（コカインの加工品）密売にもいち早く手を染めて先駆けとなる一方、キングストン都市部のゲリラには武器も調達している。ポシーメンバー、いわゆる「ヤーディー」の冷酷非情さはつとに有名だ。

海外拠点は、ジャマイカ系移民のいる米国、カナダ、英国にある。（原注1）

＊

アフリカ人による国際犯罪も激増している。

なかでもナイジェリア系組織の犯罪は悪名高く、欧州や南アフリカ向けにコカインやヘロインの密売を行ない、麻薬マネーをロンダリングする他、他国の人間相手に驚くほど巧妙な詐欺行為を働いている。

その中には、欧州が絡んだ詐欺もある。手口の一つは、「実は、自分の元に国の金が入ることになった。だが、何分ばれては困るので、どうか貴殿の銀行口座を貸して欲しい。協力いただいた場合は、振り込み金額の一部を謝礼として差し上げる。ただ、会計上あとで厄介なことにならぬよう、必要となる手数料を、あらかじめそちらから送金願いたい」と、欧州の企業家に（ファックスで）頼むというものだ。軽率にもその話に乗った企業家が送金した金は、依頼人（身元は最後までわからない）とともに跡形もなく消え、二度と戻ってこないのは言うまでもない。

ナイジェリアではこうした詐欺が蔓延し、同犯罪を禁ずる内容が国内の法律の四百十九条に定められたことから、犯行に従事する者たちは419の名で呼ばれている。(原注2)

取引がグローバル化する昨今、各国の法律は、国際犯罪に対し力を発揮できないままだ。しかも、一部の国家はますます弱体化している——世界の変化は今後、彼らに、犯罪のいっそうのチャンスを与えるだろう。

マフィア組織は、状況に合わせてどんどん姿を変えていく。確かに、厳しい取締りは受けるが、いろいろとあってもうまく身をかわし、決して壊滅状態に陥ったり、根絶してしまったりはしない。「残っているのは灰だけ」としか思えない所から、不死鳥は蘇る。それと同じだ。

なるほど、世界にとってはテロ攻撃も脅威である。だが、私たちの将来において、組織犯罪は、それと同じくらいに深刻な問題である。冷戦が終わりを告げた今、世界は、新たに増加している犯罪活動の数々に脅かされるようになっている。相手は犯罪を行なうだけではない。犯罪によって私腹を肥やしていく存在だ。

一九九六年六月二十四日、リヨンでG7サミットが行なわれた。IMF専務理事ミシェル・カムドシュはスピーチを行ない、犯罪と腐敗は、「現代、世界各地に飛び火して大きな損害をもたらす恐れのある問題である。世界国家のよき市民となるのに、求められる課題は何か。犯罪と腐敗に取り組み、撲滅することが、主要課題の一つに挙げられるのは明らかだ」と述べている。

腐敗、犯罪——世界の誰にとっても無関心ではいられない問題だ。それどころか、私たちの生活にまとわりつき、なかなか離れない問題といえるかもしれない。そして、犯罪、腐敗、この二つを合わせた形で活動を展開するのが、国際的な大型犯罪組織である。

こうした組織が、絶えず変化しながら活動範囲を世界へ広げている点は、これまで見てきた通りだ。何しろ展開力にすこぶる長けた存在である。世界中に蔓延しないよう、くれぐれも気を引き締めて対策を講じていかねばならない。


（原注1）この点に対する総合的なまとめとしては、パリ犯罪学研究所の『ノーツ・エ・エチュード』（一九九六年十月号）特集号の記事（Violence politique et narcotrafic : les yardies jamaïquains et le PKK）を参照のこと。この号は、グザビエ・ロフェルとフランソワ・オウが主幹となってまとめている。

（原注2）フランスの雑誌『ル・ヌーベル・エコノミスト』一〇三六号（一九九六年二月二十三日）にあるピエール・マレの記事（Rendez-vous avec Mister 419 sur Allen avenue, Lagos）を参照のこと。

資料

Annexe

洪門《ハンモン》の誓い（原注1）

1　洪門《ハンモン》入会後は、洪の兄弟の家族を自分の家族同様に尊重することを誓う。誓いに背いたならば、雷に五回打たれて死んでもかまわない。

2　洪の兄弟の家族の葬式には、この身と財産をもって助力することを誓う。知らぬふりをしたならば、雷に五回打たれて死んでもかまわない。

3　洪の兄弟がわが家を訪ねてきたら宿を提供することを誓う。よそ者としてあしらうようなことがあったら、無数の剣で刺し殺されてもかまわない。

4　手の動きで示される暗号を通し、相手が洪の兄弟であると見分けることを誓う。それを怠ったならば、無数の剣で刺し殺されてもかまわない。

5　洪の秘密を自分の実の親や兄弟にも明かさないこと、決して秘密を金で売り渡したりしないことを誓う。さもなければ、無数の剣で刺し殺されてもかまわない。

6　洪の兄弟を決して裏切らないことを誓う。洪の兄弟を捕まえたのが誤解とわかれば、すぐに解放することを誓う。誓いに背いたならば、雷に五回打たれて死んでもかまわない。

7　洪の兄弟が金に困っているときには援助することを誓う。誓いに背いたならば、雷に五回打たれて死んでもかまわない。

8　洪の兄弟やボスたちに危害を加えるようなことがあれば、無数の剣で刺し殺されてもかまわない。

9　洪の兄弟の妻や姉妹、娘たちにみだらなふるまいをするようなことがあれば、雷に五回打たれて死んでもかまわない。

10 洪の兄弟の金や財産を横領するようなことがあれば、無数の剣で刺し殺されてもかまわない。

11 洪の兄弟の息子や親族が援助を求めてやってきたならば、手を貸すことを誓う。誓いに背いたならば、雷に五回打たれて死んでもかまわない。

12 本日、洪門《ハンモン》に加入する際に虚偽を申し述べるようなことがあれば、雷に五回打たれて死んでもかまわない。

13 今夜以降、洪門《ハンモン》加入を撤回するようなことがあれば、無数の剣で刺し殺されてもかまわない。

14 こっそりよそ者を助けたり、洪の兄弟のものを強奪したりしないことを誓う。誓いに背いたならば、雷に五回打たれて死んでもかまわない。

15 洪の兄弟の弱みにつけこんだり、力づくで不正を強いたりするようなことがあれば、無数の剣で刺し殺されてもかまわない。

16 不実な行ないをしたり、洪の兄弟の金や財産を自分のために使ってしまったりすることがあれば、雷に五回打たれて死んでもかまわない。

17 洪の兄弟の金や財産を取ったときは必ず返済することを誓う。誓いに背いたならば、雷に五回打たれて死んでもかまわない。

18 自分が何かの罪に問われても甘んじてそれを認め、洪の兄弟の誰をも非難しない。誓いに背いたならば、雷に五回打たれて死んでもかまわない。

19 洪の兄弟が殺されたり逮捕されたり、よその土地に長い間滞在しなければならない場合には、妻子の面倒をみることを誓う。知らぬふりをしたならば、雷に五回打たれて死んでもかまわない。

20 洪の兄弟が暴力をふるわれたり、他人に文句をつけられたりしたとき、洪の兄弟のほうが正しければ加勢し、悪ければやめるよう忠告することを誓う。洪の兄弟が何度も侮辱されたときは、他の洪の兄弟とともに助けることを誓う。誓いに背いたならば、雷に五回打たれて死んでもかまわない。

21 洪の兄弟がよその省や外国から戻った際に、当局が逮捕しようとしていることを知ったなら、洪の兄弟に知らせ、逃亡に尽力することを誓う。誓いに背いたならば、雷に五回打たれて死んでもかまわない。

22 よそ者と組んで洪の兄弟を賭博でだますようなことはしない。誓いに背いたならば、無数の剣で刺し殺されてもかまわない。

23 洪の兄弟の誰かに嘘をついて、内輪揉《も》めを起こすようなことはしない。もし起こしたら、無数の剣で刺し殺されてもかまわない。

24 分もわきまえずボスの地位を望むようなことはしない。洪門《ハンモン》に加入してから三年以上が経ち、忠節と誠実が認められ、ボスと洪の兄弟たちの承認を得たならばそれも可能だが、自ら勝手にボスと称したならば、雷に五回打たれて死んでもかまわない。

25 私の実の兄弟と洪の兄弟が争いを起こすか裁判沙汰になった場合、どちらにも与することはせず、彼らに争いをやめるよう忠告する。誓いに背いたならば、雷に五回打たれて死んでもかまわない。

26 洪の兄弟に対してわだかまりがあっても、いったん洪門《ハンモン》に加入したら、それをいっさい水に流す。誓いに背いたならば、雷に五回打たれて死んでもかまわない。

27 洪の兄弟の占有している土地を侵害しない。もし、洪の兄弟が権利を有する土地で、自分がその権利を侵害してしまったならば、雷に五回打たれて死んでもかまわない。

28 洪の兄弟が得た金や財産を共有する際、それを別の目的のために使ったり、着服したりするようなことがあれば、殺されても構わない。

29 洪の兄弟の財産の隠し場所について、よそ者に告げ口するようなことはしない。誓いに背いたならば、無数の剣で刺し殺されてもかまわない。

30 よそ者を庇ったり、洪の兄弟を迫害したりしない。誓いに背いたならば、無数の剣で刺し殺されてもかまわない。

31 理由なく洪門《ハンモン》の兄弟の力を利用したり、暴力で他人を圧迫したりしない。組織では、自分の状況に満足し、従順でなければならない。誓いに背いたならば、雷に五回打たれて死んでもかまわない。

32 洪の兄弟の幼い息子や娘に性的悪戯をするようなことがあれば、雷に五回打たれて死んでもかまわない。

33 洪の兄弟の犯罪を、賞金目当てで当局に密告するようなことがあれば、雷に五回打たれて死んでもかまわない。

34 洪の兄弟の妻や妾を奪い取るようなことはしない。そのような姦通行為を犯すことがあれば、雷に五回打たれて死んでもかまわない。

35 よそ者に対し洪の特別の言葉を使ったり、秘密を明かしたりしないよう注意することを誓う。誓いに背いたならば、無数の剣で刺し殺されてもかまわない。

36 いったん洪門《ハンモン》に加入したら、洪門《ハンモン》に忠誠と誠実を誓い、洪の兄弟と団結して清朝を倒し、明朝を再興することを誓う。たとえ異なる職業であれ、私と洪の兄弟とは、祖先五人の恨みを晴らすという共通の真の目的を持っている。

（原注1）Fenton Bresler, *La mafias chinoise*, Éditions Philippe Picquier からの抜粋。

péretroïka, *Problèmes politiques et sociaux,* n° 629, 1990.
Richard Sola, L'internationalisation de la mafia chinoise, *Revue de la Défense nationale.*
Jean Susini, La bureaucratisation du crime, *Revue de science criminelle et de droit pénal comparé.*
Toutes les mafias du monde, *Les Cahiers de l'Express,* n° 36.
F. Vitrani, L'Italie aux mains des clans, *Le Monde diplomatique* de mars 1991.

その他

Jean-François d'Aubert et Bertrand Gallet, *Rapport parlementaire sur la mafia en France,* Assemblée nationale (*Journal officiel* du 28 janvier 1993).

Jean Ziegler, *La Suisse lave plus blanc,* Seuil, 1990.
『スイス銀行の秘密—マネー・ロンダリング』萩野弘巳訳、河出書房新社刊

雑誌

Agir, Revue générale de stratégie, n° 4, juin 2000 ; La perception des menaces :
— article de Alain Labrousse, « Les réseaux de la drogue », p. 109 ;
— article de Thierry Cretin, « Les puissances criminelles et la justice », p. 117 ;
— article de Roger Faligot, « L'année du Dragon 2000. Mafia chinoise, organisation criminelle globale », p. 131 ;
— article de Marie-Christine Dupuis, « Blanchiment... effets de manche et faux-fuyants », p. 139 ;
— article de Daniel Martin, « Le piratage informatique », p. 145.
F. d'Arcais et P. Lazar, Dérives italiennes, revue *Esprit,* n° 12 de 1992.
Giovanni Falcone, Qu'est-ce qu'une mafia ?, revue *Esprit,* n° 10 de 1992.
S. Larembeck, Les enjeux économiques et financiers du trafic de drogue, *Regard sur l'actualité* de septembre 1992.
La Mafia ; crime - racket - drogue - jeu - prostitution - argent sale, *Historia spécial,* novembre-décembre 1993, n° 26.
La nouvelle économie du crime (dossier), *L'Expansion,* n° 632 du 9 au 23 novembre 2000.
L'Empire des Mafias, Historia, n° 675 de juillet 2003 :
— article de Marie-Anne Matard-Bonucci, « Les mafias » ;
— article de Anne Bernet, « Main basse sur la Sicile féodale » ;
— article de Isabelle Sommier, « L'âge d'or de la prohibition » ;
— article de Frédéric Laurent et Fabrizio Calvi, « L'Italie à la botte » ;
— article de Pierre Abramovici, « Licio Gelli, le Grand Marionnetiste ;
— article de Frédéric Laurent, « L' "incroyable" Andreotti » ;
— article de Roger-Louis Bianchini, « La Côte d'Azur nouvelle aire de jeu » ;
— article de Thierry Cretin, « Les autres organisations mafieuses ».
L'enfer des mafias, *Panoramiques,* Éditions Corlet, mars 1999.
Ramsès 2001, Dunod, septembre 2000 :
— article de Thierry Cretin, « Les puissances criminelles, une authentique question internationale ».
Marie Schwartzenberg, Le crime organisé en URSS, une menace pour la

lité financière en images, Stock, 1998.
Daniel Martin, *La criminalité informatique ; cyber-crime : sabotage, piratage, etc. ; évolution et répression,* PUF, « Criminalité internationale », 1997.
Daniel Martin et Frédéric-Paul Martin, *Cybercrime : menaces, vulnérabilités et ripostes,* PUF, « Criminalité internationale », 2001.
Marie-Anne Matard-Bonucci, *Histoire de la mafia,* Éd. Complexe, 1994.
Nicolas Miletitch, *Trafics et crimes dans les Balkans,* PUF, « Criminalité internationale », 1998.
Jay Robert Nash, *World Encyclopedia of Organized Crime,* Headline.
Observatoire géopolitique des drogues, *La drogue, nouveau désordre mondial,* Hachette, « Pluriel », 1993.
Gérard L. Polsner, *Triades, la mafia chinoise,* Stock, 1990.
Philippe Pons, *Misère et crime au Japon du XVIIe siècle à nos jours,* NRF, « Bibliothèque de sciences humaines », 1999.
『裏社会の日本史』安永愛訳、筑摩書房刊
Hubert Prolongeau, *La vie quotidienne en Colombie au temps du cartel de Medellin,* Hachette, 1992.
Xavier Raufer avec Stéphane Quéré, *La mafia albanaise ; une menace pour l'Europe,* Favre, 2000.
Xavier Raufer et Stéphane Quéré, *Le crime organisé,* PUF, « Que sais-je ? », 2000.
Xavier Raufer, *Dictionnaire technique et critique des nouvelles menaces,* PUF, « Défense et défis nouveaux », 1998.
Xavier Raufer, *Entreprises, les 13 pièges du chaos mondial,* PUF, « Criminalité internationale » , 2000.
Xavier Raufer, *Le grand réveil des mafias,* Lattès, 2003.
Xavier Raufer, *Les superpuissances du crime ; enquête sur le narcoterrorisme,* Plon, 1993.
Mylène Sauloy et Yves Le Bonniec, *À qui profite la cocaïne ?,* Calmann-Lévy, 1992.
Robert J. Schoenberg, *Mr Capone ; the real and complete story of Al Capone,* Robson books, 1995.
Carl Sifakis, *The Mafia Encyclopedia.*
Isabelle Sommier, *Les mafias,* Montchrestien, « Clés, politique », 1998.
Claire Sterling, *Pax mafiosa,* Laffont, 1994.
『世界を葬る男たち—21 世紀の征服者 国際マフィア連合』落合信彦訳、光文社刊
Arkadi Vaksberg, *La mafia russe ; comment on dévalise le pays depuis 70 ans,* Albin Michel, 1992.
Camille Verleuw, *Trafics et crimes en Asie centrale et au Caucase,* PUF, « Criminalité internationale » , 1999.

Thierry Cretin, *Idées reçues sur la mafia,* Le Cavalier bleu, 2003.
Alain Delpirou et Eduardo Mackenzie, *Les cartels criminels ; cocaïne et héroïne : une industrie lourde en Amérique latine,* PUF, « Criminalité internationale », 2000.
Pierre Delval, *Faux et fraudes ; la criminalité internationale des faux documents,* PUF, « Criminalité internationale », 1998.
Jacques Derogy et Jean-Marie Pontaux, *Enquête sur les mystères de Marseille,* Laffont, 1984.
Marie-Christine Dupuis, *Finance criminelle ; comment le crime organisé blanchit l'argent sale,* PUF, « Criminalité internationale », 1998.
Marie-Christine Dupuis, *Stupéfiants, prix, profits,* PUF, « Criminalité internationale », 1996.
Giovanni Falcone et Marcelle Padovani, *Cosa Nostra,* Éditions N° 1-Austral, 1992.
『沈黙の掟―マフィアに爆殺された判事の「遺書」』千種堅訳、文藝春秋刊
Roger Faligot, *L'Empire invisible ; les mafias chinoises,* Philippe Picquier, 1996.
Serge Garde et Jean de Maillard, *Les beaux jours du crime,* Plon (1992).
Guy Gughiotta et Jeff Leen, *Les rois de la cocaïne ; l'histoire secrète du cartel de Medellin,* Presses de la Cité, 1990.
François Haut et Stéphane Quéré, *Les bandes criminelles,* PUF, « Criminalité internationale », 2001.
Jean-Louis Hérail et Patrick Ramael, *Blanchiment d'argent et crime organisé ; la dimension juridique,* PUF, « Criminalité internationale », 1996.
Francis A. J. Ianni, *Des affaires de famille ; la mafia à New York,* Plon, « Terre humaine », 1973.
Ferdinando Imposimato, *Un juge en Italie ; Pouvoir, corruption, terrorisme ; les dossiers noirs de la mafia,* Éditions de Fallois, 2000.
Thierry Jean-Pierre et Patrice de Méritens, *Crime et blanchiment,* Fixot, 1993.
David Kaplan et Alec Dubro, *Yakuza, la mafia japonaise,* Philippe Picquier, 1990.
『ヤクザが消滅しない理由』松井道男・坂井 純子訳、不空社刊（訳書中で引用したのは古い本で『ヤクザ』松井道男訳、第三書館刊）
Alain Labrousse, *La drogue, l'argent et les armes,* Fayard, 1991.
Pierre Lacoste, *Les mafias contre les démocraties,* Lattès.
Salvatore Lupo, *Histoire de la mafia,* Flammarion, « Champs », 1999.
『マフィアの歴史』北村暁夫訳、白水社刊
Alfred Mac Coy, *La politique de l'héroïne en Asie du Sud-Est,* Flammarion, 1980.
Philippe Madelin, *La filière cocaïne en France,* Éditions du Rocher, 1995.
Jean de Maillard et Pierre-Xavier Grézaud, *Un monde sans loi ; la crimina-*

参考文献

単行本

Hervé Ancel et Xavier Raufer, *Trafics et crimes en Asie du Sud-Est : le Triangle d'Or,* PUF, « Criminalité internationale », 1998.

Pino Arlacchi, *Buscetta ; la mafia par l'un des siens,* Éditions du Félin, 1996.
『さらばコーザ・ノストラ—だれも書けなかったマフィアの真実』大辻康子訳、学習研究社刊

Pino Arlacchi, *Les hommes du déshonneur ; la stupéfiante confession du repenti*
『名誉を汚した男たち』和田忠彦訳、新潮社刊
Antonino Calderone, Albin Michel, 1993.

Pino Arlacchi, *Mafia et compagnies ; l'éthique mafiosa et l'esprit du capitalisme,* Presses Universitaires de Grenoble, 1986.

Alain Bauer et Émile Perez, *L'Amérique, la violence, le crime ; les réalités et les mythes,* PUF, « Criminalité internationale », 2000.

Jean-François Bayart, Stephen Ellis et Béatrice Hibou, *La criminalisation de l'État en Afrique,* Éditions Complexe, « Espace international », 1997.

Ingrid Betancourt, *La rage au cœur,* XO Éditions, 2001.
『それでも私は腐敗と闘う』永田千奈訳、草思社刊

Roger Louis Bianchini, *Mafia, argent et politique ; enquête sur les liaisons dangereuses dans le Midi,* Seuil, « L'épreuve des faits », 1995.

Hélène Blanc, *Le dossier noir des mafias russes,* Balzac Griot éd., 1998.

Hélène Blanc et Renata Lesnik, *Le mal russe ; du chaos à l'espoir,* L'Archipel, 2000.

Fenton Bresler, *La mafia chinoise,* Philippe Picquier, 1991.
『チャイニーズ・マフィア　中国人の犯罪秘密結社』鈴木淳司訳、JCA 出版刊

Fabrizio Calvi, *L'Europe des parrains,* Grasset, 1993.

Fabrizio Calvi, *La vie quotidienne de la mafia de 1950 à nos jours,* Hachette, 1986.

Richard Caroll, *Les bandits,* Balland.

Rich Cohen, *Yiddish connection ; histoires vraies des gangsters juifs américains,* Denoël.

Virginie Coulloudon, *La mafia en Union soviétique,* Lattès, 1990.

Jean-François Couvrat et N. Pless, *La face cachée de l'économie mondiale,* Hatier, 1989.

訳者あとがき

ティエリ・クルタン（Thierry Cretin）は、フランスの裁判官と検察官を養成する国立司法学院を卒業後、一九八〇年より、国内で共和国検事代理、次席検事などを務め、二〇〇一年からは、欧州委員会の対内サービス部門の一つ、欧州不正対策局（ＯＬＡＦ）に派遣されている司法官である。

そんな彼がまとめた『世界のマフィア』（Mafias du monde）は、クセジュ文庫シリーズで知られる出版社ＰＵＦ（Presses Universitaires de France）から、一九九七年に初版が出たのち、新しい情報を加えながら版を重ねている。今回、訳されたのは、二〇〇四年に出された第四版（改訂増補版）である。

世界の越境犯罪組織について、まとめられた本というのは少ない。門外漢にもとっつきやすく、それでいて専門性も配慮された本となると、さらに少ない。

そんな中で、この本は、世界のマフィア型組織について概観したい、あるいは、組織の共通点や違いについて比較したいと思っている人々に、多くのヒントを与えてくれるだろう。

もとがフランスの読者を対象にしているため、「凶徒の結社」の定義など、フランスの法に関する言及もある。だが、クルタンが盛り込んだ情報は、読者がフランス人でなくても十分有用であり、関心を持った組織について、さらに詳しく他の書物を読み込んでみたいと興味をそそられる内容になっている。

また、日本の犯罪組織について書かれた部分もある。私たちの文化が抱える一面について、振り返るきっかけになるだろう。

なお、訳者が付した注は、基本的に（訳注）としたが、日本人に馴染みのない土地の名や固有名詞などについては、適宜、本文中で短く説明を補った。またそれとは逆に、日本について述べられた部分のうち、丁寧にそのまま訳をすると、私たちにはかえってくどくなるのではと思われる箇所については、省略した点が若干ある。

最後になりましたが、この本を出版するにあたっては、緑風出版の高須次郎さん、高須ますみさん、斉藤あかねさんに、校正の段階で大変お世話になりました。この場を借りて、厚くお礼申し上げます。

二〇〇六年六月

上瀬倫子

[著者略歴]

ティエリ・クルタン（Thierry Cretin）

司法官。フランス国立司法学院を卒業後、リヨン市、ドール市で共和国検事代理、次席検事などを歴任。

2001年より、欧州不正対策局（OLAF）に派遣され、調査部門にて、PHARE（欧州連合の中・東欧諸国への援助プログラム）、TACIS（CIS諸国技術援助プログラム）の融資をめぐる不正調査にあたっている。

著作に、『マフィア（Les Mafias）』（ル・キャバリエ・ブリュ社）、『国際刑事司法（La justice pénale internationale）』（PUF社、ジャン＝ポール・バズレールとの共著）がある。

[訳者]

上瀬　倫子（かみせ　ともこ）

1967年兵庫県生まれ。仏語翻訳者。

世界《せかい》のマフィア【新装版】——越境犯罪組織の現況と見通し

2006年7月5日　初版第1刷発行
2025年4月10日　新装版初版第1刷発行　　定価4000円＋税

著　者　ティエリ・クルタン
訳　者　上瀬倫子
発行者　高須次郎
発行所　緑風出版 ©

〒113-0033　東京都文京区本郷2-17-5　ツイン壱岐坂
［電話］03-3812-9420　［FAX］03-3812-7262
［E-mail］info@ryokufu.com
［郵便振替］00100-9-30776
［URL］http://www.ryokufu.com/

装　幀　堀内朝彦、斎藤あかね
制　作　R企画　　印　刷　中央精版印刷
製　本　中央精版印刷　　用　紙　中央精版印刷　　E500

Printed in Japan　　ISBN978-4-8461-2505-9　C0036

政治的エコロジーの歴史

ジャン・ジャコブ著／鈴木正道訳

四六判上製
四九二頁
3400円

フランスのエコロジーの思想的流れを通し、自然保護運動から政権の一翼を担うまでになった現代の政治的エコロジー思想までを歴史的に検証。人々が織りなす思想と運動の歴史が詳しく解説され、エコロジーを知る上での必読書。

誰のためのWTOか？

パブリック・シティズン／ロリー・M・ワラチ／ミッシェル・スフォーザ著、ラルフ・ネーダー監修、海外市民活動情報センター監訳

A5判並製
三三六頁
2800円

WTOは国際自由貿易のための世界基準と考えている人が少なくない。だが実際には米国の利益や多国籍企業のために利用され、厳しい環境基準等をもつ国の制度の改変を迫るなど弊害も多い。本書は現状と問題点を問う。

気候パニック

イブ・ルノワール著／神尾賢二訳

四六判上製
四二〇頁
3000円

熱暑、大旱魃、大嵐、大寒波——最近の「異常気象」の原因は、地球温暖化による気候変動とされている。だが、これへの疑問も出され始めている。本書は、気候変動のメカニズムを科学的に分析し、数々の問題点を解説する。

バイオパイラシー
グローバル化による生命と文化の略奪

バンダナ・シバ著／松本丈二訳

四六判上製
二六四頁
2400円

グローバル化は、世界貿易機関を媒介に「特許獲得」と「遺伝子工学」という新しい武器を使って、発展途上国の生態系を商品化し、生活を破壊している。世界的に著名な環境科学者である著者の反グローバリズムの思想。

ウォーター・ウォーズ
水の私有化、汚染そして利益をめぐって

ヴァンダナ・シヴァ著／神尾賢二訳

四六判上製
二四八頁
2200円

水の私有化や水道の民営化に象徴される水戦争は、人々から水という共有財産を奪い、農業の破壊や貧困の拡大を招き、地域・民族紛争と戦争を誘発し、地球環境を破壊するものだ。水戦争を分析、水問題の解決の方向を提起する。

狂牛病
——イギリスにおける歴史
リチャード・W・レーシー著／渕脇耕一訳
四六判上製
三一二頁
2200円
牛海綿状脳症という狂牛病の流行によって全英の牛に大被害がもたらされ、また、人間にも感染することがわかり、人々を驚愕させた。本書は、まったく治療法のないこの狂牛病をわかりやすく、詳しく解説した話題の書！

終りなき狂牛病
フランスからの警鐘
エリック・ローラン著／門脇　仁訳
四六判上製
二四八頁
2200円
英国から欧州大陸へと上陸した狂牛病。仏政府は安全宣言を繰り返すが、狂牛病は拡大する。と殺場での感染、肉骨粉による土壌汚染からの感染、血液感染、母子感染など種の壁を超え、エイズを上回る狂牛病の恐怖を暴いた書。

パックス
——新しいパートナーシップの形
ロランス・ド・ペルサン著／齊藤笑美子訳
四六判上製
一九二頁
1900円
欧米では、同棲カップルや同性カップルが増え、住居、財産、税制などでの不利や障害、差別が生じている。こうした問題解決のため、連帯民事契約＝パックスとして法制化した仏の事例に学び、新しいパートナーシップの形を考える。

労働のメタモルフォーズ
働くことの意味を求めて——経済的理性批判
アンドレ・ゴルツ著／真下俊樹訳
四六判上製
四一三頁
3200円
現代産業社会の中で労働の解放はどのように構想されうるのか？　マルクスの労働論からイリイッチ、ハーバーマスら現代思想に至る労働観を総括し、労働する人間の自律と解放を考える、フランス現代思想家の注目の書。

レ・タン・モデルヌ
50周年記念号
クロード・ランズマン編／記念号翻訳委員会訳
A5判並製
三八四頁
2700円
サルトル、ボーヴォワールが主宰し健筆を振るった『レ・タンモデルヌ（現代）』誌の50周年記念号。クロード・ランズマン、ジャック・デリダ、ジャン・F・ルゥエット、ジャネット・コロンベルなどの現代フランスの知の最前線が大集合。